WILLIAM ROBERTO CEREJA

Professor graduado em Português e Linguística e licenciado em Português pela Universidade de São Paulo
Mestre em Teoria Literária pela Universidade de São Paulo
Doutor em Linguística Aplicada e Análise do Discurso na PUC-SP
Professor da rede particular de ensino em São Paulo, capital

THEREZA COCHAR MAGALHÃES

Professora graduada em Português e Francês e licenciada pela FFCL de Araraquara, SP
Mestra em Estudos Literários pela Unesp de Araraquara, SP
Professora da rede pública de ensino em Araraquara, SP

Autores também de:

Obras para o ensino fundamental:

Português: linguagens (1º ao 5º ano)
Gramática – Texto, reflexão e uso (6º ao 9º ano)
Gramática reflexiva (6º ao 9º ano)
Todos os textos (6º ao 9º ano)

Obras para o ensino médio:

Português: linguagens
Literatura brasileira
Literatura portuguesa
Gramática reflexiva – Texto, semântica e interação
Texto e interação
Interpretação de textos

PORTUGUÊS LINGUAGENS 6

8ª edição reformulada
São Paulo, 2014

Atual Editora

Português: Linguagens – 6º ano (Ensino Fundamental)

Direitos desta edição:
SARAIVA S.A. – Livreiros Editores, São Paulo, 2014

Dados Internacionais de Catalogação na Publicação (CIP)
(Câmara Brasileira do Livro, SP, Brasil)

Cereja, William Roberto
Coleção : linguagens, 6º ano / William Roberto Cereja, Thereza Cochar Magalhães – 8. ed. reform. – São Paulo : Atual, 2014.

Suplementado pelo manual do professor.
Bibliografia.
ISBN 978-85-357-1951-2 (aluno)
ISBN 978-85-357-1952-9 (professor)

1. Português (Ensino fundamental) I. Magalhães, Thereza Cochar. II. Título.

14-08020 CDD-372.6

Índice para catálogo sistemático :

1. Português : Ensino fundamental 372.6

Gerente editorial	M. Esther Nejm
Editor responsável	Noé G. Ribeiro
Editores	Mônica Rodrigues de Lima, Paula Junqueira, Caroline Zanelli Martins, Fernanda Carvalho
Preparação de texto	Célia Tavares
Coordenador de revisão	Camila Christi Gazzani
Revisores	Aline Araújo, Cesar G. Sacramento, Elaine Freddi, Felipe Toledo
Coordenador de iconografia	Cristina Akisino
Pesquisa iconográfica	Camila Losimfeldt, Rodrigo Souza, Anna Pontes Soares
Licenciamento de textos	Ricardo Corridoni
Gerente de artes	Ricardo Borges
Coordenador de artes	José Maria de Oliveira
Design	Homem de Melo & Troia Design
Fotos de capa	Thinkstock/Getty Images, A Leiteira, Johannes Vermeer, c. 1660, Peanuts, Charles Schulz © 1980 Peanuts Worldwide LLC. / Dist. by Universal Uclick
Diagramação	Setsumi Sinzato
Assistentes	Jacqueline Ortolan, Paula Regina Costa de Oliveira
Ilustrações	Avelino Guedes, Estúdio BRx, Filipe Rocha, Ivan Coutinho, Jótah, Lelis, Luis Fernando Rubio, Marcos Guilherme, Psonha, Rafael Herrera, Ricardo Dantas, Rico, Tânia Ricci
Tratamento de imagens	Emerson de Lima
Produtor gráfico	Robson Cacau Alves
Impressão e acabamento	Log&Print Gráfica e Logistica S.A.

731.486.008.001

2017
8ª edição
1ª impressão

Editora Saraiva

SAC 0800-0117875
De 2ª a 6ª, das 8h30 às 19h30
www.editorasaraiva.com.br/contato

Avenida das Nações Unidas, 7221 – 1º Andar – Setor C – Pinheiros – CEP 05425-902

Apresentação

Caro estudante:

Este livro foi escrito para você.

Para você que é curioso, gosta de aprender, de realizar coisas, de trocar ideias com a turma sobre os mais variados assuntos, que não se intimida ao dar uma opinião... porque tem opinião.

Para você que gosta de trabalhar às vezes individualmente, às vezes em grupo; para você que leva a sério os estudos, mas gosta de se descontrair, porque, afinal, ninguém é de ferro.

E também para você que, "plugado" no mundo, viaja pela palavra, lendo livros, jornais ou revistas; viaja pelo som, ouvindo música ou tocando um instrumento; viaja pela imagem, apreciando uma pintura, lendo quadrinhos, assistindo à tevê ou a um vídeo, ou navega pela Internet, procurando outros saberes e jovens de outras terras para conversar.

Para você que às vezes é pura emoção, às vezes sentimental, às vezes bem-humorado, às vezes irrequieto, e muitas vezes tudo isso junto.

E também para você que, dinâmico e criativo, não dispensa um trabalho diferente com a turma: visitar um museu, entrevistar uma pessoa interessante, encenar uma peça de teatro para outras classes, discutir um filme, montar um livro com poemas seus e de seus amigos, desenhar uma história em quadrinhos, tornar o mural da escola um espaço de divulgação de assuntos de interesse geral, participar de um seminário, de um debate público, etc., etc.

Para você que transita livremente entre linguagens e que usa, como um dos seus donos, a língua portuguesa para emitir opiniões, para expressar dúvidas, desejos, emoções, ideias e para receber mensagens.

Para você que gosta de ler, de criar, de falar, de rir, de criticar, de participar, de argumentar, de debater, de escrever.

Enfim, este livro foi escrito para você que deseja aprimorar sua capacidade de interagir com as pessoas e com o mundo em que vive.

Um abraço,

Os Autores.

SUMÁRIO

UNIDADE 1
No mundo da fantasia

CAPÍTULO 1

Era uma vez

Thinkstock/Getty Images

Avelino Guedes

CAPÍTULO 2

Pato aqui, pato acolá

Letícia Moreira/Folhapress

Marcos Guilherme

CAPÍTULO 3 O dia da verdade

British Library/Robana/Getty Images

Estúdio BR

UNIDADE 2
Crianças

CAPÍTULO 1 O fazendeiro da cidade

Orlando Brito/Conteúdo Expresso

CAPÍTULO 2 Entre irmãos

Filipe Rocha

N.E. Thing Enterprises

CAPÍTULO 3 Uma questão de valor

Ricardo Dantas

Calvin & Hobbes, Bill Watterson © 1987 Watterson/Dist. by Universal Uclick

UNIDADE 3
Descobrindo quem sou eu

The Bridgeman Art Library/Keystone Brasil

Marcos Guilherme

AFP/Getty Images

Filipe Rocha

Ricardo Dantas

CAPÍTULO 3 O encantador de melros

Thinkstock/ Getty Images

UNIDADE 4
Verde, adoro ver-te

CAPÍTULO 1 Asas da liberdade?

Age Fotostock/Keystone Brasil

Rico

Author's Images/Keystone Brasil

Ivan Coutinho

Ricardo Chaves/Editora Abril/ Conteúdo Expresso

Jótah

CAPÍTULO 2 A natureza pede socorro

CAPÍTULO 3 O ser-coisa

John Anster Christian Fitzgerald. *Rabbit among the fairies*. c.19th

Coleção particular

No mundo da fantasia

Thinkstock/Getty Images

Esta é a história de Rapunzel. E por que ela se chama Rapunzel? Pois bem, dizem que Rapunzel é o nome de uma espécie de alface verde que existe em algumas plantações. E por que esta história tem o nome de uma planta? Calma, calma, eu já vou contar. [...]

(Beatriz García Huidobro)

UNIDADE 1

Fique ligado! Pesquise!

LIVROS

Os contos de Grimm (Paulus); *As quatro estações das fadas* e *O livro das fadas*, de Betty Bib (Publifolha); *Contos e lendas das mil e uma noites*, de Rosa Freire D'Aguiar e outros (Companhia das Letras); *Horripilantes contos de fadas*, de Michael Coleman (Companhia das Letrinhas); *Contos e poemas para crianças extremamente inteligentes*, de Harold Bloom (Objetiva); *Contos de fadas* (Jorge Zahar); *Fábulas de La Fontaine*, de Marc Chagal (Estação Liberdade); *A fada que tinha ideias*, de Fernanda Lopes de Almeida (Ática); *Literatura oral para a infância e a juventude*, de Henriqueta Lisboa (Peirópolis); coleção *Baú de Histórias* (Atual); *Não era uma vez...*, de Adela Basch e outros (Melhoramentos).

A princesa e o sapo.

FILMES

Ilha da imaginação, de Jennifer Flackett e Mark Levin; *Encantada*, de Kevin Lima; *As crônicas de Nárnia — O leão, a feiticeira e o guarda-roupa* e *As crônicas de Nárnia — Príncipe Caspian*, de Andrew Adamson; *Eragon*, de Stefen Fangmeir; *O encanto das fadas*, de Charles Sturridge; *O jardim secreto*, de Agnieszka Holland; *O mágico de Oz*, de Victor Fleming; *Peter Pan*, de P. J. Hogan; *Cinderela, Branca de Neve, A Bela Adormecida, A Bela e a Fera, Aladim, Pinocchio, Hércules, Atlantis* e *A pequena sereia*, dos Estúdios Disney.

SITES

www.ziraldo.com/menino/home.htm
http://criancas.uol.com.br
www.educacional.com.br/projetos/ef1a4/
pt.wikisource.org/wiki/Contos_de_Grimm

INTERVALO
Projeto
Histórias de hoje e sempre

Produção de textos inspirados em contos maravilhosos, montagem de livro de histórias e exposição de livro, revistas, vídeos, CDs, fantoches, etc.

de OLHO na imagem

Observe este cartum, de Mordillo:

Mordillo

(Mordillo. *Opus*. Lisboa: Meribérica/Liber. v. 2.)

1. No cartum, há duas personagens em destaque. Observe o lugar onde elas se encontram, o modo como estão vestidas e o que estão fazendo.

a) Quem são as personagens?

b) Onde está a mulher?

c) Há alguma porta de entrada visível no castelo?

2. O humor do cartum encontra-se na forma surpreendente como se dá a interação entre as personagens.

a) Qual é o elemento surpresa do cartum?

b) O que os gestos do homem, incluindo-se o movimento do chapéu, representam?

c) Em que momento do dia ocorre a cena?

d) Que tipo de relacionamento as personagens parecem estar iniciando? Justifique sua resposta.

Quem é Mordillo?

Guillermo Mordillo nasceu em Buenos Aires, na Argentina, em 1932. Cartunista e ilustrador, tornou-se conhecido internacionalmente e ganhou vários prêmios importantes.

Tobias Hase/dpa/Corbis/Latinstock

Já viveu e trabalhou em vários países, como Peru, Estados Unidos, França e Espanha.

Suas ilustrações humorísticas geralmente fazem muito uso das cores e não apresentam texto verbal. Os temas principais observados nelas são o esporte, o relacionamento amoroso e os animais.

Conheça outros trabalhos do artista, acessando o seu *site* oficial: http://www.mordillo.com/.

3. Alguns elementos do cartum fazem lembrar um conhecido conto maravilhoso dos irmãos Grimm. No conto, uma princesa de tranças longas vive no alto de uma torre, aprisionada ali por uma bruxa. Um príncipe passa pelo castelo e, ouvindo o canto da princesa, apaixona-se por ela e resolve libertá-la.

a) Qual é esse conto?

b) No conto, de que modo o príncipe sobe à torre do castelo na qual ficava a princesa?

c) Que semelhanças há entre o conto maravilhoso e o cartum em estudo?

Mordillo

4. No conto maravilhoso, a princesa quer a todo custo se libertar da torre e da bruxa e, para isso, joga as tranças ao príncipe para que ele suba por elas. No cartum:

a) Qual é o elemento equivalente às tranças?

b) A princesa mostra-se empenhada em deixar a torre? Por quê?

5. O amor entre príncipes e princesas é uma das principais características dos contos maravilhosos. Que outros contos de príncipes e princesas com final feliz você conhece?

CAPÍTULO 1 Era uma vez

"Era uma vez...". Basta que alguém pronuncie essas palavras para sabermos que lá vem história. E histórias povoadas de príncipes e princesas, crianças em perigo, soldadinhos de chumbo, gigantes e dragões... Essas histórias, conhecidas como contos maravilhosos, não morrem nunca: são contadas de geração a geração. E estão em toda parte: na voz da mãe ou da avó, nos livros, nas histórias em quadrinhos, nos desenhos animados, no cinema.

As três penas

Era uma vez um rei que tinha três filhos. Dois deles eram inteligentes e sensatos, mas o terceiro não falava muito, era simplório e só chamado de Bobalhão.

Quando o rei ficou velho e fraco e começou a pensar no seu fim, não sabia qual dos seus filhos deveria herdar o seu reino. Então ele lhes disse:

– Ide-vos em viagem, e aquele que me trouxer o mais belo tapete, este será o meu herdeiro, após a minha morte.

E para que não houvesse discussões entre eles, o rei levou-os em frente do castelo, soprou três penas para o ar e falou:

– Para onde elas voarem, para lá ireis.

A primeira voou para Oeste, a segunda, para Leste, e a terceira voou reto para a frente, mas não foi longe, logo caiu ao chão. Então um irmão partiu para a direita, outro para a esquerda, e eles zombaram do Bobalhão, que teria de ficar lá mesmo, no lugar onde ela caiu.

O Bobalhão sentou-se no chão, tristonho. Aí ele reparou de repente que ao lado da pena havia uma porta de alçapão. Ele levantou-a, viu uma escada e desceu por ela. Então chegou a outra porta, bateu e ouviu lá dentro uma voz, chamando:

> "Donzela menina, / Verde e pequenina,
> Pula de cá pra lá, / Ligeiro, vai olhar / Quem lá na porta está".

A porta se abriu, e ele viu uma grande e gorda sapa sentada, rodeada por uma porção de sapinhos pequenos. A sapa gorda perguntou o que ele queria. Ele respondeu:

– Eu gostaria de ter o mais lindo e mais fino tapete.

Aí ela chamou uma sapinha jovem e disse:

> "Donzela menina, / Verde e pequenina,
> Pula de cá pra lá, / Ligeiro, vai buscar /
> A caixa que lá está".

Ricardo Dantas

A sapa jovem trouxe uma grande caixa, e a sapa gorda abriu-a e tirou de dentro dela um tapete tão lindo e tão fino como não havia igual na superfície da terra, e o entregou ao Bobalhão. Ele agradeceu e subiu de volta.

Os outros dois, porém, julgavam o irmão caçula tão tolo, que achavam que ele não encontraria nem traria nada.

– Para que vamos nos dar ao trabalho de procurar, disseram eles.

Então, pegaram a primeira pastora de ovelhas que encontraram, tiraram-lhe do corpo as suas mantas grosseiras e levaram-nas ao rei.

Mas na mesma hora voltou o Bobalhão, trazendo o seu belo tapete. Quando o rei o viu, admirou-se e disse:

– Por direito e justiça, o reino deve pertencer ao caçula.

Mas os outros dois não davam sossego ao pai, dizendo que não era possível que o Bobalhão, a quem faltava principalmente juízo, se tornasse rei e pediram-lhe que exigisse mais uma condição. Então o pai falou:

– Herdará o meu reino aquele que me trouxer o anel mais belo.

E ele levou os três irmãos para fora e soprou para o ar as três penas que eles deviam seguir.

Os dois mais velhos partiram de novo para Oeste e Leste, e para o Bobalhão a pena tornou a voar em frente e cair junto do alçapão. Então ele desceu de novo, e disse à sapa gorda que precisava do mais lindo anel. Ela mandou logo buscar a caixa, e tirou dc dentro um anel que coruscava de pedras preciosas e era tão lindo como nenhum ourives da terra seria capaz de fazer.

Os dois mais velhos zombaram do Bobalhão, que queria encontrar um anel de ouro, e nem se esforçaram. Arrancaram os pregos de um velho aro de roda e levaram-no ao rei. Mas quando o Bobalhão mostrou o seu anel de ouro, o pai disse novamente:

– O reino pertence a ele.

Mas os dois mais velhos não paravam de atormentar o rei, até que ele impôs uma terceira condição, e declarou que herdaria o reino aquele que trouxesse a jovem mais bonita. Ele soprou de novo para o ar as três penas, que voaram como das vezes anteriores.

Então o Bobalhão desceu de novo até a sapa gorda e disse:

– Eu devo levar para casa a mulher mais bonita de todas.

– Ah, – disse a sapa – a mulher mais bonita? Esta não está à mão assim de repente, mas tu vais recebê-la.

E ela deu-lhe um nabo oco, com seis camundongos atrelados nele. Aí o Bobalhão falou, bastante tristonho:

– O que é que eu vou fazer com isto?

A sapa respondeu:

– Ponha uma das minhas sapinhas pequenas aí dentro.

Então ele agarrou a esmo uma sapinha do grupo e colocou-a dentro do nabo

Ricardo Dantas

amarelo; mas nem bem ela se sentou dentro, transformou-se numa lindíssima senhorita, o nabo virou carruagem e os seis camundongos, cavalos. Aí ele beijou a senhorita, atiçou os cavalos e partiu com ela, para levá-la ao rei.

Ricardo Dantas

Os seus irmãos vieram em seguida, e não tinham feito esforço algum para encontrarem mulheres bonitas, mas levaram as primeiras campônias que encontraram. Quando o rei as viu, disse logo:

– Depois da minha morte, o reino ficará para o caçula.

Mas os mais velhos atordoaram de novo os ouvidos do rei com a sua gritaria:

– Não podemos permitir que o Bobalhão seja rei!

E exigiram que o preferido fosse aquele cuja mulher conseguisse saltar através de um aro que pendia no salão. Eles pensavam: "As camponesas vão consegui-lo com certeza, elas são fortes e robustas, mas a delicada senhorita vai se matar, pulando".

alçapão: porta ou tampa que se situa no nível de um pavimento e dá acesso a um local abaixo dele.

campônio: aquele que vive e/ou trabalha no campo; indivíduo rústico, rude.

coruscar: brilhar, cintilar.

ourives: artesão que produz joias utilizando metais preciosos, como ouro e prata.

sensato: ajuizado, prudente.

simplório: tolo, ingênuo.

O velho rei cedeu ainda essa vez. Então as duas campônias saltaram através do aro, mas eram tão desajeitadas que caíram e quebraram seus grosseiros braços e pernas. Então saltou a linda senhorita que o Bobalhão trouxera, e atravessou o aro leve como uma corça, e então todos os protestos tiveram de cessar.

Assim o Bobalhão herdou a coroa e reinou por muito tempo com sabedoria.

(Jakob Grimm. *Os contos de Grimm*. Tradução de Tatiana Belinky. São Paulo: Paulus, 1989. p. 161-3.)

Estudo do texto

COMPREENSÃO E INTERPRETAÇÃO

1. No início do conto, o narrador apresenta os membros de uma família real e, em seguida, faz a caracterização dessas personagens.

   a) Como são caracterizados os filhos mais velhos do rei?

   b) Como é caracterizado o filho mais jovem? Suas características eram semelhantes ou opostas às dos irmãos?

4. No conto "As três penas", além de parágrafos e frases, há também **estrofes** e **versos**. No texto lido, para se diferenciar dos parágrafos, as estrofes são centralizadas na página.

a) Quantas estrofes há no conto?

b) Quantos versos há em cada estrofe?

5. Releia as estrofes que há no conto.

a) De acordo com o contexto, quem seria a "donzela menina"?

b) As falas em forma de versos auxiliam na criação da atmosfera mágica do texto. Você conhece outro conto maravilhoso que também apresenta versos? Se sim, qual ou quais?

Cruzando linguagens

Assista ao filme *O jardim secreto*, de Agnieszka Holland. Depois responda às questões a seguir.

The Picture Desk/AFP

1. No início do filme, é apresentada a protagonista da história, Mary Lennox, uma menina de 10 anos. Ela mora então na Índia, com seus pais.

a) Nesse período, situado no início do século XX, quem cuida da protagonista?

b) Quais são as principais preocupações dos pais de Mary? Como ela se sente em relação a eles?

2. Em certas situações vividas na Índia, Mary fica furiosa, mas nunca chora.

a) Na sua opinião, o que tinha levado a menina a ter esse comportamento?

b) O que esse jeito revela acerca da protagonista?

3. Ocorre um terremoto na Índia e os pais de Mary morrem. A órfã fica, então, aos cuidados do lorde Archibald Craven, seu tio e tutor, e vai morar na Inglaterra, na mansão Misselthwaite.

a) Ao desembarcar em Liverpool, Mary é alvo de crítica e de brincadeiras ofensivas feitas por crianças com quem viaja. O que as crianças dizem e o que fazem para atingir Mary?

b) A sra. Medlock, a governanta, é quem tinha ficado responsável por receber Mary tanto no porto quanto na mansão. Como a garota é tratada nessas situações?

4. No primeiro dia em Misselthwaite, Mary ouve um choro e faz algumas descobertas.

a) Quais são essas descobertas? Que impressão elas provocam na garota?

b) Que efeito essa sequência do filme provoca no espectador?

5. Logo que chega à mansão, Mary demonstra interesse em conhecer o tio, o lorde Archibald Craven.

a) A atitude dele em relação à presença de Mary na casa indica semelhança ou diferença entre ele e os pais da garota? Justifique sua resposta.

b) Como Martha, a criada da sra. Medlock, caracteriza o tio de Mary?

6. Novos acontecimentos começam a modificar a situação de isolamento de Mary. Um dia, ao sair para brincar no jardim da mansão, ela descobre um segundo jardim.

a) Por que esse jardim permanecia sempre fechado?

b) Um sabiá indica a Mary a porta pela qual ela poderia entrar nesse segundo jardim. Como ela consegue entrar lá? Qual é a impressão que ela tem do jardim ao vê-lo pela primeira vez?

c) Aos poucos, Mary vai fazendo as primeiras amizades de sua vida. Quem são seus novos amigos? Qual é a importância deles para a menina?

7. Certa noite, Mary ouve um choro, vai na direção de onde imagina que ele vem e descobre em um dos quartos Colin, seu primo, um garoto de 10 anos, como ela.

a) Como esse garoto pode ser caracterizado? Como ele é tratado pelo pai e pelos criados na mansão?

b) Mary conta a Colin a história de Krishna, que conhecera na Índia, pelo relato de sua aia. Ela e o primo têm a mesma opinião sobre a história? Por quê?

c) Quais atitudes de Mary influenciam Colin e o levam a mudar de ideia quanto ao que ele pensava de si mesmo? O que ocorre em consequência dessa mudança?

Krishna

Popular divindade indiana, Krishna é venerado como o oitavo avatar de Vishnu, o deus que mantém o universo. Para ser salvo do rei Kamsa, seu tio, que tencionava matá-lo por temer ser destruído por ele, foi entregue pelo pai, quando bebê, a uma família de pastores e criado por ela. Krishna realiza todos os tipos de atos milagrosos e vence sempre o mal. Seus ensinamentos e sua filosofia encontram-se no livro *Bhagavad Gita*.

Dinodia/Dinodia Photo/Grupo Keystone

8. Mary e Dickon, em segredo, cuidam do jardim ao qual ninguém ia antes, plantam nele brotos e sementes e o fazem tornar-se um lugar belíssimo, cheio de vida, repleto de pássaros e flores. Para a menina, ele vira o "jardim secreto".

a) Por causa desse jardim, ocorrem importantes transformações na vida de Colin, do lorde Craven e de Mary. Explique como se dão essas transformações.

b) Diante das transformações ocorridas, Mary afirma: "Quebrou-se o encanto". No contexto do filme, o que essa afirmação pode significar?

c) Qual é a importância da amizade nesse filme?

Diomedia/Mary Evans/Ronald G

9. Compare esse filme com o conto "As três penas", que você leu no início deste capítulo.

a) Que semelhança há no modo como inicialmente Mary e o Bobalhão são tratados pelas pessoas?

b) O jardim secreto, no filme, e o local abaixo do alçapão, no conto, são espaços importantes, pois neles ocorrem os eventos que levam à transformação das personagens. Na sua opinião, esses lugares são mágicos? Justifique sua resposta.

c) O filme se encerra com esta frase de Mary: "Se a gente olhar na direção certa, vai ver que o mundo todo é um jardim". Você concorda com a personagem? Por quê?

Trocando ideias

1. O conto "As três penas" tem como personagens principais três irmãos. Como era a relação entre eles? Você concorda com a maneira como os irmãos mais velhos tratavam o mais novo? Por quê?
2. Das qualidades do irmão caçula, qual é, na sua opinião, a mais importante para um bom relacionamento entre as pessoas? Por quê?
3. Que semelhança há entre o Bobalhão, do conto "As três penas", e Mary, do filme *O jardim secreto*?

Produção de texto

O CONTO MARAVILHOSO

Com base no conto "As três penas", responda ao que se pede.

1. O conto maravilhoso geralmente se inicia situando o herói ou a heroína em seu ambiente familiar, no espaço e no tempo, e apresentando suas características.

   a) Quem é o herói no conto lido?

   b) Quem eram as pessoas da família do herói?

   c) Em que local a história se inicia?

   d) O tempo em que acontecem os fatos narrados no conto é preciso, determinado, ou impreciso, indeterminado? Justifique sua resposta.

2. No início da história, o herói se vê diante de uma situação problemática a partir da qual seu destino se modifica.

   a) Qual é o problema, ou o conflito, que é apresentado ao herói logo no começo da história?

   b) Se o Bobalhão não tivesse olhado com atenção e reparado no local onde a pena caiu, qual teria sido provavelmente seu destino?

   c) O que se modificou no destino do herói? Por que ele conseguiu modificá-lo?

Ricardo Dantas

3. Nos contos maravilhosos, é comum a presença de personagens com poderes mágicos.

   a) No conto lido, qual é essa personagem?

   b) Qual é a principal função dessa personagem no conto?

4. Depois que o herói vence as três provas propostas pelo pai, os irmãos mais velhos ainda sugerem uma última prova.

   a) Para vencer a última prova, o herói tem ajuda sobrenatural? Justifique sua resposta.

   b) O conto tem um final feliz? Justifique sua resposta.

5. Analisando os contos maravilhosos, o estudioso russo Wladimir Propp observou que quase todos apresentam situações muito parecidas. Veja algumas delas:

1. O herói se distancia de sua casa.
2. Uma proibição é imposta ao herói.
3. O herói desobedece à proibição.
4. O herói é submetido a provas.
5. O herói realiza as tarefas que lhe são impostas.
6. Meios mágicos são fornecidos ao herói.
7. Há luta entre o herói e seu antagonista.
8. O antagonista é vencido.
9. O herói regressa a sua casa ou ao seu país.
10. O antagonista é desmascarado.
11. O antagonista é punido.
12. O herói se casa e/ou sobe ao trono.

Quais dessas situações ocorrem no conto "As três penas"?

6. Costumam fazer parte dos contos maravilhosos personagens como reis, rainhas, princesas, príncipes, fadas, bruxas, anões, gigantes, monstros, mágicos, camponeses, animais e objetos falantes, pessoas sob encantamento, metamorfoses, pessoas com dons excepcionais e lugares como florestas, campos floridos, castelos, montanhas encantadas e reinos distantes, além de objetos e poções mágicas.

a) Quais desses elementos aparecem no conto "As três penas"?

b) Você conhece outro conto maravilhoso que contenha uma transformação parecida com a que ocorreu ao nabo e aos seis camundongos no conto lido? Qual?

7. Leia o boxe "O narrador é personagem?", releia um trecho do conto "As três penas" e responda: Nesse conto, o narrador é personagem ou observador? Justifique sua resposta.

O narrador é personagem?

Quem conta a história é chamado de **narrador**. Quando o narrador participa dos fatos e é também personagem, dizemos que ele é **narrador-personagem**. Nesse caso, ele usa a 1ª pessoa (eu, nós). Quando o narrador não participa da história e conta-a sem fazer referências a si mesmo, ou seja, é apenas observador, dizemos que ele é um **narrador-observador**. Nesse caso, ele usa a 3ª pessoa (ele, o herói, a princesa, as moças, etc.).

8. Releia o seguinte trecho do conto "As três penas" e observe as palavras destacadas.

> "**Era** uma vez um rei que **tinha** três filhos. Dois deles **eram** inteligentes e sensatos, mas o terceiro não **falava** muito, **era** simplório e só chamado de Bobalhão."

As palavras destacadas indicam que os fatos ocorrem no presente ou no passado?

9. No conto lido, há vários diálogos. Qual é o papel do diálogo nos contos maravilhosos: tornar a história lenta ou torná-la mais dinâmica e viva?

10. Observe a linguagem empregada no conto lido. Que tipo de linguagem predomina: uma linguagem culta, de acordo com a norma-padrão, ou uma linguagem popular?

11. Reúna-se com seus colegas de grupo e, juntos, concluam: Quais são as características do conto maravilhoso?

AGORA É A **sua vez** ▶

Há, a seguir, três propostas de produção de textos. Conforme a orientação de seu professor, produza os contos maravilhosos individualmente ou em grupo. Eles serão publicados depois em um livro de contos que fará parte da mostra **Histórias de hoje e sempre**, proposta no capítulo **Intervalo**.

1. Reúna-se com seus colegas de grupo para, juntos, planejarem e escreverem um conto maravilhoso. Vocês podem produzir dois tipos de conto:
   - Uma história tradicional, ocorrida no passado, com as típicas personagens de contos maravilhosos.
   - Uma história ocorrida nos dias atuais. Nesse caso, trabalhem com outros tipos de personagem, como, por exemplo, um garoto corajoso e destemido, uma mocinha distraída que adora ler, um cantor de *rap*, um esqueitista, uma avó moderna... ou um herói às avessas, isto é, atrapalhado, que tem medo das baratas, etc. E, para ser o vilão, escolham um feiticeira muito má, uma bruxa moderna, que substituiu a vassoura por uma moto aquática, etc.

Everett Collection/Keystone Brasil

2. Escolha uma personagem de conto maravilhoso de que você goste muito (um mágico, uma fada, um super-herói, etc.) e crie uma história em que ela se envolva com outras personagens de contos maravilhosos, como, por exemplo, príncipes, princesas, reis, bruxas, ogros, gigantes, dragões, gênios, etc. Siga as instruções da proposta anterior.

3. Dê asas à imaginação e crie livremente um conto maravilhoso.

Planejamento do texto

- Revejam as situações enumeradas por Wladimir Propp, escolham algumas delas e definam as personagens.
- Comecem o conto fazendo o herói ser vítima de uma armadilha planejada pelo vilão.
- Se quiserem, podem dar ao herói poderes mágicos, fazê-lo passar por provas difíceis ou estabelecer para ele uma missão impossível. Nessas circunstâncias, o herói deverá usar não só a força física, mas também inteligência e esperteza.
- O final da história pode ser feliz ou não, dependendo de como vocês a conduzirem.
- Empreguem uma linguagem adequada ao gênero.

Revisão e reescrita

Antes de fazer a versão final de seu conto maravilhoso, reveja-o, verificando se ele apresenta os elementos tradicionais do conto, caso eles não tenham sido propositalmente modificados. Assim, observem:

- As ações ocorrem em um tempo e em um espaço imprecisos?
- As personagens são reis, rainhas, príncipes, princesas, fadas, bruxas, gigantes, etc.?
- Há a presença do mundo mágico ou maravilhoso?
- Há algumas das situações próprias do conto maravilhoso, apontadas por Wladimir Propp? Se sim, quais?
- A linguagem é culta e está de acordo com a norma-padrão?

A língua em foco

LINGUAGEM: AÇÃO E INTERAÇÃO

CONSTRUINDO O CONCEITO

Você conhece Mafalda, personagem criada pelo cartunista argentino Quino? Ela é uma menina inteligente, que adora questionar tudo o que vê. Leia esta tira com a personagem:

Joaquín Salvador Lavado (Quino). *Toda Mafalda*, 1991. Livraria Martins Fontes Ltda.

(Quino. *Mafalda*. São Paulo: Martins Fontes, 2006. v. 2, p. 3.)

1. A tira retrata uma situação cotidiana.

a) Quem são as personagens?

b) Onde elas estão?

2. Observe o 2º e o 3º quadrinhos da tira.

a) Na sua opinião, por que Mafalda estica os olhos, puxando-os com os dedos?

b) A que língua pertencem as palavras que ela diz à mulher?

c) Converse com os colegas e tente descobrir o que significa cada uma das palavras faladas por Mafalda.

d) Essas palavras formam frases com sentido?

3. No 4º quadrinho da tira, a mulher foge.

a) Você acha que a mulher entendeu o que Mafalda disse?

b) Deduza: O que a mulher pode ter pensado a respeito de Mafalda?

4. O humor da tira concentra-se no último quadrinho, quando Mafalda diz: "E depois ficam falando de maior compreensão entre Oriente e Ocidente!".

a) Quem você acha que é o enunciador de uma fala como essa?

b) Que tipo de compreensão é essa a que Mafalda se refere?

c) Na imaginação de Mafalda, qual das duas personagens representa o Ocidente? E o Oriente?

CONCEITUANDO

Você observou que, a partir da segunda cena da tira, Mafalda utiliza palavras de uma língua que não é o português e estica os olhos com os dedos para caracterizar o formato dos olhos dos povos orientais. Tanto o que Mafalda fala quanto o que ela expressa por gestos são **linguagem**. Por meio da linguagem as pessoas interagem, isto é, se entendem, se desentendem, dão ordens, fazem pedidos, convencem umas às outras, são menos ou mais simpáticas, etc.

> **Linguagem** é um processo comunicativo pelo qual as pessoas interagem entre si.

Linguagem verbal e linguagem não verbal

Na situação retratada na tira, Mafalda usa gestos e palavras estrangeiras para tentar se comunicar com a mulher. Na **linguagem verbal**, a unidade básica é a palavra falada ou escrita; em **linguagens não verbais**, como a pintura, a música, a dança, o código Morse, o código de trânsito, as unidades são de outro tipo; podem ser o gesto, a nota musical, o movimento, a imagem, etc. Existem também as **linguagens mistas**, que combinam unidades próprias de diferentes linguagens. É o caso, por exemplo, da tira de Quino, que apresenta imagens e palavras.

Joaquín Salvador Lavado (Quino). *Toda Mafalda*, 1991. Livraria Martins Fontes Ltda.

Com o aparecimento da informática, surgiu também a **linguagem digital**, que, valendo-se da combinação de números, permite armazenar e transmitir informações em meios eletrônicos.

Os interlocutores

Na tira de Quino, as personagens se inter-relacionam e interagem por meio da linguagem. Por lançar mão de palavras estrangeiras e de gestos que sua interlocutora não reconhece, Mafalda não consegue estabelecer uma comunicação com a mulher, que, assustada, foge dela. Percebemos, portanto, que a comunicação nem sempre é construída de forma solidária pelos sujeitos, os chamados **interlocutores** no processo comunicativo.

> **Interlocutores** são as pessoas que participam do processo de interação que se dá por meio da linguagem.

Aquele que produz a linguagem — aquele que fala, que pinta, que compõe, etc. — é o **locutor**, e aquele que recebe a linguagem é o **locutário**. No processo de comunicação e interação, locutor e locutário são interlocutores.

Em geral, quando participamos de uma conversa, tentamos ser solidários com nossos interlocutores, mas há casos em que certos fatores — falta de familiaridade com a situação, desconhecimento de algum código ou dos textos ali presentes, etc. — nos limitam e, por isso, não conseguimos estabelecer uma comunicação eficiente. Daí a importância de ampliarmos nossas experiências com a linguagem em situações sociais, pois essa ampliação pode nos ajudar a ter menos problemas desse tipo.

EXERCÍCIOS

Leia o anúncio:

LEW'LARA\TBWA

(http: sotitulos.wordpress.com/2010/11/28/nissan/)

1. Releia o enunciado principal do anúncio:

> "Não dá para discutir design com um povo que desenha até na hora de escrever."

a) Qual é o povo a que o texto se refere?

b) Quais elementos do texto permitem chegar à resposta da pergunta anterior? Trata-se de elementos verbais ou não verbais?

2. A respeito da escrita do povo referido no anúncio, responda:

a) Qual é a particularidade dessa escrita, segundo o anúncio?

b) De que forma essa particularidade contribui para a caracterização do produto anunciado?

3. Interprete: Qual é o sentido da expressão "não dá para discutir", no contexto?

A língua

Ao ler a tira de Quino reproduzida no início desta seção, vimos que a comunicação pode ou não se estabelecer entre dois interlocutores por meio das linguagens verbal, não verbal ou mista. Quando utilizamos qualquer uma dessas linguagens, fazemos uso de conhecimentos construídos ao longo do tempo por pessoas que vivem em sociedade. Aprendemos os significados que essa sociedade atribui a gestos, símbolos, cores e, entre esses aprendizados, está o conhecimento da língua falada pelas pessoas com quem convivemos. As línguas variam de acordo com cada povo e cada cultura.

Uma língua pode ser entendida como um idioma, isto é, a fala oficial de um país. Na tira, por exemplo, aparecem na fala de Mafalda, além de palavras em português, palavras em japonês.

Falamos o português no Brasil porque essa língua foi trazida pelos portugueses por ocasião da expansão marítima, no século XV. Outros países colonizados por Portugal, como Moçambique, Angola, São Tomé e Príncipe, Cabo Verde e Guiné-Bissau, na África, também têm o português como língua oficial.

Mas o que é necessário para falar uma língua? Será que basta conhecer um conjunto de palavras para começarmos a falar uma língua?

Mafalda diz "Karatê Hiroshima gheisha! samurai ikebana?", e esse conjunto de palavras não constitui sentido. Embora tais palavras pertençam ao idioma japonês, essa ausência de sentido resulta do fato de que elas não foram articuladas de modo coerente. Assim, para compreendermos uma língua, é importante que conheçamos, além das palavras, as leis de combinação das palavras.

Leia agora este anúncio:

Cyrela

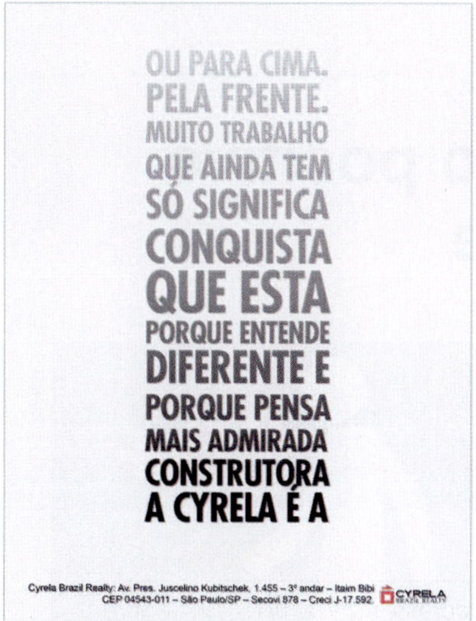

(http://imgcdn.webcyrela.com.br/Content/img/Premiacoes/Premio2004--CartaCapital.jpg)

Ao lermos o anúncio, notamos que as palavras pertencem à língua portuguesa. No entanto, temos dificuldade de ler o texto na primeira tentativa. Isso ocorre porque, de acordo com as convenções do português escrito, lemos de cima para baixo e da esquerda para a direita, e não como no anúncio, que apresenta o enunciado numa sequência diferente, ou seja, de baixo para cima.

Embora o texto verbal fuja às convenções da escrita, no contexto ele é coerente com as intenções do anunciante — uma empresa que atua no ramo da construção civil. Ao apresentar a mensagem na vertical e com leitura de baixo para cima, o texto sugere a gradual construção de um edifício, atividade principal da empresa anunciante.

O anúncio deixa claro que, para compreendermos adequadamente os textos que circulam na sociedade, não basta ter domínio do vocabulário e das regras de combinação das palavras. É necessário também estar atento às situações de comunicação em que os textos são produzidos e circulam, quais as suas finalidades e as intenções do locutor. Assim, concluímos:

Língua é um fenômeno social que resulta da interação verbal entre interlocutores e se manifesta por meio de enunciados concretos.

Para um falante se apropriar de uma língua, ele precisa dominar não apenas o léxico (conjunto de palavras), mas também suas leis combinatórias. Os usos e leis de uma língua fazem parte de uma evolução contínua, sem interrupções, e por isso a língua apenas pode ser compreendida de fato se considerada a situação de comunicação em que ela se dá.

A linguagem e os códigos

Pevopecê pejá peinpevenpetou pealpegum pecópedipego pesepecrepeto? Se você conseguiu entender o que essa frase quer dizer, é porque conhece a **língua do pê**. Se não conseguiu, veja como é fácil se comunicar nessa língua: basta pôr **pê** antes de cada sílaba das palavras. Assim, para produzir ou compreender um texto na língua do pê, você precisa, além de saber sua função e seus possíveis usos, conhecer o **código** dessa língua.

Qualquer que seja a linguagem que utilizamos para interagir com alguém, ela será compreendida de forma mais completa pelo interlocutor se ele também conhecer o código utilizado.

Código é um conjunto de sinais instituídos e utilizados por uma comunidade segundo determinadas convenções.

Existem muitos tipos de código. Os códigos verbais são as línguas. Existem também os códigos não verbais, como o de trânsito, o musical, o braile, etc.

EXERCÍCIOS

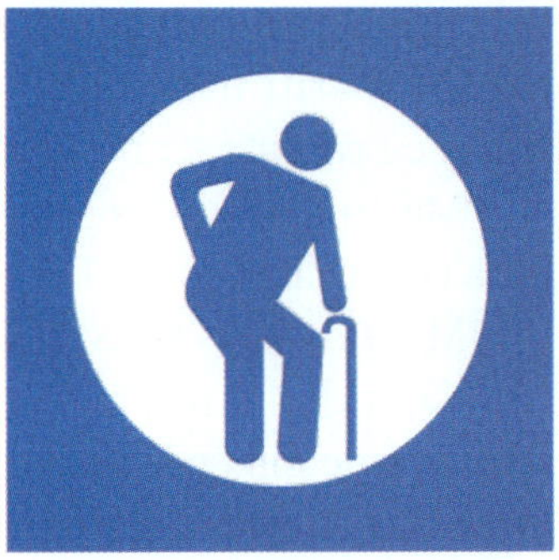

Renato Viotti/Latinstock Latinstock Brasil RF/Latinstock

1. O símbolo ao lado faz parte de um código muito usado atualmente.

a) Ao vê-lo em uma vaga em um estacionamento, em um assento ou em um local para a formação de fila, o que você entende?

b) Qual é o código de que o símbolo faz parte? Quais outros símbolos compõem esse código?

2. Leia esta reportagem:

Publicitários buscam símbolo positivo para a terceira idade

SÃO PAULO – Lucina Ratinho, de 68 anos, ri quando lembra da discussão que a neta Isabela, de 12, travou na escola, anos atrás. Era Dia da Avó e cada criança tinha de levar uma foto da sua. Isabela foi logo dizendo que a dela era a mais bonita – o que, claro, foi contestado pelos coleguinhas. "Aí, ela disse brava: 'A minha é muito mais bonita porque ela corre! A de vocês não corre!'"

Pensando em idosos como Lucina, ultramaratonista, o diretor da agência paulistana Garage IM, Max Petrucci, começou um movimento para dar nova cara à terceira idade brasileira. Ele e outros publicitários querem modernizar o símbolo (ou pictograma, no termo técnico) do bonequinho curvado e apoiado em uma bengala.

[...]

"A forma de retratar o idoso tem de deixar de ser de uma pessoa decadente, porque isso não é mais verdade. Sim, há perda de vitalidade, mas o idoso hoje vive mais, está mais saudável, ativo e produtivo", diz Petrucci. "O Brasil está em processo de envelhecimento (*da população*) e mexer no símbolo é uma forma de conscientização sobre o tema."

A imagem do homem curvo e de bengala começou a aparecer no País no fim da década de 1990, com o Estatuto do Idoso, e, no início

Garage IM

dos anos 2000, com a sanção de leis de atendimento e de assento preferenciais.

[...]

Se depender de Lucina, o pictograma correria. "Bem que podia ser um bonequinho correndo, com um sorrisão na cara. Correr é o melhor remédio para o idoso", receita. "Eu vou durar 120 anos!"

(*O Estado de S. Paulo*, 23/1/2013.)

a) Troque ideias com o professor e os colegas: você concorda com as mudanças propostas para esse símbolo? Por quê?

b) Há outros símbolos ou códigos que você acredita que deveriam sofrer alguma modificação? Justifique sua resposta.

O CÓDIGO LINGUÍSTICO NA CONSTRUÇÃO DO TEXTO

Leia o anúncio a seguir e responda às questões propostas.

Honda / Ricardo Chester

http://www.putasacada.com.br/honda-airbag/

1. O anúncio promove um tipo e uma marca de motocicleta.

a) Observe as imagens do anúncio. A motocicleta é comum ou especial?

b) Levante hipóteses: Qual é o perfil do consumidor que o anúncio pretende atingir?

2. As palavras ***air*** e ***bag*** são originárias do inglês. O que elas significam?

3. As palavras ***air*** e ***bag***, quando utilizadas juntas, formam a expressão ***air bag***, que, no Brasil, designa um equipamento que compõe alguns carros. Que equipamento é esse e qual é a sua função?

4. Segundo o texto, andando na motocicleta, tem-se ***air*** na frente e ***bag*** nas costas.

a) No contexto do anúncio, a que situação esses termos fazem referência?

b) Entre as palavras a seguir, quais traduzem melhor a sensação que a situação mostrada no anúncio proporciona?

moderação liberdade segurança aventura

Honda / Ricardo Chester

5. Ao explorar os sentidos das palavras ***air*** e ***bag***, o anúncio acaba contrapondo dois perfis de motorista: os motoristas de carro e os motoristas da moto anunciada. Explique como se dá essa oposição.

SEMÂNTICA E DISCURSO

Leia a tira a seguir, de Nik, e responda às questões 1 e 2.

(*Gaturro*. 4. ed. Buenos Aires: Ediciones de La Flor, 2007. v. 6, p. 53.)

1. A tira cria humor a partir do uso de alguns sinais de trânsito. Nos quatro primeiros quadrinhos, o que Gaturro quer ensinar a Gaturrinho?

2. No 5º quadrinho, Gaturro espirra e, no 6º quadrinho, Gaturrinho aponta-lhe uma placa de trânsito.

a) O que essa placa significa normalmente?

b) Levante hipóteses: Como Gaturrinho deve ter compreendido essa placa? Por que, provavelmente, ele teve essa compreensão?

Leia o anúncio ao lado e responda às questões de 3 a 5.

(*32º Anuário do Clube de Criação de São Paulo.*)

3. Observe o anúncio. Ele é formado por linguagem visual e linguagem verbal.

a) O que compõe a parte visual do anúncio?

b) E a parte escrita?

c) O que sugere a imagem do poste com várias placas?

4. Na parte inferior do anúncio se lê: "A vida é uma selva". Qual é a relação dessa frase com as imagens?

5. Os anúncios publicitários têm a finalidade de promover um produto, uma marca ou uma ideia.

a) Levante hipóteses: Considerando que o anúncio lido foi produzido para vender um produto, de que tipo seria esse produto?

b) Você acha que os recursos visuais e linguísticos utilizados no anúncio estimulam a compra de um produto? Por quê?

de OLHO na escrita

FONEMA E LETRA

Leia este anúncio:

DM9DDB

(*31º Anuário do Clube de Criação de São Paulo.*)

1. Todo texto é produzido por alguém e para alguém; além disso, cumpre uma finalidade comunicativa.

a) Quem é o anunciante, no anúncio lido?

b) O que o anúncio promove ou divulga?

c) Levante hipóteses: Qual é o público-alvo desse anúncio?

2. Na frase "Faça de conta que o Masp está em Paris", o anunciante revela ter uma opinião sobre o turista brasileiro. Qual é ela?

3. No enunciado "Faça uma viagem. Visite o Masp", há ambiguidade, ou seja, há mais de um sentido possível. Quais são esses sentidos?

4. Pronuncie estas palavras do anúncio: conta   que

a) Quantas letras cada uma delas apresenta?

b) Quantos sons cada uma delas tem?

5. Compare o som da letra **s** nas palavras **Masp** e **visite**. A letra **s** representa o mesmo som nas duas palavras? Por quê?

A unidade básica da comunicação verbal é a palavra, que pode ser dividida em unidades menores, como os sons e as sílabas.

Ao pronunciarmos a palavra **que**, produzimos dois sons: /k/ e /e/. Assim, embora essa palavra apresente na escrita três letras, na fala é constituída por apenas dois sons, já que as letras **qu** representam um único som: /k/. Na palavra **conta** ocorre algo semelhante. Embora tenha cinco letras, na escrita ela apresenta quatro sons, já que as letras **on** representam um único som nasal: /õ/.

As unidades sonoras que constituem uma palavra são chamadas de **fonemas**. Tradicionalmente, os fonemas são simbolizados entre barras inclinadas. Os fonemas da palavra **faça**, por exemplo, são /f/ /a/ /s/ /a/.

Fonema é a menor unidade sonora de uma palavra falada.

Observe agora a semelhança e a diferença entre estes pares de palavras:

faça	conta
faca	canta

Note que tanto em um par de palavras quanto em outro o número de letras e sons é igual. Apesar disso, as palavras que formam cada par apresentam diferenças de sentido entre si. O que determina isso é a oposição entre os fonemas /s/ e /k/, no primeiro par, e /õ/ e /ã/, no segundo par.

Assim, podemos concluir que o fonema exerce duas funções:

- constitui palavras, sozinho ou ao lado de outros fonemas;
- distingue uma palavra de outra.

Quando queremos representar na escrita os sons da fala, utilizamos as **letras**. Veja a correspondência entre fonemas e letras:

quisesse → /kizesi/
olho → /oλu/

Letra é a menor unidade gráfica de uma palavra.

EXERCÍCIOS

Leia a tira a seguir, de Ziraldo, e responda às questões de 1 a 3.

(*As melhores tiradas do Menino Maluquinho*. São Paulo: Melhoramentos, 2004. p. 63.)

1. Observe as letras e os sons da palavra **Maluquinho**.

a) Quantas letras essa palavra apresenta?

b) E quantos fonemas?

c) Que pares de letras dessa palavra representam um único som?

2. Na tira, há várias outras palavras nas quais um par de letras representa um único fonema. Quais são essas palavras? Quais são os pares de letras?

3. A palavra **igual** apresenta a letra **l** no final. Na região em que você vive, como a letra **l** é pronunciada? Com o som de **u** ou com o som de **l** mesmo?

4. Leia estas palavras:

fixo	xampu	tóxico	mexerica
pretexto	exótico	inexperiência	exibir

Em quais delas a letra **x** corresponde:

a) ao fonema:

- /ʃ / ("chê")?
- /s/ ("sê")?
- /z/ ("zê")?

b) aos fonemas /ks/?

5. Leia estas outras palavras:

conhecimento	sol	nascer	cresça
massa	cartaz	explosão	sumiço

a) Reescreva-as e destaque em cada uma delas as letras que representam o fonema /s/ ("sê").

b) Conclua: Que letras representam o fonema /s/ ("sê")?

6. Com base nos exercícios anteriores, podemos chegar a três conclusões a respeito da relação entre os fonemas e as letras. Identifique os itens que expressam essas conclusões:

a) Um fonema pode ser representado na escrita por uma ou por várias letras.

b) Uma letra pode representar diferentes fonemas.

c) Um fonema será sempre representado por uma única letra.

d) Uma letra só pode representar um fonema.

e) A letra **x** pode representar dois fonemas: /ks/.

Divirta-se

Fernando Gonsales

CAPÍTULO 2

Pato aqui, pato acolá

Os contos maravilhosos estimularam durante séculos a imaginação de crianças e adultos, e ainda hoje servem como fonte de inspiração para os escritores modernos. Às vezes, eles são apenas recontados em uma linguagem atual, para facilitar a compreensão dos leitores de hoje; outras vezes, são recriados, isto é, servem como referência para a invenção de uma história muito diferente.

O texto que você vai ler a seguir é recriação de um tradicional conto maravilhoso de Hans Christian Andersen.

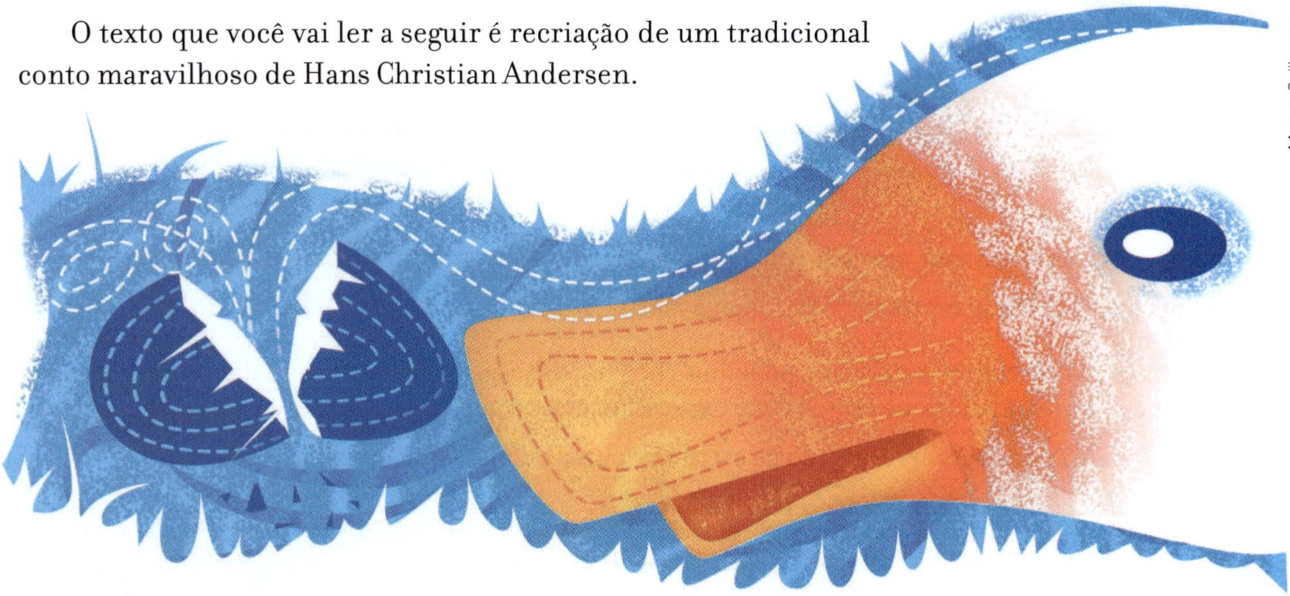

Marcos Guilherme

O patinho bonito

Era uma vez um pato chamado Mílton. Sei que Mílton não é nome de pato. Mas este se chamava assim, e você vai logo saber por quê. Quando ele nasceu, todos tiveram a maior surpresa. Aliás, não foi quando ele nasceu. Foi quando viram o ovo dele, quer dizer, o ovo que depois seria ele.

Não era um ovo de pato comum. Era meio azulado e brilhante, quase como um ovo de Páscoa. Mas ovos de Páscoa são embrulhados. Esse ovo não era; a casca é que era meio azul. Os pais de Mílton, quando viram o ovo no ninho, foram logo perguntando:

— Mas que é que esse ovo está fazendo aí?

— Isso não é ovo de pato.

— Acho que é ovo de galinha.

— Não seja bobo! Galinhas botam ovos brancos!

— Brancos nada! Já vi uns que são meio amarelos, meio beges. Se ovos de galinha podem ser amarelos, por que é que não podem também ser azuis?

— Bom, então pode ser que seja um ovo de pato. Vai ver que também existem ovos de pato que são azuis.

E acharam melhor esperar para ver o que acontecia.

Um dia, a casca azulada do ovo começou a se quebrar e de lá saiu um lindo patinho. Era azul? Não, não era. Era um patinho normal. Só que muito mais bonito do que os outros, e os patos sabiam disso. Acharam o patinho tão bonito que resolveram logo uma coisa. Não era justo dar para ele um nome qualquer. Ele era diferente. Era mais bonito. Como é que poderia ter um nome comum, como "Quém-Quém"?

— Esse nome é para patos comuns — disse a mãe dele.

— Então vamos chamá-lo de Quá-Quá — disse a madrinha dele.

— Esse também é para patos comuns, sua boba! — respondeu a mãe. — Eu quero que ele se chame Mílton.

Ela gostava do nome Mílton. Todos acharam meio estranho, mas acabaram concordando que um patinho tão bonito merecia um nome especial.

O tempo foi passando, e Mílton era o patinho mais bonito da escola. Todos olhavam para ele e diziam: "Como ele é bonito!" Ele se olhava no espelho e dizia: "Como eu sou bonito!". E ficava pensando: "Sou tão bonito que talvez eu nem seja um pato de verdade. Tenho até nome diferente. Meu ovo era azul. Eu me chamo Mílton. Quem sabe eu sou gente?".

E Mílton começou a ficar meio besta. Diziam: "Mílton, vem nadar!". Ele respondia: "Eu não. Pensam que eu sou pato como vocês?". Todos os outros patos começaram a achar o Mílton meio chato. Ele foi ficando sozinho. E dizia: "Não faz mal. Sou mais bonito. Vou terminar na televisão. Vou ser o maior galã".

Uma noite Mílton resolveu fugir de casa. Foi até a cidade para tentar entrar na televisão. Quando chegou na porta da estação de TV, foi logo dizendo: "Eu me chamo Mílton. Além de bonito, acho que tenho muito talento artístico". Ele falava difícil. Queria dizer que tinha jeito para ser ator de novela. Juntou gente em volta.

— Ih, não enche — disse alguém. — Todo dia alguém arranja uma fantasia de bicho e vem aqui procurar lugar na televisão.

— Mas você não vê que eu não estou fantasiado? — perguntou Mílton. — Se eu estivesse usando uma roupa de pato, se eu fosse uma pessoa com roupa de pato, eu seria da sua altura. Mas eu sou baixinho como um pato! Como um pato de verdade!

— Então como é que você sabe falar?

— Mas os patos falam! — disse Mílton, quase chorando.

— Não vem com essa, ô malandro — disse um guarda que estava ali perto. — Para mim você é um pato mecânico. Deve ser uma espécie de robô com um computador na cabeça!

Marcos Guilherme

E o guarda foi logo agarrando o Mílton para arrancar a cabeça dele e ver o que tinha dentro.

— Me larga! Me larga! — gritava Mílton. — Eu sou um pato! Um pato de verdade! Sou um PATO! Um PATOOO...

De repente Mílton teve um estremeção. Abriu os olhos e viu que estava em casa. Ele tinha sonhado. Olhou para seus pais, ainda meio assustado, e disse:

— Eu sou um pato... eu sou um pato...

E seus pais disseram:

— Puxa, ainda bem que você se convenceu disso!

— É verdade, já estava na hora de você achar que era um pato mesmo!

— E todo mundo estava cheio dessa sua história de achar que não era um pato, que era diferente...

Mílton ouviu tudo aquilo e ficou pensando: "Puxa, ainda bem que eu sou um pato, um patinho como todos os outros! Ainda bem!".

E daí em diante não havia pato mais contente, que tivesse mais vontade de nadar na lagoa, do que o Mílton. De vez em quando ele ainda dizia: "Sou um pato! Um pato mesmo!". E dava um suspiro de alívio.

(Marcelo Coelho. In: Otavio Frias Filho e outros. *Vice-versa ao contrário.* São Paulo: Companhia das Letrinhas, 1993. p. 21-4.)

Estudo do texto

COMPREENSÃO E INTERPRETAÇÃO

1. "O patinho bonito" é um texto criado a partir de um conhecido conto maravilhoso.

a) Qual é esse conto?

b) Se você conhece esse conto, conte para os colegas como é a história.

2. A expressão **Era uma vez**, que tradicionalmente inicia os contos maravilhosos, remete a um tempo passado, distante e indeterminado. No conto "O patinho bonito", o tempo também é indeterminado? Justifique sua resposta.

3. Em *O patinho feio*, as diferenças entre o patinho e os outros patos também começam pelo ovo. Comparando as duas histórias, responda:

a) Como era o ovo que deu origem ao patinho feio?

b) Como era o ovo que deu origem a Mílton?

4. Um dia a casca do ovo se quebrou e "de lá saiu um lindo patinho. Era azul? Não, não era. Era um patinho normal". Nessa situação, o que o narrador quer dizer com a expressão "patinho normal"?

Quem é Marcelo Coelho?

Marcelo Coelho nasceu em 1959, em São Paulo. Formado em Sociologia, é professor universitário e atua como jornalista.

Estreou na literatura com os romances *Noturno* e *Jantando com Melvin*. Também escreve para crianças, e entre suas obras para esse público estão *A professora de desenho e outras histórias* e *Minhas férias*.

Letícia Moreira/Folhapress

5. No conto *O patinho feio*, em nenhum momento o patinho desconfia de sua identidade. E com Mílton, isso também ocorre?

6. Em *O patinho feio*, todos se afastam do patinho por causa de sua feiura. No conto "O patinho bonito", Mílton não tem esse problema, mas também não se relaciona bem com os outros patos. Por quê?

7. No conto "O patinho bonito", há um momento em que uma história acontece dentro de outra. Qual é a história que há dentro da história de Mílton? Onde ela começa e onde termina?

8. No final do conto *O patinho feio*, o patinho descobre sua verdadeira identidade e, como cisne, encontra finalmente o seu grupo. Compare os dois contos e responda:

   a) Mílton também descobre uma nova identidade?

   b) Ele também encontra o seu verdadeiro grupo?

   c) As duas histórias têm finais semelhantes? Por quê?

9. Durante séculos, os contos maravilhosos e as fábulas têm contribuído para a educação das crianças. Apesar de os contos nem sempre apresentarem uma moral no final da história, como ocorre nas fábulas, eles também transmitem ensinamentos.

   a) Que tipo de ensinamento o conto *O patinho feio* transmite?

   b) E o conto "O patinho bonito"?

Intertextualidade no conto

Quando um texto *cita* outro texto, isto é, apropria-se de alguns de seus elementos para sugeri-lo, dizemos que, entre eles, existe **intertextualidade** (inter = entre). Assim, "O patinho bonito", de Marcelo Coelho, estabelece uma relação intertextual com *O patinho feio*, de Andersen.

Quem é Hans Christian Andersen?

O autor de *O patinho feio*, Hans Christian Andersen, nasceu numa família pobre, em 1805, na Dinamarca. Desde cedo, entusiasmou-se com as histórias do folclore escandinavo que seu pai lhe contava. Quando adulto, escreveu-as e publicou-as em pequenos livros destinados a crianças. Entre outras histórias, publicou *A princesa e a ervilha*, *O soldadinho de chumbo* e *A pequena sereia*.

Imagebroker/Keystone Brasil/Odense City Museums/Dinamarca

A LINGUAGEM DO TEXTO

1. Releia este trecho do texto:

> "Um dia, a casca azulada do ovo começou a se quebrar e de lá saiu um lindo patinho. Era azul? Não, não era. Era um patinho normal."

Observe que, para criar certo efeito, o próprio narrador pergunta se o patinho "era azul" e ele mesmo responde. Que efeito ele cria com esse procedimento?

2. Observe como a palavra **pato** aparece neste trecho do texto:

> "— Eu sou um **pato**! Um **pato** de verdade! Sou um **PATO**! Um **PATOOO**..."

a) O que significa a mudança no modo como a palavra *pato* é escrita?

b) Por que a letra **o** é repetida três vezes em "**PATOOO**"?

3. Compare a pontuação destas frases:

> — "Eu sou um pato... eu sou um pato..."
> — "Sou um pato! Um pato mesmo!"

A primeira frase é dita por Mílton quando ele acorda do sonho, e a segunda, no final da história. Que diferença de sentido a pontuação provoca nessas frases?

O Brasil tem contos maravilhosos?

No Brasil, os contos maravilhosos europeus misturaram-se com as narrativas locais do folclore indígena e também do folclore africano, dando origem a outras histórias. As mais conhecidas foram recolhidas pelo grande pesquisador da cultura popular brasileira Luís da Câmara Cascudo e publicadas em seu livro *Contos tradicionais do Brasil*.

Para quem quer conhecer outros contos maravilhosos brasileiros, sugerimos a leitura dos seguintes livros: *Histórias de Tia Anastácia*, de Monteiro Lobato (Brasiliense); *Histórias à brasileira – A Moura Torta* e *Outras histórias à brasileira – Pedro Malasartes e outras*, recontadas por Ana Maria Machado (Companhia das Letrinhas); *Mata – Contos do folclore brasileiro*, de Heloisa Prieto (Companhia das Letrinhas); *Felizes para sempre*, de Augusto Pessôa (Rocco).

LEITURA EXPRESSIVA DO TEXTO

Marcos Guilherme

Forme com os colegas um grupo de três. Leiam os diálogos que aparecem no trecho correspondente ao sonho de Mílton, desde "Eu me chamo Mílton" até "Um PATOOO...". Um de vocês lê as falas do pato e os outros dois leem as demais falas (de uma pessoa não identificada e do policial).

Durante a leitura, procurem sugerir pela voz o que as personagens estão sentindo. Inicialmente, Mílton deve mostrar-se orgulhoso, arrogante, e, depois, deve demonstrar preocupação e medo. As demais personagens devem demonstrar descaso e desconfiança.

Ensaiem várias vezes, trocando os papéis entre si. Por fim, apresentem a leitura à classe.

Trocando ideias

1. Mílton se convenceu de que era bonito demais para ser apenas um pato. Na sua opinião, ele foi o único responsável por isso? Por quê?

2. Tanto o Patinho Feio quanto Mílton só se sentiram plenamente felizes quando se integraram a um grupo: o Patinho Feio ao grupo de cisnes, e Mílton, depois de se assumir como pato, ao grupo de patos. Dê sua opinião:

   a) Quando nos sentimos diferentes de outras pessoas, podemos sofrer por isso? Por quê?

   b) Para sermos felizes, é necessário que sejamos iguais às pessoas do grupo a que pertencemos?

3. Nas escolas e em ambientes de trabalho, são comuns as "panelinhas", isto é, grupos de pessoas que geralmente rejeitam novos relacionamentos. Você é a favor das "panelinhas"? Por quê?

Monteiro Lobato: nosso principal contador de histórias para crianças

O significado da obra de Monteiro Lobato (1882-1948) para a literatura infantil brasileira é equivalente ao da obra de Andersen e dos irmãos Grimm para a literatura europeia.

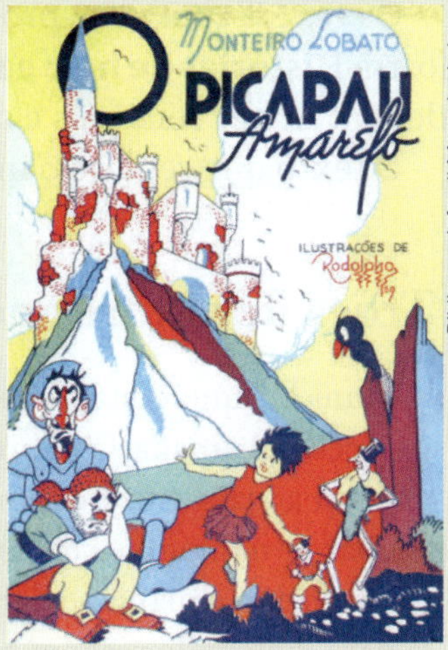

Biblioteca infantil Monteiro Lobato

No Sítio do Picapau Amarelo, o lugar onde se passam as histórias infantojuvenis criadas por Monteiro Lobato, vivem Emília, a boneca que fala; o Visconde de Sabugosa, uma espiga de milho que tem vida própria; Dona Benta, a avó contadora de histórias; Tia Nastácia, a cozinheira; as crianças Pedrinho e Narizinho; Rabicó, o porquinho; o Saci e a Cuca, personagens do folclore brasileiro; e tantas outras personagens imortalizadas pelo grande escritor brasileiro.

Em 1921, Monteiro Lobato publicou seu primeiro livro infantojuvenil — *A menina do narizinho arrebitado*. Além desse, destacam-se na obra do escritor muitos outros livros, como, por exemplo, *Caçadas de Pedrinho*, *Memórias da Emília*, *Serões de dona Benta*, *A chave do tamanho*, *O poço do Visconde*, *Viagem ao céu*, *Os doze trabalhos de Hércules*. Lobato escreveu também livros para adultos e se destacou como contista. Uma célebre personagem criada por ele é o Jeca-Tatu, um caipira do interior paulista.

ler é um prazer

O leão e o rato

A gratidão é um valor
Cultivá-lo todo dia
Somente traz alegria
Merece todo louvor.

Prestemos muita atenção
Ao que ocorreu, um dia
Entre o rato e o leão.

Era uma vez um ratinho
Que andava distraído
Mal ele havia saído
De um buraco, seu cantinho...

Deu de cara com um leão
Um imenso animal
Logo pensou: "Estou perdido!"
Mas o leão foi legal.

Livrou-o, e sem perigo
O ratinho, com alegria
Prometeu: "Conte comigo
Se precisar, algum dia..."

O leão quase sorria
Pois pareceu caricato
Como ele precisaria
Da ajuda de um rato?

Mas eis que um belo dia
Numa armadilha caiu
Esperneou e rugiu
E a rede não cedia.

Então, o rato acudiu
E começou a roer
A rede pôs-se a ceder
E logo o leão fugiu!

Constatou-se uma vez mais:
Nas voltas que dá a vida
A graça retribuída
Mostrou do que é capaz...

(*O melhor de La Fontaine – Fábulas*. Trad. de Nilson José Machado. São Paulo: Escrituras, 2012. p. 58-59.)

Avelino Guedes

Produção de texto

Os textos que você produzirá a seguir serão publicados em um livro de contos que fará parte da mostra **Histórias de hoje e sempre**, proposta no capítulo **Intervalo**, e será lido por colegas de sua classe e de outras, por seus pais e demais convidados para o evento.

O texto que segue é o início de um conto produzido por alunos do 6º ano. Leia-o.

Troca de amores nos contos maravilhosos

Num bosque distante existia um castelo de cristal, e nele vivia uma princesa chamada Cinderela. Ela era tão má e desobediente, que deixava a madrasta enlouquecida. Além disso, ela vivia tentando roubar os namorados das irmãs.

Certo dia, o príncipe Peter convidou as irmãs de Cinderela para ir ao baile real em seu castelo.

No dia do baile, Cinderela trancou as irmãs no quarto, dentro do guarda-roupas, e foi ao baile. Ela usou o vestido e o par de sapatinhos de cristal da irmã mais velha. Os pés de Cinderela eram menores, e o par de sapatinhos ficou grande, mas ela foi ao baile mesmo assim.

[...]

(In: Beatriz M. Garcia, Bruno A. A. Judic e Ingrid M. J. da Silva. *O mundo encantado – VII antologia de contos maravilhosos*. Taubaté-SP: Colégio Idesa, 2012. p. 122.)

Você notou como nesse texto a história de Cinderela é diferente da original? A ideia presente nas propostas a seguir também é essa, ou seja, brincar com a tradição dos contos maravilhosos. Para isso, você deverá modificar as histórias, adaptando-as para os dias de hoje, misturando personagens de histórias diferentes, e assim por diante. Enfim, a ideia é você se divertir reinventando os contos maravilhosos.

1. Escreva um conto maravilhoso, de acordo com estas orientações:

a) Em cada lista de palavras abaixo, todas, com exceção de uma, sugerem uma história conhecida. Tal palavra representa um novo elemento, que quebra, de propósito, a sequência. Veja:

- menina — bosque — lobo — avó — helicóptero
- Cinderela — madrasta — príncipe — sapatinho de cristal — chulé
- Bela Adormecida — príncipe encantado — conjunto de *rock* — bruxa boa
- João e Maria — uma casinha de doces — a bruxa — o forno — um pernil assado
- Pinóquio — os ladrões — um extraterrestre — a baleia — Gepeto
- Aladim — gênio — princesa — lâmpada maravilhosa — Ali Babá e os quarenta ladrões
- Branca de Neve — príncipe — sete anões — madrasta — baile

b) Escolha uma lista e reinvente a história, incluindo nos acontecimentos o elemento novo correspondente à palavra que destoa das outras. Escolha quem será o herói e quem fará o papel de vilão. Comece seu conto fazendo o herói ser vítima de uma armadilha planejada pelo vilão, ou o contrário. Se quiser, dê ao herói (ou ao vilão) poderes mágicos. Procure criar um final inesperado, se possível engraçado.

2. Você já imaginou como seria a história *A Bela Adormecida* se a moça sofresse de insônia? Ou se em *Chapeuzinho Vermelho* o lobo fosse vegetariano? Ou se em *Branca de Neve* a moça odiasse maçãs? A exemplo do conto "O patinho bonito", escolha um conto maravilhoso e recrie-o, fazendo as alterações que quiser. Você poderá, por exemplo, inverter as características de uma personagem ou adaptar a história aos dias de hoje.

Planejamento do texto

Ao redigir seus contos, leve em conta as orientações dadas no capítulo 1, na página 23, adaptando-as à proposta que você irá desenvolver.

Revisão e reescrita

Faça um rascunho e só passe seu conto a limpo depois de realizar uma revisão cuidadosa, seguindo as orientações dadas no capítulo 1, na página 23, adaptando-as à proposta que você desenvolveu.

A língua em foco

AS VARIEDADES LINGUÍSTICAS

CONSTRUINDO O CONCEITO

Leia a tira abaixo, de Fernando Gonsales.

(*Folha de S. Paulo*, 3/8/2007.)

1. O humor da tira é construído a partir das diferenças de uso da língua portuguesa. No 1º quadrinho, o papagaio fala algumas palavras que causam estranhamento à mulher.

   a) Que palavras causam estranhamento à mulher?

   b) Como provavelmente ela diria essas palavras?

2. Para que o leitor compreenda bem a tira, é necessário que ele tenha conhecimento sobre como os papagaios aprendem a falar. De que forma isso acontece?

3. No 2º quadrinho, a mulher procura o comerciante para devolver o papagaio.

   a) Qual é a provável relação entre o homem e o papagaio?

   b) A surpresa e a graça da tira estão na fala do comerciante. O que a fala dele revela?

4. Os modos de uso da língua frequentemente geram preconceitos, isto é, podem levar as pessoas a ser julgadas positiva ou negativamente. Considerando a situação em que o papagaio aprendeu a falar, responda: Que outra razão pode ter levado a mulher a querer devolver o papagaio?

CONCEITUANDO

O cartunista Fernando Gonsales, para criar humor, explorou em sua tira a diversidade linguística que existe no Brasil. Como nosso país é muito grande e desigual, com Estados grandes e pequenos, ricos e pobres, com gente vivendo no litoral, na floresta, nas grandes cidades, em povoados ou na roça, é natural que a língua portuguesa sofra variações, que constituem as **variedades linguísticas**.

Além das variações resultantes de localização geográfica, uma língua também pode apresentar variações decorrentes de outros fatores, como idade, profissão e grau de escolaridade. Por exemplo, uma pessoa mais velha do que nós ou que exerce uma determinada profissão pode usar a língua de uma forma diferente da nossa.

Quantas línguas existem?

Já existiram 10 mil línguas diferentes no mundo, número que com o passar dos anos foi diminuindo. Hoje, existem 6.700 línguas vivas e apenas 250 delas contam com mais de 1 milhão de falantes. Possivelmente existem outras línguas, faladas por habitantes de lugares inóspitos, ainda não descobertos. A divisão de línguas por continentes é a seguinte:

Ásia 2.165

África 2.010

Oceania 1.300

América 1.000

Europa 225

Estima-se que metade dessas línguas irá desaparecer até o ano de 2050, o que significa que uma língua irá se extinguir a cada cinco dias.

(Marcelo Duarte. *O guia dos curiosos – Língua portuguesa*. São Paulo: Panda, 2003. p. 24.)

Rita Barreto

Variedades linguísticas são as variações que uma língua apresenta em razão das condições sociais, culturais e regionais nas quais é utilizada.

Norma-padrão e variedades de prestígio

A língua está sempre em mudança, em renovação. Palavras novas surgem a todo instante e formas antes valorizadas caem em desuso com o tempo. Com a Internet, até mesmo a forma de escrever as palavras tem se modificado.

Justamente para evitar que cada um use a língua à sua maneira, em todo o mundo existem especialistas que registram, estudam e sistematizam o que é a língua de um povo em certo momento, o que dá origem à **norma-padrão**, uma espécie de "lei" que orienta o uso social da língua. Essa norma-padrão é a que está registrada nos dicionários e nos livros de gramática.

É claro que a norma-padrão não existe como uma língua de fato, pois ninguém fala português em norma-padrão em todos os momentos da vida. Ela é um modelo, uma referência que orienta os usuários da língua a, sempre que precisam, usar o português de modo mais formal.

Há momentos descontraídos, em que ela não é necessária, mas há momentos em que ela é obrigatória, como quando fazemos uma entrevista para conseguir um emprego, quando apresentamos um trabalho escolar, participamos de um debate, escrevemos uma carta para uma autoridade pública, redigimos um requerimento, etc. Dada a importância da norma-padrão, a escola se propõe ensiná-la a todas as crianças e jovens do país, preparando-os para ingressar na vida social.

As variedades do português que mais se aproximam da norma-padrão são prestigiadas socialmente. É o caso das variedades linguísticas urbanas, faladas nas grandes cidades por pessoas escolarizadas e de renda mais alta. Outras variedades, faladas em lugares distantes dos grandes centros, ou faladas por pessoas analfabetas ou de baixa escolaridade, ou por pessoas mais pobres, são menos prestigiadas e, por isso, frequentemente aqueles que as falam são vítimas de preconceito.

Acesso às variedades de prestígio: questão de cidadania!

Você já percebeu como algumas pessoas simples, sem instrução e sem facilidade para se expressar ficam tímidas diante de outras pessoas que falam com clareza e fluência?

Ter acesso às variedades linguísticas prestigiadas socialmente e saber se expressar por meio delas tem sido um privilégio de poucos, mas é um direito de todo cidadão. Conhecendo a norma-padrão e apropriando-se de variedades de prestígio social, o cidadão fica em pé de igualdade linguística com as outras pessoas e, assim, torna-se mais fácil ouvirem sua voz e respeitarem seus direitos.

Norma-padrão é uma referência, uma espécie de modelo ou de "lei" que normatiza o uso da língua, falada ou escrita.

Variedades urbanas de prestígio, também conhecidas como **norma culta**, são as variedades empregadas pelos falantes urbanos mais escolarizados e de renda mais alta.

Variação linguística e preconceito social

Você já deve ter ouvido alguém dizer que o português de uma cidade ou de um Estado é melhor do que o de outro lugar. Do ponto de vista linguístico, não existe uma variedade linguística melhor ou mais correta do que outra. Mesmo que uma variedade seja bastante diferente da norma-padrão, ela será boa se permitir aos seus falantes se comunicar e interagir entre si de modo eficiente.

Contudo, as variações da língua frequentemente são motivo de preconceito. Pessoas de baixa escolaridade, ou vindas do interior ou de regiões distantes dos grandes centros urbanos podem ser ridicularizadas ou inferiorizadas por falarem uma variedade diferente daquelas prestigiadas socialmente.

Na tira de Fernando Gonsales, a mulher devolve o papagaio porque não se identifica com a variedade linguística falada pela ave. Ou talvez para evitar que pensassem que ela ou a família dela tivessem sido o modelo para aquele modo de falar do papagaio.

Falar bem é falar adequadamente

Leia esta tira, de Adão Iturrusgarai:

Adão Iturrusgarai

(*Folha de S. Paulo*, 13/8/2005.)

1. Zezo e seus pais vão a um casamento, e o pai de Zezo reclama da roupa do filho.

a) Como Zezo está vestido no 1º quadrinho? Essa roupa é formal ou informal?

b) E os pais, como estão vestidos? Essa roupa é formal ou informal?

c) Como o pai de Zezo esperava que o filho se vestisse para ir à festa?

2. O humor da tira concentra-se no último quadrinho. Zezo atendeu à expectativa dos pais? Por quê?

A tira cria humor a partir do conceito de adequação e inadequação das roupas. Com a língua não é diferente: variamos o emprego da língua de acordo com a situação.

Em situações mais formais, empregamos uma variedade linguística mais formal e próxima da norma-padrão. Em situações informais, empregamos igualmente uma variedade linguística informal, sem a rigidez das regras da norma-padrão.

Quando entramos na escola, já conhecemos e dominamos algumas variedades, como a falada na família, na rua ou no bairro. Porém, na escola, temos a oportunidade de nos apropriar de variedades linguísticas de prestígio, que poucas pessoas dominam e são indispensáveis para nossa vida social e profissional.

Enfim, todas as variedades linguísticas têm seu valor e sua importância. Mas saber usar bem uma língua significa saber empregar a variedade linguística mais adequada a cada situação.

Adão Iturrusgarai

Tipos de variação linguística

As variações de uma língua podem ocorrer por diferentes motivos. Conheça, a seguir, alguns deles.

Diferenças de lugar ou região

Diferenças geográficas têm relação com variações da língua. Por exemplo, algumas cidades do interior usam uma variedade linguística diferente da falada na capital; o português falado no Rio Grande do Sul é diferente do falado em Pernambuco ou no Pará; o português falado no Brasil é diferente do falado nos países africanos de língua portuguesa.

As diferenças podem ser de som (pronúncia), de vocabulário e até de construções frasais. Veja um exemplo na tira a seguir.

A língua portuguesa no mundo

A língua portuguesa tem presença significativa em quatro continentes. Além de ser falada no Brasil (América do Sul) e em Portugal (Europa), está presente em Angola, Moçambique, Cabo Verde, Guiné-Bissau, São Tomé e Príncipe (na África) e em Goa e Timor Leste (Ásia).

Se, dentro do Brasil, notamos variações linguísticas de uma região para outra, imagine de um continente para outro!

Fonte: Marcelo Duarte. *O guia dos curiosos – Língua portuguesa*. São Paulo: Panda, 2003. p. 58.

(*Chico Bento*, nº 424.)

Na tira, a fala de Chico Bento (1º quadrinho) está de acordo com a língua falada pela maior parte dos brasileiros, já que falantes de toda parte podem dizer "quiria" em vez de **queria** e "sê" em vez de **ser**. Porém, na fala do outro garoto (3º quadrinho), o emprego de "discurpa" em vez de **desculpa** mostra que ele é um falante do dialeto caipira, no qual frequentemente o **l** é trocado pelo **r**: "arto" (alto), "parmo" (palmo), "lençor" (lençol), etc.

Escolaridade e classe social

A variedade linguística que você observou na tira de Fernando Gonsales reproduzida na página 41 é um exemplo das variações ocasionadas pelo baixo grau de escolaridade: o emprego de "bicicreta", "cocrete" e "cardeneta" é comum entre pessoas que frequentaram pouco ou não frequentaram a escola.

Diferenças históricas

Com o passar do tempo, uma língua sofre variações. Leia estes versos de uma cantiga de roda:

> Chora, menina, chora
> Chora porque não tem
> Vintém.
> Menina que está na roda
> Parece uma toleirona,
> Bobona.
>
> (Domínio público.)

Nesses versos, há duas palavras que caíram em desuso: **vintém** e **toleirona**. **Vintém** é uma antiga moeda de pouco valor, e **toleirona** é pessoa tola, bobalhona.

Oralidade e escrita

Em princípio, a língua oral é mais espontânea do que a língua escrita. Na língua oral são comuns, por exemplo, as repetições, as quebras na sequência de ideias, problemas de concordância e o uso de expressões de apoio, como **né**?, **tá**?, **entendeu**?, **hum...**, etc. Já a língua escrita é mais monitorada, pois temos condições de escolher bem as palavras, de corrigir o texto e melhorá-lo até transmitir exatamente o que desejamos.

Contudo, essas diferenças entre oralidade e escrita têm diminuído bastante, principalmente nos dias de hoje. Primeiramente porque hoje a maior parte dos brasileiros sabe ler e escrever e, quanto mais uma pessoa lê, mais ela tende a empregar formas da língua escrita quando está falando em situações formais. Em segundo lugar porque, com o uso da Internet, as fronteiras entre o oral e o escrito têm se enfraquecido, já que os textos de *e-mails*, *orkut*, *twitter* e *facebook*, embora sejam escritos, aproximam-se bastante da fala.

O português na Ilha da Madeira

O brasileiro que vai à Ilha da Madeira tem a impressão de que ouve um português igual ao falado em Portugal. No entanto, há muitas diferenças entre o português falado na ilha e o falado no continente. Conheça algumas das palavras e expressões madeirenses:

abelhinha: automóvel, táxi
à pata: a pé
canalha: conjunto de crianças
catchu: bola de futebol
fazer ramelas: fazer inveja
joeira: papagaio, pipa
menino: pessoa inteligente, esperta
penca: nariz

Stuart Forster/Robert Harding/ Latinstock

Madeira, ilha da costa africana dominada pelos portugueses desde o século XV, onde se fala o português madeirense.

Formalidade e informalidade: graus de monitoramento

Às vezes, mesmo sem perceber, falamos em determinadas situações de modo diferente do habitual. Por exemplo, quando falamos em público; quando, em busca de emprego, somos entrevistados; quando conversamos com pessoas mais instruídas do que nós ou com pessoas que ocupam cargo ou posição elevada. Nessas situações, monitoramos mais o que dizemos, evitando gírias, expressões grosseiras e palavras ou expressões que demonstrem intimidade com o interlocutor, como **fofinha**, **safado**, **pra caramba**, **dia de cão**, **é um saco**, etc., e, por isso, nossa fala se aproxima mais da norma-padrão. Quando isso ocorre, dizemos que a língua apresenta maior grau de formalidade. Quando, entretanto, ela apresenta menor monitoramento, dizemos que a língua é informal. Veja, como exemplo, este *e-mail*:

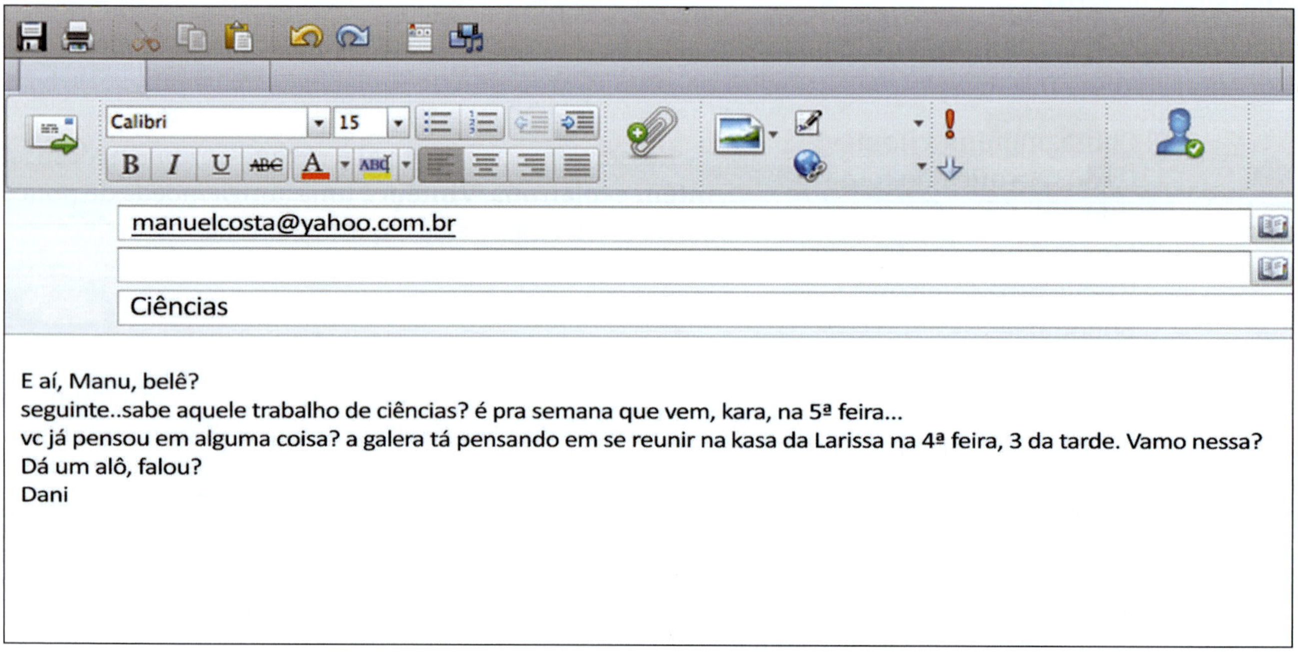

A informalidade que se nota no *e-mail* se dá em vários níveis. A intimidade que há entre os interlocutores é revelada no emprego de palavras reduzidas, como **Manu**, **belê**, **pra**, **tá**; no uso de gíria, observada em **galera**; e na utilização de grafia própria de textos que circulam na Internet, ocorrida em **kara** e **kasa**.

A gíria

Você já deve ter reparado que alguns grupos sociais — por exemplo, o grupo dos estudantes, o dos jogadores de futebol, o dos policiais, o dos esqueitistas, o dos funkeiros, o dos surfistas, etc. — usam na fala certas palavras e expressões que lhes são próprias. Esse tipo de variedade linguística é chamado de **gíria**. Normalmente criada por um grupo social ou profissional, a gíria, por sua expressividade, pode tanto desaparecer rapidamente quanto se estender à linguagem de todas as camadas sociais.

Gírias antigas

Pergunte aos seus pais e a seus avós se eles chegaram a utilizar algumas destas gírias antigas:

bafafá: confusão

bicho: forma de tratamento

boko-moko: pessoa que não sabe se comportar

carango: carro

chuchu beleza: bom, bem-feito

cri-cri: chato

nos trinques: ótimo, certo

plá: conversa

prafrentex: avançado

tá ruço: está ruim

Fonte: Kárin Fusaro. *Gírias de todas as tribos*. São Paulo: Panda, 2001. p. 120-3.

Qual é a sua tribo?

A linguagem revela mais do que pensamentos e sentimentos. Revela também quem somos socialmente, isto é, nossa posição social, nosso grau de escolaridade, nossa timidez ou agressividade, nosso gosto cultural, o grupo ou a tribo de que fazemos parte — enfim, pela linguagem mostramos nossa forma de ser e de ver o mundo. Por isso, a língua que falamos pode tanto nos abrir quanto nos fechar portas socialmente. Na tira abaixo, por exemplo, palavras e expressões como "estamos ligados", "só!", "mó feliz", "10 paus" contribuem para caracterizar as personagens: jovens que se consideram "descolados" e, por isso, incorporam a gíria em sua linguagem cotidiana.

(Angeli. *Sangue bom*. São Paulo: Devir/Jacarandá, 2000. p. 37.)

EXERCÍCIOS

Leia a tira a seguir, de Adão Iturrusgarai, e responda às questões 1 e 2.

(*Folha de S. Paulo*, 14/3/2012.)

1. A tira satiriza o emprego da "tiponite" e do "gerundismo".

a) O que é "tiponite"?

b) Sabendo-se que o sufixo **-ite** é muito empregado em nomes de doença (como **apendicite**, **amigdalite**) e significa "inflamação", conclua: Qual é a visão do autor da tira a respeito da "tiponite"?

c) Que grupos sociais costumam apresentar esse uso na linguagem?

d) Dê sua opinião: Empregar a "tiponite" ajuda as pessoas a se identificarem com os colegas e serem aceitas no grupo? Por quê?

2. O "gerundismo" também é um fenômeno que surgiu no português brasileiro há alguns anos.

a) Em que consiste esse fenômeno?

b) Em que casos o gerúndio pode ser empregado normalmente, sem caracterizar "gerundismo"?

c) Como ficaria a fala do último quadrinho, caso a personagem não empregasse nem o "tiponismo" nem o "gerundismo"?

Leia o anúncio a seguir e responda às questões de 3 a 5.

Miró

3. A respeito do anúncio, responda:

a) Quem é o anunciante?

b) Quem são os destinatários do texto?

c) Qual é a finalidade do anúncio?

4. Na parte de baixo do anúncio, em letras menores, lê-se: "Na hora de anunciar, converse logo com quem interessa. Anuncie nos cadernos especiais temáticos de *Veja São Paulo* e *Veja Rio*". Considerando o objetivo do anúncio, responda: Por que a imagem principal que se vê nele é a de um semáforo?

5. Observe que, de cada lado do semáforo, há uma palavra: **farol**, à esquerda, e **sinal**, à direita.

a) Considerando a finalidade do anúncio, interprete: Por que o anunciante escolheu essas palavras e as dispôs dessa forma no texto?

b) Em sua cidade, que palavra é usada para designar semáforo?

Salve o pernambuquês e o cearencês!

Conheça algumas das palavras e expressões usadas em Pernambuco e em outras cidades do Nordeste:

aperreio: preocupação, angústia
arenga: pequena briga
bicado: embriagado
bufento: desbotado
danou-se: expressão usada por alguém para indicar espanto ou anunciar que vai embora
fuleiro ou **peba:** fraco, sem valor, sem qualidade
liso: pobre ou em dificuldades financeiras
mangar: rir de alguém ou de algo
mói: grande quantidade
munganga: careta
oxe: expressão usada para indicar espanto
pantim: vergonha ou frescura
rabissaca: gesto de desdém, de dar as costas
renca: grupo de pessoas
virado na catita: alguém rápido
xexero: caloteiro, que não paga as contas

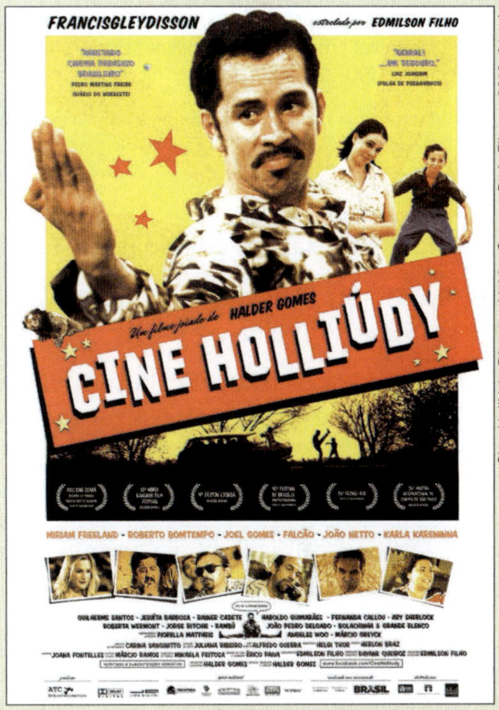

Cine Holliúdy. Direção: Halder Gomes. Paris Filmes. 2012. 91 min

Cartaz do filme *Cine Holliúdy*, de Halder Gomes, o primeiro filme brasileiro falado em cearencês, com legendas em português.

AS VARIEDADES LINGUÍSTICAS NA CONSTRUÇÃO DO TEXTO

Leia esta anedota:

Rico

O gerente de vendas recebeu o seguinte fax de um dos seus novos vendedores: 'Seo Gomis o criente de Belzonte pidiu mais cuatrucenta pessa. Faz favor toma as providenssa, Abrasso, Nirso.' Aproximadamente uma hora depois, recebeu outro: 'Seo Gomis, os relatório di venda vai xega atrazado proque to fexando umas venda. Temo que manda treis miu pessa. Amanhã tô xegando. Abrasso, Nirso.' No dia seguinte: 'Seo Gomis, num xeguei pucausa de que vendi maiz deis miu em Beraba. To indo pra Brazilha. Abrasso, Nirso.' No outro: 'Seo Gomis, Brazilha fexo 20 miu. Vo pra Frolinoplis e de lá pra Sum Paulo no vinhão das cete hora. Abrasso, Nirso.' E assim foi o mês inteiro. O gerente, muito preocupado com a imagem da empresa, levou ao presidente as mensagens que recebeu do vendedor. O presidente, um homem muito preocupado com o desenvolvimento da empresa e com a cultura dos funcionários, escutou atentamente o gerente e disse: – Deixa comigo, que eu tomarei as providências necessárias. E tomou. Redigiu de próprio punho um aviso e afixou no mural da empresa, juntamente com as mensagens de fax do vendedor: 'A parti de oje nois tudo vamo fazê feito o Nirso. Si priocupá menos em iscrevê serto, mod vendê maiz. Acinado, O Prizidenti.'

(Disponível em: http://m.piadasnet.com/?url=http%3A%2F%2Fwww.piadasnet.com%2Fpiadas-de-caipiras.htm#2776. Acesso em: 15/07/2013.)

1. Releia as mensagens passadas por fax pelo novo funcionário:

- 'Seo Gomis o criente de Belzonte pidiu mais cuatrucenta pessa. Faz favor toma as providenssa, Abrasso, Nirso.'
- 'Seo Gomis, os relatório di venda vai xega atrazado proque to fexando umas venda. Temo que manda treis miu pessa. Amanhã tô xegando. Abrasso, Nirso.'
- 'Seo Gomis, num xeguei pucausa de que vendi maiz deis miu em Beraba. To indo pra Brazilha. Abrasso, Nirso.'
- 'Seo Gomis, Brazilha fexo 20 miu. Vo pra Frolinoplis e de lá pra Sum Paulo no vinhão das cete hora. Abrasso, Nirso.'

a) Essas mensagens correspondem ao padrão de linguagem que se espera na comunicação interna, em uma empresa, entre um subordinado e seu superior? Se não, o que foge a esse padrão?

b) A escrita do novo funcionário não segue regras gramaticais ou segue regras diferentes das da norma-padrão? Justifique sua resposta.

c) Caso alguém fizesse uma revisão no texto das mensagens do funcionário a fim de adequá-las à norma-padrão, como elas ficariam? Escolha uma das mensagens e faça as alterações que julgar necessárias para isso.

2. O gerente ficou preocupado com a imagem da empresa ao ler as mensagens e, por isso, levou-as até o presidente. Levante hipóteses:

a) Por que o gerente ficou preocupado?

b) Levando-se em conta as vendas realizadas pelo funcionário, a preocupação do gerente se justificava?

3. O presidente, após a conversa com o gerente, disse que tomaria "as providências necessárias". Quais providências eram provavelmente as esperadas pelo gerente?

4. O humor do texto é construído com base na quebra da expectativa do leitor quanto à atitude do presidente. Qual é essa quebra de expectativa?

5. Nas piadas, o efeito do humor geralmente é obtido por meio da exploração de crenças e preconceitos. No caso da anedota lida, qual é essa crença e/ou preconceito?

6. Na sua opinião, o procedimento do presidente foi correto? Justifique sua resposta.

SEMÂNTICA E DISCURSO

A notícia a seguir foi publicada no *site* da Rádio e Televisão de Portugal (RTP), em 2/10/2013. Leia-a.

Futebolista Marquinhos admite possibilidade de representar seleção portuguesa

Miguel Medina/AFP Photo

Lisboa, 02 out (Lusa) – O futebolista brasileiro Marquinhos, autor de um dos golos da vitória por 3-0 do Paris Saint-Germain frente ao Benfica, na segunda jornada do grupo C da Liga dos Campeões, colocou hoje a hipótese de representar a seleção portuguesa.

"Tenho nacionalidade portuguesa, tenho dupla nacionalidade, brasileira e portuguesa. Tudo tem de ser estudado, de ser analisado com o meu empresário e com a família. Se o convite [para seleção portuguesa] vier, por que não? Vou ficar muito honrado e feliz", respondeu à SportTV quando questionado sobre a possibilidade de vir a naturalizar-se.

Marquinhos confessou ainda que teve vergonha de pedir a camisola a um dos seus ídolos, o benfiquista Luisão, e destacou a dificuldade da vitória do PSG sobre o Benfica.

"A vitória pareceu ser fácil, mas não foi. Dentro de campo tivemos de nos impor, de lutar. Só nós sabemos o que lutámos dentro de campo", garantiu.

O Benfica foi hoje derrotado por 3-0 pelo PSG, no Parque dos Príncipes, em Paris, em jogo da segunda jornada do Grupo C da Liga dos Campeões.

AMG // NF

(Disponível em: http://www.rtp.pt/noticias/index.php?article=685024&tm=44&layout=158&visual=49;. Acesso em: 2/9/2013.)

1. Sobre a notícia, responda:

a) Em que idioma ela está escrita?

b) Você teve alguma dificuldade na leitura ou na compreensão do texto? Se sim, qual?

2. Releia este trecho da notícia:

> "Marquinhos confessou ainda que teve vergonha de pedir a camisola a um dos seus ídolos, o benfiquista Luisão, e destacou a dificuldade da vitória do PSG sobre o Benfica."

a) Há no trecho uma palavra que causa estranheza ao leitor brasileiro. Qual é essa palavra?

b) Qual é o significado dessa palavra no Brasil?

c) Levante hipóteses: qual é o significado dessa palavra em Portugal? Na leitura do texto, o que permite chegar a esse significado?

3. Recentemente, os países falantes do português assinaram um acordo que unifica a ortografia da língua.

a) Esse acordo resolve problemas quanto à diferença de significado de palavras?

b) Indique duas outras palavras empregadas na notícia, além da apontada na questão anterior, que permanecem diferentes nas variedades lusitana e brasileira do português.

4. Converse com seus pais e com seus avós e informe-se sobre quais gírias eram utilizadas no tempo em que eles eram crianças e adolescentes. Anote-as em seu caderno, leia-as para a classe e ouça as anotações de seus colegas.

5. Faz mais de quinhentos anos que a língua portuguesa foi trazida pelos portugueses ao Brasil. De lá para cá, muitas mudanças ocorreram na língua dos dois países; às vezes, temos até a impressão de que falamos línguas diferentes. Veja algumas palavras usadas no Brasil e suas correspondentes em Portugal:

Brasil	Portugal
ônibus	autocarro
abridor de garrafas	tira-cápsula
aeromoça	hospedeira
café da manhã	pequeno almoço
chiclete	pastilha elástica

Tente descobrir a correspondência entre as seguintes palavras do português brasileiro e do português lusitano. Indique-a em seu caderno.

	Brasil	Portugal
a)	calcinha	gelado
b)	caqui	miúdo
c)	fila	cueca
d)	garoto	bicha
e)	salva-vidas	dióspiro
f)	sorvete	banheiro
g)	telefone celular	telemóvel
h)	bola	esférico

Filmes em Portugal

As diferenças entre o português brasileiro e o lusitano também se refletem nos nomes dos filmes. Veja algumas delas:

A bela e a fera	*A bela e o monstro*
Arquivo X	*Ficheiros secretos*
O gordo e o magro	*Bucha e estica*
O professor aloprado	*O professor chanfrado*
Querida, encolhi as crianças	*Querida, encolhi os miúdos*

Fonte: Marcelo Duarte. *Guia dos curiosos — Língua portuguesa.* São Paulo: Panda, 2003. p. 60.

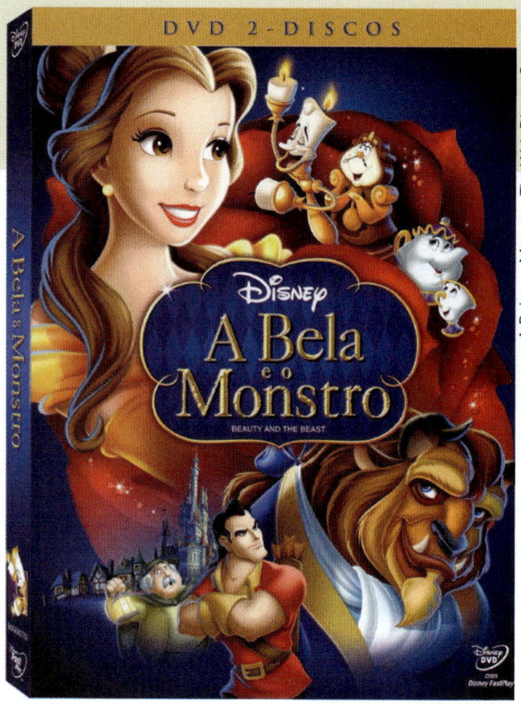

A Bela e o Monstro. The Walt Disney Company

Divirta-se

A menininha foi visitar a avó no campo. A avó tinha uma criação enorme de aves, e a menininha, que morava na cidade, ficou encantada. De repente, passeando pelos arredores da fazenda da vovó, ela viu um pavão. Voltou correndo pra casa e, toda alegre, avisou pra vovó:

– Vovó... vovó... uma de suas galinhas está dando flor!

(Ziraldo. *O livro do riso do Menino Maluquinho.* São Paulo: Melhoramentos, 2000. p. 60.)

Richard I'Anson/Lonely Planet Images/Getty Images

CAPÍTULO 3

O dia da verdade

Você já reparou no modo como algumas pessoas usam as palavras?
Às vezes, para dizerem que algo é feio, dizem que é "simpático"; para dizerem que algo é ruim, dizem "inadequado". Já imaginou como seria engraçado se um dia as palavras se revoltassem contra isso?

A revolta das palavras (uma fábula moderna)

Como as personagens desta história são palavras, nada mais natural que ela aconteça nas páginas de um dicionário.

O dicionário é uma espécie de pomar. Só que as suas árvores, em vez de serem árvores de frutas, são árvores de palavras.

Tom De Spiegelaere/Alamy/Glow Images

Cada uma das letras do alfabeto é uma árvore onde estão penduradas as palavras que começam por essa letra. Assim, "abacate" pertence à letra A, "banana" à letra B, "caqui" à letra C, e assim por diante.

A ordem por letra inicial, isto é, a ordem alfabética, ajuda a gente a encontrar rapidamente as palavras quando quer descobrir o que cada uma delas significa. Por exemplo, vocês sabem o que significa "ábaco"? Se não sabem, é só ir ao dicionário, procurar a letra A, localizar nela "ábaco", e ler a sua definição. Aí ficarão sabendo que "ábaco" é uma moldura com arames, ao longo dos quais há bolinhas coloridas que a gente pode movimentar. Movimentando essas bolinhas, conseguimos fazer rapidamente somas e subtrações.

Pois bem: o dicionário só funciona quando cada palavra está corretamente classificada pela sua letra inicial. Se estiver classificada por engano em alguma outra letra, aí é muito difícil achá-la.

Mas a dificuldade será muitíssimo maior se a definição da palavra estiver trocada. Imaginem, por exemplo, que vocês vão procurar na letra V a definição de "verdade" e lá encontram isto: "Ideia, juízo ou opinião falsos". Claro que essa não é a definição de "verdade", e sim a definição de "mentira", pois falso é aquilo que não é verdadeiro.

Felizmente, nos dicionários, isso nunca acontece.

Mas costuma acontecer muito na vida fora do dicionário. E, toda vez que acontece, engana as pessoas e desmoraliza ou bagunça o significado das palavras.

Foi por causa disso que houve a Revolta das Palavras. Um dia, elas se cansaram de estar sendo usadas de maneira errada por pessoas sem escrúpulos, que só queriam tirar vantagens para si, sem se importar de causar prejuízo aos outros.

Certa noite, numa hora em que os dicionários não estavam sendo usados, elas fizeram uma reunião. A reunião foi presidida pelas duas palavras mais prejudicadas pelo mau uso – ou seja, a Verdade e a Mentira.

— Minhas irmãs — disse a Verdade —, nós precisamos tomar providências para acabar com os abusos na maneira como somos usadas. A mim, me usam constantemente as pessoas desonestas quando querem se aproveitar da ingenuidade de gente de boa-fé.

— É isso mesmo — confirmou a Mentira. — Os desonestos também abusam de mim quando chamam de mentiroso alguém que diga algo verdadeiro que possa prejudicá-los. E, embora eu não queira, sou obrigada a servir de disfarce das más intenções deles.

— Para acabar com esses abusos, minhas irmãs — concluiu a Verdade —, só há uma solução. De agora em diante, todas nós devemos nos recusar a ser mal-usadas. Assim, quando alguém quiser dizer ou escrever uma mentira disfarçada de verdade, não conseguirá. Porque, em vez de eu aparecer, mandarei no meu lugar a Mentira.

— E se um desonesto — confirmou a Mentira — quiser chamar uma verdade de mentira, não adianta me chamar que eu não irei. No meu lugar mando a Verdade. Vocês todas, façam isso também, não se deixem explorar.

As outras palavras bateram palmas para a proposta das duas presidentas e juraram, a uma só voz, que cumpririam ao pé da letra o que ficara combinado na reunião.

No dia seguinte começaram a acontecer as coisas mais estranhas pelo mundo afora.

Enquanto tomava o seu café da manhã, o Industrial teve a pior surpresa de sua vida quando abriu o jornal e leu o anúncio que mandara publicar. Bufando de raiva, telefonou imediatamente para o Publicitário:

— Você é um incompetente, um irresponsável! Como teve a audácia de escrever, no anúncio que redigiu para a minha indústria, que os nossos produtos estão muito longe de ser os melhores do mundo?

— Eu nunca escrevi isso! Só pode ter sido erro do jornal! — respondeu, aflito, o Publicitário.

Por telefone, o Industrial reclamou com o Dono do Jornal.

— Na hora de ser impresso, o anúncio foi conferido e estava tudo em ordem. Só pode ter sido sabotagem de algum agitador ou coisa de feitiçaria! — justificou-se, consternado, o Dono do Jornal.

Nessa mesma hora, o Comerciante estava arrancando os cabelos de raiva porque, na fachada do seu supermercado, havia um cartaz escandaloso. Em vez de dizer que os preços dos produtos ali vendidos eram os mais baixos, dizia que eles eram iguais ou até um pouco mais altos que os dos outros supermercados.

E o susto do Político entrevistado pela televisão quando disse diante das câmeras, sem saber por que nem como, que não cumpriria nenhuma das promessas feitas aos seus eleitores e que se elegera apenas para ganhar dinheiro?

Eu poderia ficar horas e horas contando muitos outros fatos estranhíssimos acontecidos naquele mesmo dia. Aconteceram a quem, como o Industrial, o Publicitário, o Dono do Jornal, o

Comerciante e o Político, costuma dizer mentiras publicamente, com a maior cara de pau, só para se aproveitar da boa-fé dos outros.

Mas se eu fosse contar tudo isso, a história da Revolta das Palavras ia ficar comprida demais, e eu sei que ninguém gosta de histórias muito esticadas, cheias de repetições. Por isso, vou apenas acrescentar que nesse mesmo dia inesquecível a Incompreensão foi fazer uma queixa à Verdade e à Mentira. Reclamou que o Poeta continuava mentindo sem que nada acontecesse a ele.

— Imaginem vocês que ele escreveu "A laranja madura é um sol sobre a mesa"! Onde se viu confundir uma bola pequena como a laranja com uma bola enorme como o sol? E se a laranja fosse tão quente como o sol, a mesa pegava fogo na mesma hora!

— Não é bem assim — explicaram a Verdade e a Mentira. — A poesia diz as coisas de modo tão original, tão fora do comum, que parece estar mentindo o tempo todo. Mas pense bem: não é o sol que amadurece as frutas? E o amarelo brilhante da laranja não é como o amarelo do sol que tivesse descido do céu até a terra?

Ah! eu quase ia esquecendo de dizer que tudo isso aconteceu num dia 2 de abril. Isso porque, se o dia 1º de abril é o Dia da Mentira, nada mais justo que o dia seguinte sirva para desmenti-lo e fique marcado no calendário, de hoje em diante, como o Dia da Desmentira.

Na manhã do Dia da Desmentira, as bibliotecárias de todas as bibliotecas do mundo fugiram apavoradas de seus locais de trabalho porque, quando lá chegaram, os dicionários estavam às gargalhadas, fazendo uma barulheira de estourar ouvido de surdo e de pôr fantasma para correr.

Talvez vocês estejam pensando aí com os seus botões que, afinal de contas, se durou apenas um dia, a Revolta das Palavras não adiantou coisa alguma. Mas se pensam assim, se enganam.

De agora em diante — eu aposto —, todos vocês vão prestar mais atenção no que dizem as pessoas aproveitadoras, para ver se elas estão mesmo dizendo a verdade quando prometem mundos e fundos.

Sempre que vocês fizerem isso, lembrem-se de encostar bem o ouvido ao dicionário. Talvez consigam escutar lá dentro uma porção de risadinhas.

(José Paulo Paes. *Era uma vez um conto*. São Paulo: Companhia das Letrinhas, 2002.)

Illustration Works/Alamy/Glow Images

audácia: ousadia, atrevimento.

desmoralizar: desacreditar, fazer perder a credibilidade.

escrúpulo: preocupação em praticar ações honestas, corretas.

presidir: dirigir, conduzir.

publicitário: pessoa que planeja, cria ou dirige a realização de propagandas; especialista em publicidade.

sabotagem: ação de prejudicar, de forma deliberada, trabalhos, projetos, etc.

Estudo do texto

COMPREENSÃO E INTERPRETAÇÃO

1. No início do texto, o narrador faz uma comparação para caracterizar o dicionário.
   a) A que ele compara o dicionário?
   b) E cada letra do alfabeto?
   c) E as palavras?

2. Segundo o texto, como as palavras e suas definições são organizadas no dicionário?

3. Segundo o narrador, na vida fora do dicionário muitas vezes as definições das palavras são trocadas. De acordo com o texto:
   a) Que tipo de pessoa usa as palavras de maneira propositalmente errada? Por que motivo isso ocorre?
   b) Quando alguém deturpa o sentido das palavras, que consequência isso traz?

4. Leia o boxe "O que é o conflito em um texto narrativo ficcional?". Depois responda:
   a) O que dá início ao conflito no texto "A revolta das palavras (uma fábula moderna)"?
   b) Em que dia do ano ocorre a Revolta das Palavras? Por que ela ocorre nesse dia?
   c) Por que as palavras Verdade e Mentira presidem a reunião?
   d) Quais são as queixas feitas pela Verdade e pela Mentira?
   e) Qual é o plano criado pelas palavras?

5. No dia seguinte ao que houve a reunião das palavras, fatos estranhos começam a acontecer.
   a) Por que o Industrial, o Publicitário, o Dono do Jornal, o Comerciante e o Político vivem situações embaraçosas?
   b) A lição foi dada pelas palavras somente a essas personagens ou a muitas outras pessoas? Retire do texto um trecho que comprove sua resposta.
   c) Como foi chamado esse dia?

Quem é José Paulo Paes?

José Paulo Paes (1926-1998) foi poeta, ensaísta, jornalista e tradutor. Nasceu em Taquaritinga, interior de São Paulo, estudou química industrial em Curitiba, onde publicou seu primeiro livro de poemas, *O aluno*, em 1947. Na capital paulista trabalhou em uma indústria farmacêutica e, depois, tornou-se editor de livros, profissão que exerceu por quase vinte anos. Em 1981, aposentou-se para poder se dedicar inteiramente à literatura. Em alguns de seus textos destinados ao público infantojuvenil, Paes brinca com os sentidos das palavras. Para ele, as palavras são um brinquedo que não gasta, pois "quanto mais se brinca com elas, mais novas ficam".

Renato dos Anjos/Conteúdo expresso

O que é o conflito em um texto narrativo ficcional?

O conflito, em textos narrativos ficcionais, é a oposição, o choque de interesses entre duas ou mais personagens. É o que faz a narrativa caminhar adiante e o que cria no leitor expectativa em relação aos fatos da história.

Se em uma história não há conflito, então não vale a pena que ela seja contada ou lida. A partir do conflito é que a ação se organiza e progride até o desfecho, momento em que há sua resolução ou superação.

6. Não satisfeita, a Incompreensão vai queixar-se à Verdade e à Mentira, alegando que o poeta continuava a alterar o sentido das palavras, sem que nada lhe acontecesse.

a) Qual é a explicação que a Verdade e a Mentira dão à Incompreensão?

b) Levante hipóteses e troque ideias com os colegas: Por que o Poeta altera em seus poemas o sentido original das palavras?

7. O autor dá ao texto uma espécie de subtítulo, apresentado entre parênteses: "uma fábula moderna". Leia o boxe "O que é uma fábula?" e depois responda:

a) Em vez de animais, quem são os protagonistas da narrativa?

b) As fábulas normalmente terminam com uma moral, que resume um ensinamento ilustrado pelo texto. Que ensinamento a fábula lida transmite?

O que é uma fábula?

Fábula é uma narrativa curta que ilustra um preceito moral, contido na chamada "moral", que conclui a história.

Geralmente, as personagens desse tipo de narrativa são animais com características humanas.

Entre as fábulas mais conhecidas estão *A cigarra e a formiga* e *A lebre e a tartaruga*.

Avelino Guedes

A LINGUAGEM DO TEXTO

1. Observe o emprego do verbo **explorar** neste trecho do texto:

> "— E se um desonesto — confirmou a Mentira — quiser chamar uma verdade de mentira, não adianta me chamar que eu não irei. No meu lugar mando a Verdade. Vocês todas, façam isso também, não se deixem **explorar**."

Agora observe alguns dos significados desse verbo e assinale o que corresponde ao que ele tem no trecho:

- percorrer uma região para conhecê-la
- ir à descoberta de algo
- tirar proveito de alguém
- pesquisar, estudar

2. Releia este trecho:

> "As outras palavras bateram palmas para a proposta das duas **presidentas**"

A palavra destacada é o feminino de que palavra?

Presidente ou *presidenta*?

A língua portuguesa admite as duas formas para indicar o feminino de **presidente**.

Dilma Rousseff, entretanto, primeira mulher que foi eleita presidente no país, preferiu ser chamada de **presidenta**.

http://www.dilma.com.br/site/

3. Releia agora este trecho:

> "Talvez vocês estejam pensando aí **com os seus botões** que, afinal de contas, se durou apenas um dia, a Revolta das Palavras não adiantou coisa alguma."

a) No contexto, a expressão em destaque tem sentido literal ou figurado?

b) Qual é o sentido da expressão, no contexto?

4. Os poetas têm um modo diferente de se expressar. Empregam as palavras explorando os seus mais variados sentidos e criam imagens que expressam uma visão particular que têm do mundo. Por isso, é muito comum haver nos poemas palavras e expressões empregadas com sentido figurado. Considere esta frase citada no texto:

> "A laranja madura é um sol sobre a mesa"

Nela, a associação entre uma laranja madura e o sol, motivada pela cor amarela e pelo brilho da fruta, constitui uma figura de linguagem, chamada **metáfora**.

Leia o boxe "Metáfora". Depois identifique no terceiro parágrafo do texto "A revolta das palavras (uma fábula moderna)" o trecho que apresenta uma metáfora.

Metáfora

Metáfora é o emprego de uma palavra ou expressão em um sentido não habitual, em virtude de uma relação de semelhança. As metáforas são comuns nos poemas. Enquanto nos dicionários **nuvem** é definida como um agregado de vapores em suspensão no ar do qual vêm as chuvas, para o poeta José Paulo Paes é "algodão que chove".

LEITURA EXPRESSIVA DO TEXTO

Em um grupo de sete alunos, de preferência, leiam o texto em voz alta. Alguém lê o que diz o narrador e os outros leem as falas das personagens.

Procurem expressar o jeito das personagens e dar à fala de cada uma a entonação (o tom) mais adequada para caracterizá-la. Façam essa leitura interpretando cada personagem, como se estivessem representando uma peça de teatro.

Trocando ideias

1. No texto, as palavras se revoltam porque não querem mais ser usadas para enganar as pessoas. Você conhece alguma situação em que as palavras são usadas com a finalidade de enganar? Justifique sua resposta.

2. Conforme aponta o texto, em determinadas áreas, como na publicidade, na política, no jornalismo, etc., as palavras nem sempre são utilizadas para esclarecer, apontando o que é verdadeiro. Pelo contrário, são empregadas muitas vezes com o fim de enganar as pessoas. Em sua opinião, o que pode ser feito para combater essa prática?

Produção de texto

O CONTO MARAVILHOSO: DO ORAL PARA O ESCRITO E DO ESCRITO PARA O ORAL

Do oral para o escrito

Os contos maravilhosos são muito antigos. Nasceram da tradição oral, isto é, das histórias contadas pelo povo de geração a geração. Ao se recontar uma história, é comum ela ser modificada e adaptada ao público ouvinte. Por isso, as histórias tradicionais refletem o modo de vida e de pensar de diferentes épocas e lugares.

Só nos séculos XVII, XVIII e XIX é que os contos maravilhosos passaram a ser reunidos, escritos e publicados. Entre as pessoas que se dedicaram a recolher e a registrar em livros essas histórias destacam-se os escritores Charles Perrault e os irmãos Jacob e Wilhelm Grimm.

A publicação ou a recriação desses contos continua acontecendo no mundo inteiro. Muitos são transformados em filmes ou em peças de teatro e servem de inspiração para a criação de outras histórias. Por isso, aparecem em diferentes versões, isto é, narrativas que apresentam semelhanças e diferenças em relação à narrativa original.

Assim, a história da menina que encontra o lobo mau na floresta, por exemplo, tem o título *O Chapeuzinho Vermelho*, na versão dos Irmãos Grimm, escritores alemães, e *A Capinha Vermelha*, na versão do escritor dinamarquês Christian Andersen. No Brasil, ela foi recriada pelo escritor e compositor Chico Buarque de Holanda e ganhou o nome de *Chapeuzinho Amarelo*.

British Library/Robana/Getty Images

Do escrito para o oral

Embora os contos maravilhosos tenham se originado da tradição oral, quando foram registrados por escrito e publicados adequaram-se ao registro da norma-padrão. E, atualmente, quando um contador de histórias conta oralmente um conto maravilhoso, é normal que ele também empregue a norma-padrão da língua.

As atividades a seguir representam um desafio: você deverá contar histórias empregando a norma-padrão informal.

Como meio de se preparar para desenvolver as propostas a seguir, assista, com a orientação do professor e junto com a classe, à versão oral do conto "O patinho bonito", de Marcelo Coelho, no DVD que acompanha esta coleção. Preste atenção nos recursos utilizados pelo contador de história: inflexões de voz, impostação, pausas, expressão facial, vozes diferentes de acordo com as personagens, etc.

1. Escolha um conto maravilhoso nos livros sugeridos no início desta unidade ou em outro que você tenha em casa ou que possa retirar da biblioteca da escola ou de sua cidade. Leia-o com atenção e memorize-o. No dia combinado com o professor, conte-o aos colegas.

2. Escolha um conto que você produziu nos capítulos anteriores. Leia-o com atenção e memorize-o. No dia combinado com o professor, conte-o aos colegas.

3. Conte para os colegas um pequeno trecho, do início, do meio ou do fim, de um conto maravilhoso. Por exemplo: "Era uma vez um rapazinho que achou uma lâmpada mágica. Ele a esfregou para limpá-la e, para sua surpresa, de dentro dela saiu um gênio". Em seguida, os colegas deverão dizer o nome do conto. No caso do exemplo, trata-se de *Aladim e a lâmpada maravilhosa*.

4. Leia esta tira, de Fernando Gonsales:

(*Folha de S. Paulo*, 22/7/2011.)

Você conhece o conto maravilhoso a que essa tira faz referência? Se não, troque ideias com os colegas para saber qual é ele. Depois vá à biblioteca da sua escola ou da sua cidade, leia-o e conte-o para os colegas.

5. Um dos contos maravilhosos filmados pelos Estúdios Disney é *A pequena sereia*, de Andersen.

a) Leia o conto, de preferência no livro *A pequena sereia*, publicado pela editora Kuarup, ou no livro *Contos de Andersen*, publicado pela editora Brasiliense, cujos textos foram traduzidos e adaptados por Monteiro Lobato. E assista ao filme *A pequena sereia*.

b) Reúna-se com seus colegas de grupo para contarem e ouvirem o relato da história. Metade do grupo conta a história lida, a outra metade conta a história mostrada no filme.

Planejamento do texto oral

Ao produzir contos orais, leve em conta o perfil do seu público. Procure empregar uma linguagem de acordo com a norma-padrão, mas buscando espontaneidade e informalidade. Para isso, tente:

- não interromper a história, falando **ahn**;
- não empregar gírias;
- não usar **né?** nem as expressões **aí** ou **daí**, substituindo-as por outras equivalentes, como **em seguida**, **mais tarde**, **tempos depois**, **por causa disso**, **por consequência**, etc.;
- utilizar nomes e verbos no plural, quando necessário.

Procure também valorizar as pausas, os sinais de pontuação e dar uma inflexão de voz diferente para a fala do narrador e a fala das personagens.

Além disso, fale olhando para o público em geral ou para um ponto no fundo da sala, e não para um único espectador.

Quando estiver com a história memorizada, faça um ensaio e conte o conto primeiramente a um colega. Depois, no dia combinado com o professor, conte-o para toda a classe.

Gravando e avaliando a contação de histórias

Se possível, organize-se com os colegas para gravarem a contação de histórias, fazendo uso de celulares e câmeras de vídeo. Depois, editem e revejam a gravação, avaliando os pontos positivos e negativos da atividade.

Entre os itens observados, vocês poderão avaliar:

- O contador da história revela domínio da sequência dos fatos?

- A história é contada de modo enfático, envolvendo o espectador?
- A altura de voz e a clareza da pronúncia estão adequadas?
- O contador explora inflexões diferentes de voz, de acordo com as personagens?
- A linguagem está de acordo com a norma-padrão, mas há certa espontaneidade e informalidade na narração?
- A postura física do contador — gestos, expressão facial, movimentos do corpo — está adequada?
- O contador olha para todos os espectadores ou para um ponto no fundo da sala?

Para escrever com expressividade

O DICIONÁRIO: PALAVRAS NO CONTEXTO

Leia esta fábula:

A cigarra e a formiga

Cantou muito a cigarra
Só fez farra
Durante todo o verão.

Chega o inverno, e então
Com a despensa vazia
Acabou-se a alegria.

"Vou procurar uma amiga
Minha vizinha, a formiga!"
E foi pedir emprestado
Qualquer comida, um bocado.

"mas quando o verão voltar
Voltarei para pagar
Pode estar certa, eu garanto
Vou recuperar meu canto".

A formiga, renitente
Disfarçou, olhou de lado
E deu logo seu recado
à cigarra imprevidente:

"Eu cuidei do meu cantinho
Tu cantavas toda hora...
Escolheste teu caminho
Tudo bem, pois dança agora..."

The Bridgeman Art Library/Keystone Brasil

(*O melhor de La Fontaine*. Tradução de Nílson José Machado. São Paulo: Escrituras, 2012. p. 17-18.)

Você sabe o significado de todas as palavras do texto lido? Quando lemos um texto, ouvimos um noticiário de TV ou rádio ou participamos de certas conversas, é comum surgirem palavras cujo significado desconhecemos. Outras vezes, ao redigirmos um texto, sentimos necessidade de empregar palavras de significado mais preciso ou temos dúvida em relação à ortografia. Em situações como essas, podemos consultar um dicionário.

O **dicionário** é um livro que traz os vocábulos de uma língua dispostos em ordem alfabética e acompanhados de seus significados.

Veja a reprodução de uma página de dicionário:

facial **306** **falhar**

fa.ci.al *adj 2 gên* Concernente à face.

fá.cil *adj 2 gên* 1. Que se faz sem dificuldade; 2. simples, claro, natural; 3. dócil, brando; 4. ingênuo, complacente; *adv* 5. facilmente, com facilidade. *Pl* do *adj* **fáceis**. *Antôn* **difícil**.

fa.ci.li.da.de *sf* 1. Qualidade do que é fácil; 2. destreza, prontidão em fazer alguma coisa; 3. complacência; 4. leviandade; *sf pl* 5. condescendência; 6. meios cômodos de se conseguir alguma coisa. *Antôn* **dificuldade**.

fa.ci.li.tar *vtd* 1. Tornar fácil ou mais fácil; *vi* 2. relaxar, descuidar-se. *Antôn* **dificultar**.

fa.cí.no.ra *sm* Criminoso, celerado.

fac-sí.mi.le *sm* Reprodução de um escrito, de uma assinatura, de uma pintura, de um desenho, etc. *Pl* fac-símiles.

fac.tí.vel *adj 2 gên* Que se pode fazer.

fa.cul.da.de *sf* 1. Poder de efetuar, de fazer; 2. autoridade para decidir; 3. escola superior.

fa.cul.tar *vtd* 1. Conceder, permitir; 2. facilitar; 3. prestar; oferecer.

fa.cul.ta.ti.vo *adj* 1. Que faculta; 2. que permite que se faça ou não; 3. arbitrário; *sm* 4. médico.

fa.da *sf* 1. Ser fantástico a que se atribui poder sobrenatural; 2. *fig* mulher formosa.

fa.dar *vtd* 1. Predestinar; 2. conceder (dons excepcionais); 3. favorecer; 4. regular, determinar o destino de.

fa.di.ga *sf* Cansaço, estafa.

fa.do *sm* 1. Destino, sorte; 2. canção típica de Portugal.

fa.go.te *sm Mús* Instrumento de sopro, espécie de clarineta de som grave.

fa.go.tis.ta *s 2 gên* Pessoa que toca fagote.

fa.guei.ro *adj* 1. Que afaga; 2. meigo, suave, carinhoso; 3. agradável.

fa.gu.lha *sf* 1. Faísca que se desprende da matéria em combustão; 2. centelha.

fai.an.ça *sf* Louça de massa argilosa, vidrada ou esmaltada.

fai.na *sf* Trabalho, lida, azáfama.

fai.são *sm* Galináceo de bela plumagem e carne saborosa. *Fem* **faisoa** e **faisã**. *Pl* **faisões** e **faisães**.

fa.ís.ca *sf* Centelha, chispa, fagulha.

fa.is.car *vi* 1. Lançar faíscas; cintilar; *vtd* 2. emitir faíscas, clarão, brilho; 3. *fig* dardejar. Conjuga-se como **trancar**.

fai.xa *sf* 1. Tira de tecido ou couro; banda; 2. porção de terra estreita e longa; 3. cada uma das músicas gravadas em disco.

fa.la *sf* 1. Faculdade de exprimir o pensamento pela palavra; 2. ação de falar; 3. voz, palavra, elocução; 4. parte do diálogo dita por um dos interlocutores.

fa.lá.cia *sf* 1. Qualidade de falaz; 2. engano, logro; 3. *fam* falatório.

fa.la.ci.o.so (ô) *adj* 1. Que tem falácia; 2. palrador. *Pl* **falaciosos** (ó).

fa.lan.ge *sf* 1. Corpo de infantaria, na antiga milícia grega; 2. *Anat* cada um dos ossos que formam os dedos das mãos e dos pés; 3. *fig* multidão.

fa.lar *vtd* 1. Exprimir o pensamento por meio de palavras; 2. exprimir-se em; 3. conversar acerca de; 4. explicar; 5. combinar; *vi* 6. articular palavras; 7. ter o dom da palavra; 8. conversar; *vti* 9. discursar.

fa.la.tó.rio *sm* 1. Ruído de muitas vozes simultâneas; 2. murmuração; maledicência; 3. locutório, parlatório.

fal.cão *sm epiceno* Nome comum a várias aves de rapina, diurnas, da família dos falconídeos.

fal.ca.tru.a *sf* 1. Logro, engano, ardil, fraude; 2. artifício para lograr.

fa.le.cer *vi* 1. Morrer, expirar; 2. escassear, faltar; *vti* 3. ser insuficiente; falhar.

fa.le.ci.do *adj* 1. Morto; 2. que carece de alguma coisa; *sm* 3. o que morreu.

fa.le.ci.men.to *sm* 1. Ato de falecer; morte; 2. míngua; 3. incapacidade.

fa.lên.cia *sf* 1. Ação ou efeito de falir; quebra; 2. omissão; 3. carência.

fa.lé.sia *sf* Rocha alta e íngreme à beira-mar.

fa.lha *sf* 1. Fenda, lasca; 2. falta; defeito físico ou moral; 3. lacuna; 4. mania.

fa.lhar *vi* 1. Não suceder como se esperava; malograr-se; *vti* 2. não acudir a tempo; faltar.

(*Minidicionário Soares Amora da língua portuguesa*. 19. ed. São Paulo: Saraiva, 2009. p. 306.)

1. Para encontrar uma palavra no dicionário, baseamo-nos na ordem alfabética da primeira letra, depois da segunda, e assim sucessivamente. Por exemplo, na página do dicionário reproduzida, a sequência de palavras **falange**, **falar** e **falatório** segue esta ordem:

1ª letra	2ª letra	3ª letra	4ª letra	5ª letra	6ª letra	7ª letra	8ª letra	9ª letra
f	a	l	a	n	g	e		
f	a	l	a	r				
f	a	l	a	t	ó	r	i	o

a) Nessa sequência, a partir de que letra as palavras passam a se diferenciar?

b) Seguindo o exemplo da sequência considerada, disponha em ordem alfabética estas palavras, empregadas na fábula:

cantou cigarra farra chega alegria formiga renitente imprevidente

2. Além da ordem alfabética, costuma haver nos dicionários outro recurso para nos ajudar a encontrar as palavras. São as **palavras-índices** ou **palavras-guias**, que se localizam no alto de cada uma das páginas dessas obras. Na página do dicionário que foi reproduzida:

a) Quais são as palavras-índices?

b) Essas palavras, além de se encontrarem no alto, em que outro local da página estão?

c) Conclua: Para que servem as palavras-índices?

3. **Verbete** é cada uma das palavras do dicionário, com seus significados, explicações, informações, exemplos, etc. Consulte a página de dicionário que reproduzimos e responda:

a) No verbete **falar**, por que, na sua opinião, os significados dessa palavra vêm numerados?

b) No verbete **falacioso**, há indicação da pronúncia dessa palavra, no singular e no plural. No singular, ela é pronunciada com a vogal **o** aberta ou fechada? E no plural?

c) Qual é o feminino de **faisão**? E o plural?

d) Na frase "A enfermeira envolveu o braço machucado com uma fai□a", a última palavra é grafada com **x** ou **ch**?

e) No verbete **fada**, há a abreviatura **sf**, que indica que essa palavra é um substantivo feminino. Localize na página outras duas palavras que também sejam substantivos femininos.

f) No final do verbete **fácil**, há a abreviatura **antôn**, que significa **antônimo** (palavra que tem significado oposto à de outra). Quais são os antônimos de **fácil**, **facilidade** e **facilitar**?

A ordem alfabética facilita a consulta

Quando queremos encontrar uma palavra no dicionário, é indispensável saber a ordem das letras do alfabeto.

A ordem alfabética não é usada apenas nos dicionários. Por ser um princípio organizador eficaz e permitir ao leitor encontrar com facilidade e rapidez o que procura, o uso da ordem alfabética é comum na disposição de nomes de pessoas em listas de chamadas, nomes de cidades em guias turísticos, sobrenomes de pessoas em listas telefônicas, verbetes em enciclopédia, etc.

Tânia Ricci

4. Observe as palavras **facultou**, **falésias** e **fagueira** nas frases:

> No Dia das Crianças, a direção **facultou** a entrada gratuita no parque.
> Visitei as **falésias** de Torres, no Rio Grande do Sul.
> A cantora tem uma voz **fagueira**.

a) Na forma em que estão, essas palavras constam da página de dicionário reproduzida?

b) Em que forma elas aparecem na página do dicionário?

c) Conclua: Como elas devem ser procuradas no dicionário?

5. Na 5ª estrofe da fábula, a formiga se mostra **renitente**. Essa palavra apresenta três significados: **contumaz**, **teimoso** e **obstinado**.

Veja o sentido de cada uma dessas palavras:

> **contumaz:** teimoso, inveterado
>
> **teimoso:** persistente
>
> **obstinado:** teimoso, irredutível, inflexível

Analise o emprego da palavra **renitente** na fábula. Qual desses significados é mais adequado no contexto? Justifique sua resposta.

Em quanto tempo se faz um dicionário?

O dicionário de Oxford, o maior do mundo, demorou 48 anos para ser escrito. Ele tem doze volumes e reúne mais de 400 mil palavras em inglês. Mais de 1 milhão de pessoas trabalharam para que ele ficasse pronto. O maior dicionário em português, o Houaiss, traz mais de 228 mil palavras. Ele levou dez anos para ficar pronto e contou com o trabalho de 140 pessoas. O primeiro dicionário foi publicado na China, no ano 150 a.C.

(*Recreio*, nº 83.)

Cristina Xavier

6. Na mesma estrofe se lê:

> E deu logo seu recado
> à cigarra imprevidente

Veja alguns dos significados da palavra **imprevidente**:

> **im.pre.vi.den.te** *adj. 2 gên.* 1. Não previdente; 2. negligente, desleixado.
>
> (*Minidicionário Soares Amora da língua portuguesa*. 19. ed. São Paulo: Saraiva, 2009. p. 376.)

Veja também os significados da palavra **negligente**:

> **ne.gli.gen.te** *adj. 2 gên.* 1. Que tem ou mostra negligência; 2. desleixado; 3. descuidado, desatento; 4. preguiçoso.

Qual é a melhor acepção da palavra **imprevidente** no contexto?

O significado e o contexto

O dicionário registra os diferentes sentidos de uma palavra, pois eles podem variar, dependendo do contexto. Isso quer dizer que precisamos selecionar no dicionário o sentido que seja mais adequado ao texto em que a palavra está empregada.

EXERCÍCIOS

Leia o anúncio abaixo e, com um dicionário à mão, responda às questões de 1 a 4.

Penalty

1. Observe a primeira frase em destaque no anúncio: "A arena era em Copacabana". Considerando que Copacabana é uma praia da cidade do Rio de Janeiro e que o anunciante é um fabricante brasileiro de artigos esportivos, responda: Em que consiste a imagem de fundo do anúncio?

2. Por meio das palavras **arena**, **gladiadores** e **armadura**, o anúncio faz uma referência às lutas entre gladiadores na antiga Roma. Essas lutas, consideradas um espetáculo, eram vistas por muitas pessoas.

a) Quais são os significados de **arena**, **gladiador** e **armadura**, considerando-se esse contexto da Roma antiga?

b) No contexto do anúncio, qual é o significado das palavras **arena**, **gladiadores** e **armadura**?

c) Beach Soccer é um tipo de futebol que se joga na areia. Por que o anúncio relaciona os jogos do campeonato mundial de Beach Soccer às lutas dos gladiadores nas arenas romanas?

3. Releia este enunciado do anúncio:

> "Parabéns, equipe brasileira, mais uma vez Campeã Mundial de Beach Soccer. Dá orgulho ver vocês **suando a nossa camisa**".

No anúncio, a expressão **suar a camisa** é empregada, intencionalmente, com duplo sentido. Quais são esses sentidos? Explique.

4. Os anúncios publicitários têm a finalidade de promover um produto, uma marca ou uma ideia. O que esse anúncio promove?

A língua em foco

TEXTO, DISCURSO, GÊNEROS DO DISCURSO

CONSTRUINDO O CONCEITO

Leia esta anedota:

O filho do alfaiate chega para o pai lá no fundo da loja e pergunta:

— O terno marrom encolhe depois de lavado?
— Por que você quer saber, filho?
— O freguês é quem quer saber.
— Ele já experimentou?
— Já.
— Ficou largo ou apertado?
— Largo.
— Então diz que encolhe.

Estúdio BR

(Ziraldo. *Novas anedotinhas do Bichinho da Maçã*. 12. ed. São Paulo: Melhoramentos, 2005. p. 22.)

1. O filho do alfaiate pergunta ao pai se o terno marrom encolhe. Por que o pai, em vez de responder diretamente "sim" ou "não" ao filho, responde com a pergunta "Por que você quer saber, filho?"?

2. Ao saber que quem deseja informações é o cliente, para quem o terno ficou largo, o pai responde que "encolhe". Essa resposta revela a intenção do pai desde o início da conversa. Qual era essa intenção?

CONCEITUANDO

No diálogo que tiveram, pai e filho produziram **enunciados**.

> **Enunciado** é tudo o que o locutor enuncia, isto é, tudo o que ele diz ao locutário numa determinada situação.

O conjunto de enunciados produzidos em uma situação comunicativa constitui o **texto**.

> **Texto** é um enunciado ou um conjunto de enunciados, verbais ou não verbais, que apresenta unidade de sentido.

No diálogo entre pai e filho, fica claro que, quando falamos, levamos em conta um conjunto de elementos que participam da situação de comunicação: quem fala, o que fala, com quem fala, com que finalidade, qual é o momento, que imagem o locutor tem do locutário e vice-versa, as intenções implícitas, etc. Nesse caso, quando consideramos não apenas o que é dito, mas também a situação ou o contexto, temos o **discurso**.

> **Discurso** é o processo comunicativo capaz de construir sentido. Além dos enunciados, envolve também os elementos da situação (quem são os interlocutores, que imagem um tem do outro, em que momento e lugar ocorre a interação, com que finalidade, etc.).

Andrew Burton/Getty Images

A intencionalidade discursiva

A situação retratada na anedota é um exemplo de como os interlocutores, quando interagem pela linguagem, têm intenções comunicativas bem-definidas.

O pai, ao perguntar "Por que você quer saber, filho?", procura se inteirar do contexto, ou seja, a pergunta do filho (se o terno marrom encolhe depois de lavado) tem uma finalidade, e o pai deseja saber qual é a intenção do filho ao fazer a pergunta.

Entretanto, ao saber que a pergunta na verdade era do cliente, o pai já infere que o terno não ficou bom; logo, que terá muitos problemas pela frente. Por isso, antes de responder, procura se certificar se o terno ficou largo ou apertado. Desse modo, sua resposta não condiz necessariamente com a verdade, mas com seus interesses pessoais.

Assim, como se nota, todo discurso tem uma **intencionalidade**. Para captá-la, é necessário observar não apenas o que é dito, mas o conjunto dos elementos que envolvem a situação comunicativa: quem diz, o que diz, para quem, com que intenção, os papéis sociais dos interlocutores, o momento e o lugar, etc.

Assim:

> **Intencionalidade discursiva** são as intenções, implícitas ou explícitas, existentes no discurso.

Os textos e os gêneros do discurso

Você sabe fazer *pizza*? Aprenda com o Menino Maluquinho a fazer um tipo diferente de *pizza*:

PIZZA FALSA

INGREDIENTES

6 fatias de pão de fôrma
6 fatias de mozarela
3 tomates maduros
Sal a gosto
Azeite e orégano
2 colheres de sopa de queijo tipo parmesão ralado

Ilustrações: Ziraldo

MODO DE FAZER

1 - Retire com cuidado a crosta (casca) do pão.
2 - Arrume numa assadeira as fatias de pão, uma ao lado da outra.
3 - Coloque a mozarela por cima. Tenha o cuidado de deixar o queijo do mesmo tamanho das fatias de pão; se sobrar corte as tirinhas.
4 - Pique os tomates ou corte-os em fatias bem finas. Tempere com sal, azeite e orégano.
5 - Espalhe o tomate picado sobre as fatias de queijo.
6 - Polvilhe com o queijo ralado e leve ao forno quente até derreter todo o queijo e tostar um pouco.
7 - Retire do forno e deixe esfriar um pouco, porque o queijo é muito quente e pode queimar a boca.

SUGESTÕES

1 - Espalhe presunto bem picado sobre o tomate.
2 - Amasse uma banana e coloque-a sobre o queijo.
3 - Se na geladeira tiver um pouco de picadinho, pode colocar sobre o queijo, antes de acrescentar o tomate.

(Ziraldo e Sílvio Lancellotti. *O livro de receitas do Menino Maluquinho*. São Paulo: Melhoramentos, 2007. p. 52-3.)

1. O nome da *pizza* é "*Pizza* falsa".

a) Por que você acha que ela tem esse nome?

b) Explique o que o Menino Maluquinho quer dizer com "tornar o falso verdadeiro".

c) Por que o amigo do Menino Maluquinho está olhando a *pizza* com uma lupa?

2. Você já deve ter conhecido textos como esse.

a) Com que nome esse tipo de texto é conhecido?

b) Para que serve esse tipo de texto?

3. O texto está dividido em três seções: ingredientes, modo de fazer e sugestões. Dessas seções, duas são mais importantes.

a) Quais são elas?

b) Por que elas têm mais importância que as outras?

4. Qualquer pessoa pode se interessar por esse tipo de texto. Apesar disso, em que contextos ele é mais comum?

As atividades humanas estão sempre relacionadas com o uso de linguagem, seja verbal, seja não verbal. Imagine, por exemplo, como, sem a linguagem, o feirante, a telefonista, o vendedor, o escritor, a recepcionista, o professor, o bailarino, o pintor, o médico, o músico, etc. fariam para trabalhar.

Essas atividades podem ser organizadas em **esferas de atividades**. Por exemplo, existe a esfera familiar, a publicitária, a jornalística, a artística, a política, a jurídica, a escolar, a científica, e assim por diante.

Em cada uma dessas esferas, são produzidos determinados tipos de textos, mais ou menos parecidos entre si. Por exemplo, na esfera doméstica e gastronômica, podemos ler e escrever diferentes receitas: de "*pizza* falsa", de bolo de chocolate, de suco de melancia, de torta de frango, etc. Apesar das diferenças quanto aos ingredientes e ao modo de fazer, todas elas são receitas.

Na esfera jornalística, podemos ler diferentes notícias; uma, por exemplo, informando sobre uma viagem do presidente ao exterior, e outra sobre a gripe. Como textos, elas são diferentes entre si, mas ambas possuem algo em comum que as faz serem notícias: informam sobre um acontecimento e apresentam uma estrutura e uma linguagem semelhantes. Tanto a receita quanto a notícia são **gêneros do discurso**. Também são gêneros do discurso textos como carta pessoal, *e-mail*, requerimento, entrevista, debate, seminário, conto, etc.

Gêneros do discurso são textos que circulam em determinadas esferas de atividades humanas e que, com pequenas variações, apresentam tema, estrutura e linguagem semelhantes.

EXERCÍCIOS

1. Considere as seguintes esferas de atividades humanas:

- familiar ou privada
- jornalística
- produção e consumo
- artística
- publicitária

Leia os gêneros do discurso a seguir e identifique a esfera a que eles pertencem.

a)

Sucos do Brasil S/A

(*Viverbem*, nº 133.)

b)

O homem entra numa loja de eletrodomésticos e pede um aspirador de pó. O vendedor mostra um modelo muito bom e fala:

— Pode ficar tranquilo. Esse aspirador vai cortar seu trabalho pela metade.

— Ótimo, então eu vou levar dois.

(Paulo Tadeu. *Rá, ré, ri, ro, ria – Novas piadas para crianças*. São Paulo: Matrix, 2009. p. 34.)

c)

Ciência

16 · Correio Braziliense

Estudo brasileiro realizado desde a década de 1990 revela que a população de onças-pintadas da Mata Atlântica está em declínio. Perda de hábitat e caça são as principais causas do fenômeno, que transformou o felino em uma espécie "criticamente em perigo"

Predador ameaçado

Arquivo/CB/D.A Press

d)

Anatomia

A careca do palhaço
é a lona do circo.

Os olhos do palhaço são duas margaridas.

O nariz do palhaço
é um sol vermelho.

A boca do palhaço
é uma caixa de surpresas.

O coração do palhaço
é o jardim da infância.

(José Paulo Paes. In: Eloí Elisabet Bocheco. *Poesia infantil – O abraço mágico.* Chapecó: Argos, 2002. p. 105.)

Estúdio BR

A INTENCIONALIDADE DISCURSIVA NA CONSTRUÇÃO DO TEXTO

Leia este texto de campanha comunitária:

Gustavo Rosa/ Fundação Pró-Sangue

1. Levando em conta os elementos da situação de produção do texto, responda:

a) Qual é a intencionalidade desse texto de campanha comunitária?

b) Quem é o locutor do texto, ou seja, o responsável pela divulgação da campanha?

c) Levante hipóteses: A quem o texto se destina?

2. A parte visual do texto foi criada pelo artista plástico Gustavo Rosa. Observe a figura do homem de uniforme.

a) Qual é a atividade profissional desse homem?

b) A que correspondem as cores do uniforme?

c) Repare nas feições do homem, no número 10 que se vê no calção e levante hipóteses: Quem ele representa?

Quem é Gustavo Rosa?

Gustavo Rosa nasceu em 1946, em São Paulo, e desenvolve trabalhos como pintor, desenhista e gravador.

Já recebeu vários prêmios por seu trabalho e é um dos principais artistas brasileiros da atualidade.

Fabio Braga/Folhapress

3. Abaixo da expressão "Doe sangue", lemos, em letras menores: "e passe a bola para um amigo". No contexto, esse enunciado apresenta ambiguidade, isto é, tem mais de um sentido.

a) Na língua coloquial, o que normalmente significa a expressão **passar a bola** a alguém?

b) No contexto da campanha, o que significa doar sangue e passar a bola para um amigo?

c) O que a expressão **passar a bola** sugere: individualismo, solidariedade, amizade ou indiferença?

4. Observe que, no texto, o jogador está prestes a chutar a bola, que é vermelha.

a) Que relação existe entre a ação do jogador e o enunciado verbal do texto?

b) Compare a cor da bola à cor da palavra **sangue** e à do logotipo da Fundação Pró-Sangue. Levante hipóteses: Por que esses três elementos estão em vermelho?

5. Levando em conta que o futebol é o esporte preferido dos brasileiros em geral, levante hipóteses: Por que o texto relaciona doação de sangue a futebol?

6. Considerando a intencionalidade desse texto, dê sua opinião: Ele utiliza meios eficientes para alcançar seu objetivo? Por quê?

Gustavo Rosa/ Fundação Pró-Sangue

SEMÂNTICA E DISCURSO

Observe o anúncio:

Fotos: SUN MRM

(Mala direta enviada pela seguradora SulAmérica, 2009.)

1. O anúncio publicitário é um gênero do discurso que normalmente tem por finalidade promover um produto ou uma marca, ou o nome de uma empresa, ou uma ideia. No anúncio lido:

a) Quem são o locutor e o locutário?

b) O que o anúncio promove?

2. O anúncio é constituído por partes, ou seja, por envelopes que contêm outros envelopes. À medida que um envelope é aberto, o locutário depara-se com outro envelope, e assim sucessivamente, até chegar ao encarte com a imagem de um carro.

a) Que inovação existe na forma como o anúncio foi enviado ao destinatário?

b) Levante hipóteses: Por que o anunciante adotou esse procedimento?

3. O anúncio é constituído por linguagem verbal e linguagem não verbal.

a) Quais são os enunciados verbais estampados nos envelopes? Como se caracterizam?

b) Qual é a finalidade desses enunciados?

4. A imagem do carro aparece apenas no encarte que vem dentro do último envelope. Observe nos envelopes anteriores os materiais que encobrem o carro.

a) Que materiais são esses?

b) Considerando a finalidade do anúncio, responda: Que sentido o anúncio pretende construir ao relacionar esses materiais com o serviço oferecido pelo anúncio?

Divirta-se

Você conhece o trabalho artístico mostrado na foto abaixo?

Make poverty history Globe. (side view) Julian Beever

http://www.julianbeever.net/index.php?option=com_phocagallery&view=category&id=2:3d-illusions&Itemid=7)

Trata-se de uma obra de Julian Beever, artista inglês que cria desenhos tridimensionais. Ele utiliza giz para fazer o desenho e depois uma técnica de projeção chamada **anamorfose**. Quando a imagem projetada é vista a partir de determinado ângulo, essa técnica cria uma ilusão de ótica em 3D. Veja, ao lado, o desenho feito no chão pelo artista.

Make poverty history Globe. (side view) Julian Beever

http://www.julianbeever.net/index.php?option=com_phocagallery&view=category&id=2:3d-illusions&Itemid=7

Passando a limpo •••

O texto a seguir é o início de um conto. Leia-o e responda às questões de 1 a 3.

Lépida

Tudo lento, parado, paralisado.

– Maldição! – dizia um homem que tinha sido o melhor corredor daquele lugar.

– Que tristeza a minha – lamentava uma pequena bailarina, olhando para as suas sapatilhas cor-de-rosa.

Assim estava Lépida, uma cidade muito alegre que no passado fora reconhecida pela leveza e agilidade de seus habitantes. Todos muito fortes, andavam, corriam e nadavam pelos seus limpos canais.

Até que chegou um terrível pirata à procura da riqueza do lugar. Para dominar Lépida, roubou de um mago um elixir paralisante e despejou no principal rio. Após beberem a água, os habitantes ficaram muito lentos, tão lentos que não conseguiram impedir a maldade do terrível pirata. Seu povo nunca mais foi o mesmo. Lépida foi roubada em seu maior tesouro e permaneceu estagnada por muitos anos.

Um dia nasceu um menino, que foi chamado de Zim. [...]

(Carla Caruso. Disponível em: http://revistaescola.abril.com.br/leitura-literaria/era-uma-vez-contos.shtml. Acesso em: 8/12/2013.)

1. O nome da cidade, **Lépida**, tem relação com o modo de ser antigo de seus habitantes, caracterizado por:

a) alegria, leveza e agilidade.

b) lentidão e paralisia.

c) tristeza e lentidão.

d) força e estagnação.

2. Os habitantes da cidade não conseguiram impedir a maldade do pirata, porque:

a) beberam água do rio.

b) tomaram água do rio e sofreram o efeito do elixir paralisante despejado nele.

c) de repente, ficaram muito lentos.

d) nunca mais foram os mesmos.

3. A frase final do texto sugere que:

a) a situação dos habitantes da cidade não se modificará.

b) o menino que nasceu terá o mesmo destino que os demais habitantes da cidade.

c) o menino que nasceu provavelmente libertará os habitantes da cidade do efeito do elixir.

d) o menino que nasceu será muito veloz, conforme é sugerido por seu nome, Zim.

4. Leia o cartum:

(*Folha de S. Paulo*, 17/11/2013.)

O humor do cartum está no fato de que a situação, como um todo, é:

a) adequada para o elogio que Hagar faz à capacidade de iniciativa do responsável pela ponte.

b) confortável para Hagar, desde que ele faça o pagamento exigido para a utilização da ponte.

c) malcompreendida por Hagar.

d) imprópria para uma reflexão sobre a capacidade de iniciativa do responsável pela ponte.

5. Leia esta tira, de Laerte:

(*Folha de S. Paulo*, 13/10/2012. Folhinha.)

A flecha lançada pela personagem procura tomar os sentidos indicados pelas placas de trânsito. A desistência da flecha, anunciada no último quadrinho, se deve:

a) à pouca força de vontade que ela tem.

b) à incompreensão do significado dos sinais.

c) às alterações constantes de sentido indicadas nas placas e, portanto, da mensagem.

d) à impossibilidade de seguir, ao mesmo tempo, os dois sentidos indicados na placa do antepenúltimo e do penúltimo quadrinho.

6. Leia esta mensagem:

> Bm dia amor! Blz?
> Vc gostou du poema q excrevi? q q é isso! Kkkkk
> Meu ptgues naum eh tam bm assim, mais pratiku mto no Face e Skype.
> Ih karamba: a prof tev um treko qdo leu. :D
> To cum xaudade. :*

Qual trecho abaixo está reproduzido de acordo com a norma-padrão?

a) Bom dia, amor! Está tudo bem?

b) Você gostou do poema que excrevi?

c) A professora teve um treko quando leu. (gargalhada)

d) Tô com saudade. (beijo)

7. Leia, a seguir, as conclusões de uma pesquisa sobre o uso, por estudantes, da linguagem do mundo virtual.

> [...]
>
> Já os educandos garantem que o miguxês (linguagem entre amigos) das salas de bate-papo é uma atividade escrita, prazerosa, e revelam suas opiniões:
>
> — que os alunos devem utilizar tais recursos para agilizar a conversa;
>
> — [...] não prejudica o aprendizado da língua culta, pois [os alunos] devem distinguir que a linguagem usada na escola é diferente da [linguagem da] internet;
>
> — destacam que os professores não aceitam abreviações nas provas, trabalhos e redações, portanto é bom evitá-las;
>
> — [...] devem se qualificar utilizando as formas padrão da escrita, para não se saírem mal nas provas;
>
> — devem saber que cada variante linguística e de comunicação tem seu espaço para se manifestar – quando estão em lugares mais requintados não falam da mesma forma de quando estão com os amigos;
>
> — que é difícil escrever com letra cursiva, abreviando as palavras – o mais fácil é escrever corretamente.
>
> (Jussara de Barros. Disponível em: www.brasilescola.com/educacao/escrita-internetuma-nova-visao.htm. Acesso em: 11/12/2013.)

De acordo com essas conclusões, pode-se afirmar que os jovens:

a) usam a escrita da linguagem da Internet em qualquer situação.

b) sabem que os diferentes usos da linguagem devem se adequar às diferentes situações.

c) preferem, na escola, usar sempre a linguagem da Internet, pelo fato de ela ser mais prática e prazerosa.

d) consideram que o uso contínuo da linguagem da Internet tem lhes trazido prejuízo no aprendizado da norma-padrão.

8. Leia o anúncio:

Movimento Infância Livre de Consumismo

(www.infancialivredeconsumismo.com.br)

A finalidade principal do anúncio é:

a) criticar uma conhecida rede de lanchonetes.

b) incentivar o consumo de morangos pelas crianças.

c) orientar os pais a incentivar os filhos a consumir alimentos mais saudáveis.

d) alertar a família para os enganos da publicidade.

INTERVALO

DIOMEDIA / Lebrecht Music & Arts / Lebrecht Authors

Em cada um dos capítulos desta unidade, você produziu histórias, individualmente e em grupo. Há, a seguir, outras sugestões de produção de texto e orientações para a montagem de um livro com as histórias inventadas por toda a turma e por você e para a realização de uma exposição de textos, cartazes e livros, intitulada ***Histórias de hoje e sempre****. Vamos lá?*

Projeto •• *Histórias de hoje e sempre*

Preparando a produção de um livro com histórias da turma

Vamos criar mais alguns contos para publicar em um livro? Eles poderão ser produzidos individualmente, em dupla ou em grupo, conforme a orientação do professor.

Errando histórias

Vamos errar de propósito algumas histórias conhecidas para ver do que nossa imaginação é capaz? Então, mãos à obra! Em grupo, escolham um dos inícios de contos maravilhosos abaixo, deem asas à fantasia e escrevam a continuação da história.

Tânia Ricci

- Era uma vez uma menina que se chamava Chapeuzinho Amarelo e morria de medo de lobo.
- No meio de uma floresta densa e escura, viviam felizes quatro porquinhos que eram músicos e cantores.
- E de uma ninhada de patos nasceu um patinho lindo, que, por sua beleza, simpatia e inteligência, era elogiado por todos os animais. Um cisne feio e invejoso...
- Na hora do baile real, a irmã mais velha de Cinderela foi à horta apanhar hortelã para mastigar e ficar com o hálito cheiroso. A fada madrinha de Cinderela, por ser míope e ter esquecido os óculos na Terra do Encanto, confundiu a irmã com a afilhada e então...

Para escrever o conto maravilhoso “errado”, sigam as instruções dadas no capítulo 1 desta unidade, na página 23.

Histórias ao contrário

Vamos inverter os papéis das personagens e escrever uma **história ao contrário**?

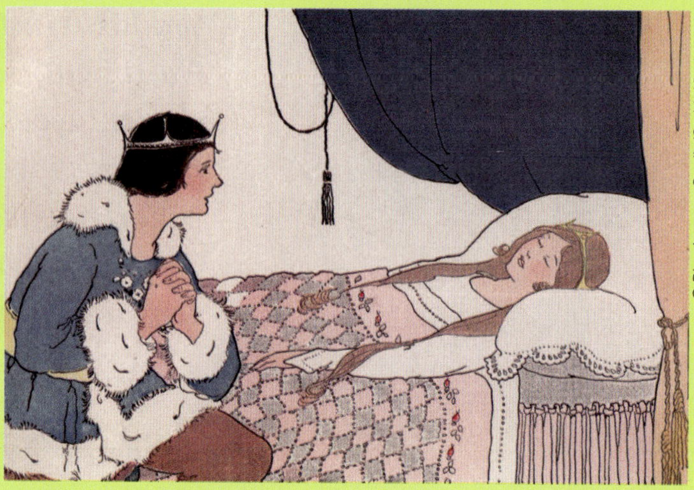

© Blue Lantern Studio/Corbis/ Latinstock

- A Cinderela é tão má e desobediente que deixa a madrasta enlouquecida: não ajuda em casa, vai mal na escola e ainda tenta roubar os namorados das irmãs.
- Branca de Neve é feia e tem uma raiva danada da rainha por esta ser tão bela e bondosa. Não ouve seus conselhos e fez amizade com uma turma da pesada.
- A Bela Adormecida acha que dormir é a chave para ser sempre bela e jovem. Então, em qualquer cantinho e a qualquer hora, ela dorme... dorme... dorme...
- João e Maria não têm coração: abandonaram os pais, velhinhos e sem força para trabalhar, numa rua movimentada de uma grande cidade.

Com seus colegas de grupo, escolham uma dessas "inversões" ou invertam os papéis de outro conto que quiserem e escrevam um conto maravilhoso.

Para escrever o conto maravilhoso "ao contrário", sigam as instruções dadas no capítulo 1 desta unidade, na página 23.

Como montar o livro de contos

Para publicar em um livro da classe as histórias produzidas, sigam as instruções a seguir:

Tânia Ricci

1. Decidam, junto com o professor, os critérios para a seleção dos textos. Depois, de acordo com esses critérios, escolham, entre todos os contos produzidos nesta unidade, aqueles que deverão fazer parte do livro.
2. Decidam como será produzido o livro: se no computador ou à mão, em folhas de sulfite. Depois elejam um colega para ser o responsável pela parte técnica da produção. Ele definirá um padrão comum para todos os textos. Por exemplo, se os textos forem digitados no computador, qual será a formatação: tamanho do corpo, tipo de letra, espaço entre as linhas, etc.

3. Cada aluno ou grupo fica responsável pela redação e revisão final dos próprios contos, redigidos à mão ou digitados.

4. Prevejam e deixem espaço na diagramação para incluir ilustrações e fotos ou colar imagens.

5. Seguindo a orientação do professor, façam uma votação para definir o título do livro. Depois escolham um colega para produzir a capa, à mão ou no computador, contendo o título do livro, a identificação dos autores e, se quiserem, uma ilustração ou foto.

6. Encarreguem um colega de reunir todos os textos na data estabelecida e cuidar da montagem do livro. Ele poderá, por exemplo, providenciar a colocação de espiral ou de grampo no livro.

7. Caso queiram ter um exemplar do livro, mandem copiá-lo em xérox.

   Exponham o livro original na mostra **Histórias de hoje e sempre** e, depois de toda a turma o ter "curtido" bastante, a classe pode oferecê-lo ao professor, doá-lo à biblioteca da escola ou presentear uma criança ou um(a) amigo(a).

Tânia Ricci

Preparando a exposição

Reúnam tudo o que for possível encontrar sobre contos maravilhosos: livros novos e antigos, ilustrações, versões pouco conhecidas, sátiras, histórias em quadrinhos baseadas nesse gênero textual, fantoches, discos, fitas ou CDs com histórias gravadas, DVDs, cartazes de cinema, etc.

Como montar a exposição

Com a orientação do professor, escolham um local na escola para montar a exposição. Distribuam em mesas, paredes, murais ou varais o material produzido e pesquisado, de forma a facilitar sua leitura e apreciação.

Se houver possibilidade, instalem num dos cantos do local um computador ou aparelhos de televisão e DVD e apresentem filmes baseados em contos maravilhosos. Em outro canto, instalem um gravador ou um aparelho de som e promovam uma audição de histórias e de músicas temas de filmes.

Se quiserem, escolham algumas histórias, treinem sua leitura ou memorizem-nas para apresentá-las aos visitantes, lendo-as ou narrando-as.

Façam uma ampla divulgação da exposição, convidando professores, colegas de outras classes, pais, familiares e amigos. Se quiserem, façam convites e distribuam-nos para pessoas da comunidade.

Constância Nery. Energia, 1991

Crianças

Mooboard / Keystone Brasil

No aeroporto o menino perguntou:
— E se o avião tropicar num passarinho?
O pai ficou torto e não respondeu.
O menino perguntou de novo:
— E se o avião tropicar num
passarinho triste?
A mãe teve ternuras e pensou:
Será que os despropósitos não são mais
carregados de poesia do que o bom-senso?
Ao sair do sufoco o pai refletiu:
Com certeza, a liberdade e a poesia a gente
aprende com as crianças.
E ficou sendo.

(Manoel de Barros. *Exercícios de ser crianças*. Rio de Janeiro: Salamandra, 1999.)

UNIDADE 2

Fique ligado! Pesquise!

LIVROS

Astrid Lindgren: *Pippi Meialonga*/ Tradução Maria de Macedo. São Paulo: Companhia das Letrinhas, 2001

Luciana, Sandroni. *O Mário que não é de Andrade. O menino da cidade lambida pelo igarapé Tietê*. São Paulo: Companhia das Letrinhas, 2001.

Para quem gosta de mistério e de aventuras: *O Mário que não é de Andrade*, de Luciana Sandroni (Companhia das Letrinhas); *A cidade e as feras*, *O reino do dragão de ouro* e *A floresta dos pigmeus*, de Isabel Allende (Bertrand); *As crônicas de Spiderwick*, de Tony Di Terlizzi e Holly Black; *A fantástica fábrica de chocolate*, de Roald Dahal (Martins Fontes); *O gênio do crime*, *O caneco de prata* e *Sangue fresco*, de João Carlos Marinho (Global); *Como viver para sempre*, de Colin Thompson (Brinque-Book); *Píppi Meialonga*, de Astrid Lindgreen (Companhia das Letrinhas); *Alice*, de Lewis Carrol (Jorge Zahar). Para quem se interessa por quadrinhos: *O mundo das histórias em quadrinhos*, de Leila Rentroia Iannone e Roberto Antonio Iannone (Moderna); *Como fazer histórias em quadrinhos*, de Juan Acevedo (Global); *Como desenhar cartuns*, de Peter Maddocks (Melhoramentos); *Quadrinhos em ação – Um século de história*, de Mário Feijó (Moderna); *Persépolis* e *Frango com ameixas*, de Marjane Satrapi.

FILMES

Pequena Miss Sunshine, de Mark Levin; *As crônicas de Spiderwick*, de Mark Waters; *Shrek 3*, de Chris Miller e Raman Hui; *Madagascar 2 – A grande escapada*, de Eric Darnell; *Desventuras em série*, de Brad Silberling; *Homem-Aranha 3*, de Sam Raimi; *X-Man – O confronto final*, de Brett Ratner; *A lenda do tesouro perdido – O livro dos segredos*, de Jon Turteltaub; *Alice no país das maravilhas*, de Tim Burton; *Homem de Ferro*, de Jon Favreau; *A fantástica fábrica de chocolate*, de Tim Burton; *Billy Elliot*, de Stephen Daldry; *A guerra dos botões*, de John Roberts; *Matilda*, de Danny de Vito; *O pequeno Nemo*, de Masami Hata e William Hurtz; *Labirinto – A magia do tempo*, de Jim Henson.

Diomedia/Photos 12 - Cinema/ Archives du 7eArt/DR

VISITAS

Visite, se houver em sua cidade, bibliotecas, livrarias ou bancas de jornais especializadas em quadrinhos. Veja alguns endereços:

Na cidade de São Paulo, SP: Gibiteca Henfil, no Centro Cultural São Paulo – rua Vergueiro, 1000, tel. (0xx11) 3062-3822.

Na cidade de Curitiba, PR: Gibiteca de Curitiba – rua Carlos Cavalcanti, 553, tel. (0xx41) 3321-3250.

Na cidade de Brasília, DF: Gibiteca de Brasília – av. W3 Sul, quadra 508, loja 72.

Na cidade do Rio de Janeiro, RJ: Gibiteca e Biblioteca Popular Olaria e Ramos – rua Uranos, 1230, tel. (0xx21) 2590-2641.

Na cidade de Belo Horizonte, MG: Gibiteca de Belo Horizonte – rua Carangola, 228, tel. (0xx31) 3277-8658.

Na cidade de Aracaju, SE: Gibiteca da Biblioteca Pública Infantil Aglaé Fontes de Alencar – rua Dr. Leonardo Leite, s.nº.

SITES

www.marvel.com
www.monica.com.br
www.devir.com.br
www.clubedamafalda.blogspot.com

INTERVALO

Projeto

Quadrinhos: eu também faço!

Mostra sobre quadrinhos, com exposição de livros, revistas, vídeos, etc., além de revistas e histórias em quadrinhos produzidas pela turma.

de OLHO *na imagem*

Observe esta pintura:

Cabra-cega, de Giovanni Battista Torriglia.

1. Observe o ambiente em que estão as personagens.

a) Trata-se de um ambiente urbano ou rural? Justifique sua resposta com elementos da pintura.

b) Em que parte da casa as personagens estão? Justifique.

c) Trata-se de uma casa simples ou luxuosa? Por quê?

2. Na pintura, os adultos estão interagindo com algumas crianças. Levante hipóteses: Que tipo de relação pode haver entre os adultos e as crianças? Justifique sua resposta com elementos da pintura.

3. Observe a expressão facial e corporal das personagens. Como, provavelmente, elas se sentem nesse momento? Por quê?

4. O homem está amarrando um lenço no rosto de uma das crianças. Interprete: Por que ele está fazendo isso?

5. No ambiente, há alguns objetos fora de lugar: dois cestos tombados e uma cadeira virada.

a) Os adultos parecem estar preocupados com a desordem da casa?

b) Levante hipóteses: O que pode ter acontecido antes do momento retratado na cena? E o que pode acontecer depois?

6. O pintor dessa tela, Giovanni Battista Torriglia, viveu entre 1858 e 1937.

a) Que visão sobre a infância é expressa na tela?

b) De acordo com o ponto de vista expresso na tela, é possível ser feliz, mesmo vivendo de modo simples?

c) E você, o que acha: na sua opinião, as ideias do pintor sobre a infância, a família e a simplicidade ainda são válidas nos dias de hoje? Por quê?

CAPÍTULO 1

O fazendeiro da cidade

Você gosta de bichos de estimação? E alguma vez já sentiu vontade de ter um cavalo, um macaco, um boi? Mas como conviver com animais quando se vive em uma cidade grande?

Menino de cidade

Papai, você deixa eu ter um cabrito no meu sítio?

Deixo.

E porquinho-da-índia? E ariranha? E macaco? E quatro cachorros? E duzentas pombas? E um boi? Um rinoceronte?

Rinoceronte não pode.

Tá bem, mas cavalo pode, não pode?

O sítio é apenas um terreno do Estado do Rio, sem maiores perspectivas imediatas. Mas o garoto precisa acreditar no sítio como outras pessoas precisam acreditar no céu. O céu dele é exatamente o da festa folclórica, a bicharada toda, e ele, que nasceu no Rio e, de má vontade, vive nessa cidade sem animais.

Aliás, ele mesmo desmente que o Rio seja uma cidade sem bichos, possuindo o dom de descobri-los nos lugares mais inesperados. Se entra na casa de alguém, desaparece ao transpor a porta, para voltar depois de três segundos com um gato ou cachorro na mão. A gente vai andando por uma rua de Copacabana, ele some e ressurge com um pinto em flor. É chegar na Barra da Tijuca, e daí a cinco minutos, já apanhou um siri vivo.

Localiza eletronicamente todos os animais da redondeza, anda pela rua em disparada, cumprimentando aqui um papagaio, ali um ganso, mais adiante um gato, incansável e frustrado.

Não distingue marcas de automóvel, em futebol não vai além de Garrincha e Nilton Santos, mas sabe perfeitamente o que é um *mastiff*, um *boxer*, um *doberman*. Dá informações sobre as pessoas de acordo com os bichos que possuam: aquele é o dono do *Malhado*, aquela é a dona do *Lord*... Ao telefone, pergunta por patos, gatos, e outros cachorros, centenas, milhares de cachorros, cachorros que prefere aos companheiros, cachorros

Filipe Rocha

que o absorvem na rua, na escola, na hora das refeições, cachorros que costumam latir e pular em seus sonhos, cachorros mil.

Filipe Rocha

Sua literatura é rigorosamente especializada: livros coloridos sobre bichos. Engatinha mal e mal na leitura, mas fala com uma proficiência um pouco alarmante a respeito de répteis, batráquios etc. Filho de mãe inglesa, confunde *fork* e *knife*, mas sabe o que é *seal* e *walrus*. Se pede um pedaço de papel é para desenhar a zebra ou a baleia.

É claro que sua frustração causa pena. Por isso mesmo, há algum tempo ganhou como consolo um canarinho-da-terra. Um dia, como lhe dissessem que iam dar o passarinho, caso continuasse a comportar-se mal, correu para a área e abriu a porta da gaiola.

Deram-lhe um bicudo, mas o bicudo morreu de tanto alpiste. Ganhou mais tarde uma tartaruga, pequenina e estúpida, que recebeu na pia do banheiro o nome de Henriqueta. Nunca qualquer outro quelônio deu tanto serviço. Foi ao dentista na cidade, e, ao voltar, disse ao pai pela primeira vez uma palavra horrível: *estou desesperado*. Tinha perdido a tartaruguinha no lotação.

Ficou o vazio em sua vida. O alívio era ligar o telefone interurbano para a avó e indagar pelos patos que "possuía" em outra cidade. Ou fazer uma visita à futura mãe de *Poppy*, este é um *poodle* que deverá nascer daqui a meio ano, prometido de pedra e cal para ele.

Outro expediente: caçar borboletas, mariposas, grilos, alojar carinhosamente os insetos nas gaiolas vazias, chamar-lhes pelos nomes dos antigos bichos mortos ou desaparecidos.

Um tio deu-lhe outra vez um canário, o carinho foi demais, o passarinho morreu. Não há nada a fazer, por enquanto, e ele dedicou-se à arte de desenhar bichos. De vez em quando ainda se anima e entra em casa afogueado, mostrando alguma coisa invisível nas mãos: "Olha que estouro de grilo!"

Mas os grilos e as borboletas *legais* morrem ou saem tranquilamente das gaiolas, e ei-lo novamente de mãos e alma vazias.

Deu um jeito: arranjou alguns pires sem uso e plantou sementes de feijão. O banheiro está cheio de brotos verdes, tímidos. E ele já sabe que possui uma fazenda.

(Paulo Mendes Campos. In: *Elenco de cronistas modernos*. 12. ed. Rio de Janeiro: José Olympio, 1992. p. 45-7.)

absorver: atrair a atenção, levar alguém a concentrar-se.

alarmante: que causa alarme, que surpreende.

batráquio: animal vertebrado, como o sapo, que vive tanto na terra como na água.

***boxer*, *dobermann* e *mastiff*:** raças de cães.

expediente: meio ou recurso utilizado para atingir um fim.

***fork*:** (do inglês) garfo.

frustrado: que não atingiu o ideal pretendido ou não realizou um projeto pessoal.

***knife*:** (do inglês) faca.

perspectiva: expectativa, esperança.

proficiência: competência, mestria.

***seal*:** (do inglês) foca.

***walrus*:** (do inglês) morsa, mamífero marinho que vive principalmente nas regiões costeiras do oceano Ártico.

Procure no dicionário outras palavras que você desconheça.

Estudo do texto

COMPREENSÃO E INTERPRETAÇÃO

1. O interesse do menino pelos animais é retratado logo nos primeiros parágrafos da crônica. O que, na fala do garoto, comprova esse fato?

2. No sexto parágrafo, o narrador afirma que o sítio ao qual o menino se refere é apenas um terreno do Estado do Rio de Janeiro.

a) Levante hipóteses: Por que o menino chama o terreno de sítio?

b) Para o narrador, "o garoto precisa acreditar no sítio, como outras pessoas precisam acreditar no céu". Por que, para o menino, o sítio é uma espécie de céu?

3. Na crônica lida, o narrador, além de relatar fatos, também expressa opiniões.

a) De quem é a opinião sobre a inexistência de animais na cidade do Rio de Janeiro?

b) O menino também tem essa opinião? Por quê?

c) No penúltimo parágrafo, que trecho expressa, nas palavras do narrador, o sentimento de frustração do menino por não conviver com animais?

4. O narrador se empenha em mostrar a maneira como o garoto vê o mundo.

a) Que conhecimento o menino tem sobre marcas de automóvel? E sobre raças de cachorros?

b) Por intermédio da mãe, o menino tem contato com a língua inglesa. Na sua opinião, por que ele confunde *knife* (faca) e *fork* (garfo), mas sabe diferenciar o significado das palavras *seal* (foca) e *walrus* (morsa)?

c) O menino se refere às pessoas como "o dono do Malhado", "a dona do Lord", etc. O que isso revela sobre os interesses dele?

Quem é Paulo Mendes Campos?

Poeta, cronista, tradutor e jornalista, Paulo Mendes Campos (1922-1991) nasceu em Belo Horizonte, MG. Iniciou estudos em Odontologia, Direito, Veterinária, mas não os completou. Ainda muito jovem, ingressou na vida literária em Belo Horizonte, como integrante da geração mineira a que pertencem autores como Fernando Sabino e Murilo Rubião. Mudando-se para o Rio de Janeiro, passou a colaborar nos principais jornais cariocas e, ao lado de Fernando Sabino e Rubem Braga, foi um dos responsáveis pelo grande prestígio que a crônica ganhou no Brasil nos anos 1950-60. Suas crônicas valorizam a interioridade, a memória, o sonho e a reflexão.

IUGO KOYAMA/Abril Comunicações S/A

Qual é a diferença entre foca e morsa?

As focas e as morsas são mamíferos marinhos, vivem em colônias com dezenas de indivíduos e são excelentes nadadoras. Apesar de parecidos, esses animais têm, porém, várias diferenças. As morsas apresentam dentes enormes projetados para baixo e vivem em várias regiões do Círculo Polar Ártico — portanto, não são encontradas no Brasil. As focas não têm orelhas, e há nelas um orifício atrás dos olhos que se conecta com o ouvido. Formam um numeroso grupo de mamíferos aquáticos, e a espécie mais comum e mais abundante é encontrada principalmente na região do Ártico.

Minden Pictures/Minden Pictures/Latinstock

5. Embora o narrador não informe a idade do menino, é possível notar que se trata de uma criança em fase de aprendizagem da leitura e da escrita. Que elementos do texto comprovam esse dado sobre o garoto?

6. Na realidade, o menino ganha alguns animais, sendo um deles um canarinho-da-terra.
   a) Na sua opinião, por que, diante da ameaça de que, se continuasse a se comportar mal, iam dar o passarinho, o menino resolve soltar a ave?
   b) De que maneira o menino trata os outros animais de estimação que ganha?

7. O menino vive em uma grande cidade e, por isso, não convive com animais tanto quanto gostaria.
   a) Quem é Poppy? O que ele representa para o garoto?
   b) Que importância têm os insetos para o menino?
   c) As tentativas do garoto de conviver com animais o deixam satisfeito? Por quê?

8. No final do texto, o menino começa a plantar sementes de feijão. Segundo o narrador, os brotos verdes que enchem o banheiro o levam a sentir-se dono de uma "fazenda".
   a) O que a fazenda de brotos de feijão representa para o menino?
   b) Do início para o fim do texto, o principal desejo do menino se modifica? Justifique sua resposta.
   c) O título da crônica, "Menino de cidade", é compatível com as características do garoto e com o final da história? Por quê?

A LINGUAGEM DO TEXTO

1. Indique o sentido das expressões em destaque, considerando o contexto em que aparecem no texto:
   a) "A gente vai andando por uma rua de Copacabana, ele some e ressurge com um pinto **em flor**".
   b) "este é um *poodle* que deverá nascer daqui a meio ano, prometido **de pedra e cal** para ele"

2. A gíria é uma variedade linguística que pode tanto desaparecer rapidamente quanto ser incorporada ao vocabulário da língua. Na década de 1960, as palavras **estouro** e **legal** eram gírias correntes, mas hoje estão incorporadas no dicionário e são usadas normalmente na linguagem informal.

As espécies de foca

A variedade de espécies de foca é muito grande. Algumas não passam de 1 metro de comprimento, enquanto outras chegam a 6 metros e a pesar mais de 3 toneladas.

Foca comum, que tem cerca de 1,8 metro e pesa até 170 quilos.

Releia estas frases do texto:

> "Olha que **estouro** de grilo!"
> Mas os grilos e as borboletas **legais** morrem ou saem tranquilamente das gaiolas, e ei-lo novamente de mãos e alma vazias.

Que palavras da gíria atual poderiam ser empregadas no lugar das palavras destacadas nas frases?

3. Na crônica lida, são empregados determinados recursos gráficos, como o **itálico** (letras inclinadas) e as aspas (" "). Entre as diferentes finalidades de emprego das aspas e do itálico, podemos destacar algumas, tais como:

- destacar palavras estrangeiras ou gírias;
- realçar uma palavra ou expressão;
- indicar a fala de uma pessoa ou de uma personagem.

a) Com que finalidade as aspas ou o itálico são empregados em cada um dos seguintes trechos do texto?

> - De vez em quando ainda se anima e entra em casa afogueado, mostrando alguma coisa quase invisível nas mãos: "Olha que estouro de grilo!"
> - Não distingue marcas de automóvel [...], mas sabe perfeitamente o que é um *mastiff*, um *boxer*, um *doberman*.
> - Foi ao dentista na cidade e, ao voltar, disse ao pai pela primeira vez uma palavra horrível: *estou desesperado*.

Dorling Kindersley/UI/Universal ImagesGroup/Grupo Keystone

b) O emprego das aspas cria ainda um efeito de sentido diferente daqueles que foram mencionados. Levante hipóteses: Que sentido o emprego das aspas produz na seguinte frase do texto?

> O alívio era ligar o telefone interurbano para a avó e indagar pelos patos que "possuía" em outra cidade.

4. A palavra **lotação**, empregada na crônica, tem significados diferentes quando utilizada no feminino ou no masculino. Dê os significados dela na frase a seguir.

> O **lotação** estava acima da **lotação** estabelecida, e o aperto entre as pessoas era tal, que o garoto perdeu sua tartaruguinha.

LEITURA EXPRESSIVA DO TEXTO

Com dois colegas, leia o texto até o sétimo parágrafo. Um lê a fala do menino, outro a fala do pai, e outro, a fala do narrador.

Procurem encontrar o tom adequado para cada uma das vozes. O menino, por exemplo, deve demonstrar ansiedade; o pai, paciência; e o narrador, surpresa com as ações do menino.

Depois troquem as falas e, quando a leitura ficar boa, apresentem-na para a classe.

Cruzando linguagens

Observe atentamente a pintura ao lado.

1. A pintura mostra um menino rodeado de vários elementos.

a) Que elementos estão à sua volta?

b) Você acha que essa cena poderia ter ocorrido nos dias de hoje ou em um passado distante? Justifique sua resposta com elementos da pintura.

2. O menino está fazendo um sinal com a mão esquerda.

a) Que som ele deve estar produzindo com a boca?

b) Para quem ele faz o sinal e produz o som?

3. Observe a expressão do cachorro. O que ele está querendo? Por quê?

Norman Rockwell, Stockbridge, Massachusets, EUA

O passageiro clandestino (1920), de Norman Rockwell.

4. O título do quadro é *O passageiro clandestino*. Levante hipóteses:

a) Quem é o passageiro clandestino?

b) Onde você acha que o menino está?

c) Por que esse passageiro teve de ficar escondido?

5. Observe a mala que está sob as pernas do menino e o pacote que está ao seu lado. Levante hipóteses:

a) Para onde você acha que ele está indo?

b) Ele vai demorar nesse lugar? Por quê?

c) O que pode haver no pacote ao seu lado?

6. Ao levar um "passageiro clandestino", o menino pode ter problemas durante a viagem. Na sua opinião, por que ele prefere correr o risco?

7. Compare a pintura com a crônica lida, "Menino de cidade". Que semelhanças e diferenças há entre o menino da crônica e o menino da pintura quanto ao modo como se relacionam com os animais?

Trocando ideias

1. Na crônica lida, o menino vive em uma grande cidade e, embora não conviva com os animais tanto quanto gostaria, sempre encontra maneiras de estar em contato com eles. E você, gosta de estar em contato com animais? Como é sua convivência com eles? Conte para os colegas.
2. Nem sempre os animais domésticos são bem tratados pelos seus donos. Embora existam leis para punir as pessoas que agridem ou abandonam seus bichos de estimação, a prática de maus-tratos aos animais não é rara. Na sua opinião, o que poderia ser feito para ampliar a proteção aos animais domésticos?
3. Você acha que deve ser permitido o transporte de animais domésticos em ônibus e trens? Por quê?

Produção de texto

HISTÓRIA EM QUADRINHOS (I)

Leia esta história em quadrinhos:

Ziraldo

Ziraldo

(Ziraldo. *Maluquinho por bichos*. São Paulo: Globo, 2006. p. 70-3.)

Quem é Ziraldo?

O cartunista e escritor Ziraldo, autor dessa história em quadrinhos, tem alma de criança. Como sua personagem mais famosa, ele também é um "menino maluquinho" inquieto e esperto.

Mineiro de Caratinga, foi para o Rio de Janeiro aos 16 anos para ser desenhista de histórias em quadrinhos. Como a profissão não existia no país, Ziraldo trabalhou numa agência de publicidade, foi jornalista e autor de livros infantis, até que pôde finalmente fazer histórias em quadrinhos. Em 1960, lançou uma revista mensal chamada *Pererê*, que teve apenas dez números. Ziraldo não se deixou abater com isso e criou outras personagens, como The Supermãe, Os Zeróis, O Canguru, Jeremias, o bom. Mais recentemente criou as revistas *O Menino Maluquinho* e *Julieta, a menina maluquinha*. Pelo jeito, enquanto viver, Ziraldo vai continuar fazendo quadrinhos.

Orlando Brito/Conteudo Expresso

Como autor de obras infantis, esse menino não para de criar e encantar crianças e adultos. Eis alguns de seus livros: *O Menino Maluquinho, O planeta lilás, Flicts, Uma professora bem maluquinha, Outro como eu só daqui a mil anos, Vovó Delícia, O menino marrom, Menina Nina, Os meninos morenos*.

1. Nina não se separa nunca de seu peixinho. A mãe a alerta sobre a possibilidade de o peixe morrer e, para consolar a menina, diz que, quando isso ocorrer, comprarão outro "mais bonito ainda". Por que a reação da menina surpreende a mãe?

2. Das características infantis a seguir, qual predomina no comportamento de Nina? Escreva no caderno a resposta adequada.

- ingenuidade
- afetividade
- fantasia
- curiosidade
- teimosia
- humor

Ziraldo

3. As histórias em quadrinhos compõem-se de quadros que geralmente associam duas linguagens. Quais são elas?

4. Faça uma experiência. Leia apenas a parte verbal dos cinco primeiros quadrinhos da história "Nina em: Coisas da vida" e, depois, leia apenas as imagens.

a) Sem as imagens, a história tem sentido?

b) E sem a linguagem verbal?

c) Qual é o papel dessas duas linguagens nessa história em quadrinhos?

5. O formato mais comum e tradicional dos quadrinhos é o retângulo, delimitado por linhas retas que servem para separá-los. Considerando o que você conhece sobre histórias em quadrinhos, responda: Existe um número padrão para a quantidade de quadrinhos de uma história?

6. Nos contos maravilhosos, há um narrador que conta a história. Nas histórias em quadrinhos, como a história é narrada? Escreva no caderno a resposta adequada.

a) Por meio da imagem.

b) Por meio do diálogo entre as personagens.

c) Por meio da imagem e do diálogo entre as personagens.

7. Uma história em quadrinhos conta, conforme seu nome diz, uma história. É, portanto, uma narrativa que envolve fatos, personagens, tempo e espaço. Os fatos se organizam em sequência, numa relação de causa e efeito. Observe que, na história em quadrinhos de Ziraldo, o fato de Nina ficar o tempo todo com Floris produz um efeito no pai e na mãe dela. Quando a mãe conta a Nina que o peixinho irá morrer, isso também causa um efeito.

a) Que efeito é esse?

b) Esse efeito é o esperado pela mãe de Nina? Por quê?

Quadrinhos no mundo

Panini Comics

Os quadrinhos têm um nome diferente em cada país.

Nos Estados Unidos, são chamados *comic strips* (tiras cômicas); na França, *bandes dessinées* (bandas ou tiras desenhadas); na Itália, *fumetti*, nome que faz referência aos balõezinhos que saem da boca das personagens, indicando sua fala; na América espanhola, *historieta*; no Japão, *mangá*; em Portugal, *história aos quadradinhos*; na Espanha, *tebeó*.

No Brasil, toda revista em quadrinhos chama-se **gibi**. O nome pegou porque, em 1938, no Rio de Janeiro, foi lançada uma revista em forma de quadrinhos que tinha esse nome e fez o maior sucesso entre crianças e adolescentes. A palavra **gibi** caiu na boca do povo e virou sinônimo de revista de história em quadrinhos. O significado mais antigo de **gibi** é "moleque".

8. Além da relação de causa e efeito, os quadrinhos organizam os fatos da história no tempo e no espaço, isto é, dão ao leitor elementos que indicam **quando** e **onde** os fatos ocorrem.

a) Em que lugar ocorre a história de Ziraldo?

b) Que elementos do texto e da imagem permitem afirmar que essa história acontece durante o dia?

9. As personagens das histórias em quadrinhos costumam apresentar características bem-definidas. Assim, por exemplo, a personagem Mônica, de Mauricio de Sousa, é muito forte; o Cascão não gosta de água; o Menino Maluquinho, de Ziraldo, é esperto e surpreendente. Essas características são geralmente apresentadas ao leitor pela ação das personagens ou por comentários de outras personagens sobre elas. Na história em quadrinhos lida, quais são as características de Nina?

10. O balão é um elemento característico dos quadrinhos. Consiste em um espaço contornado por um traço, que parte quase sempre da boca das personagens e no qual aparecem a fala ou o pensamento delas. Como é, geralmente, a letra usada no balão?

As interjeições

Além das onomatopeias, os quadrinhos apresentam muitas palavras e expressões que traduzem emoções, sentimentos, sensações, estados emocionais, etc. das personagens. Essas palavras são chamadas de **interjeições**. As interjeições costumam vir acompanhadas do ponto de exclamação. A palavra **Bobagem!**, por exemplo, traduz a irritação do pai de Nina quando a menina diz que o peixinho ganharia medalha se fosse "para as Olimpíadas".

11. Em "Nina em: Coisas da vida", há uma palavra que procura imitar aproximadamente, na escrita, certos sons e ruídos. Essa palavra é chamada de **onomatopeia**. Que som a palavra **BUÁÁÁÁ**... reproduz?

12. Leia o boxe "As interjeições". Depois, identifique outra interjeição na história em quadrinhos de Ziraldo e indique o estado emocional que ela traduz.

13. As personagens das histórias em quadrinhos costumam usar uma linguagem informal, isto é, bem parecida com a que empregamos no dia a dia.

a) Identifique nos quadrinhos de Ziraldo uma situação em que isso acontece.

b) Em situações como essa, o uso desse tipo de variedade linguística é adequado? Por quê?

c) Releia algumas falas dos quadrinhos de Ziraldo e responda: As frases empregadas pelas personagens são difíceis de entender ou são simples, de fácil compreensão?

14. Reúna-se com seus colegas de grupo e, juntos, concluam: Quais são as características das histórias em quadrinhos?

Loucos por quadrinhos

Para aqueles que são aficionados de histórias em quadrinhos, sugerimos a leitura de: *Todo Pererê* (v. 1 e 2), de Ziraldo (Moderna); *O menino quadradinho*, de Ziraldo (Melhoramentos); *As melhores tiradas do Menino Maluquinho*, de Ziraldo (Melhoramentos); *Vida de passarinho*, de Caulos (L&PM); *O homem no teto*, de Jules Feiffer (Companhia das Letras); coleção *Níquel Náusea*, de Fernando Gonsales (Devir); *Suriá, a garota do circo*, de Laerte (Devir); coleção *Álbuns da Mafalda*, de Quino (Martins Fontes); coleção *Asterix, o gaulês*, de Uderzo e Goscinny (Cedibra); *Os dez anos de Calvin e Haroldo* (v. 1 e 2), de Bill Watterson (Best News); *As aventuras de Tintin*, de Hergé (Record); a coleção *Hagar*, de Dik Browne (L&PM Poket); a coleção *Gaturro*, de Nik (Vergara e Riba).

AGORA É A **sua vez** ▶

A seguir, há algumas propostas de produção de histórias em quadrinhos. Com a orientação do professor, desenvolva, se possível, todas elas. As histórias produzidas pela classe serão expostas depois na mostra **Quadrinhos: eu também faço!**, proposta no capítulo **Intervalo** desta unidade.

1. Leia com atenção esta piadinha:

O bebezinho da casa do Juquinha chorava o dia inteiro. Um dia, não aguentando mais aquele berreiro, o amigo de Juquinha disse-lhe:

— Seu irmão é chato, hein? O menino é chorão!

— Pois eu acho que ele tá certo.

— Certo como?

— Queria ver o que você faria se não soubesse falar, fosse banguela, careca e não conseguisse ficar de pé!

(Donaldo Buchweitz, org. *Piadas para você morrer de rir*. Belo Horizonte: Leitura, 2001. p. 10.)

Transforme a piadinha numa história em quadrinhos. Siga as instruções:

a) Risque em seu caderno ou em uma folha de papel sulfite cinco quadrinhos.

b) Desenhe em cada um deles uma parte da piadinha, assim:

- no 1º quadrinho, coloque um bebê chorando desesperadamente; use os recursos gráficos que você já estudou;
- no 2º quadrinho, o bebê chorando, dois garotos olhando para ele e um balão com a primeira fala do texto saindo da boca de um dos garotos;
- no 3º quadrinho, somente os dois garotos, e o irmão do bebê, indignado, respondendo;
- no 4º quadrinho, o outro garoto fazendo a pergunta com cara de espanto;
- no 5º quadrinho, a conclusão do irmão do bebê.

Procure mostrar o comportamento das personagens por meio de gestos e da expressão do rosto.

c) Dê um título à história, incorporando-o ao 1º quadrinho, e pinte os desenhos.

d) Terminando, troque sua história com as dos colegas ou exponha-a no mural da classe.

2. Crie uma tira, isto é, uma história com três ou quatro quadrinhos, com personagens imaginadas por você. Para isso, risque os quadrinhos em seu caderno ou em uma folha de papel sulfite e desenhe os elementos da história, entre eles os balõezinhos com a fala das personagens. Dê um título à história, incorporando-o ao primeiro quadrinho, e pinte os desenhos. Terminando, troque sua tira com as dos colegas ou exponha-a no mural da classe.

3. Na história em quadrinhos abaixo, o texto dos balões foi suprimido. Com base na situação e na expressão facial das personagens, imagine o que podem estar dizendo e escreva em seu caderno.

(Nik. *Todos os segredos de Gaturro*. 4. ed. Buenos Aires: Sudamericana, 2011. p. 45.)

4. Crie uma história em quadrinhos digital. Existem programas que ensinam como criar histórias em quadrinhos. Você pode acessar, por exemplo, o *site* http://criancas.uol.com.br/atividades/crie-sua-hq.jhtm.

Planejamento do texto

- Organize sua história em partes, de modo que cada quadrinho represente uma das partes.
- Associe linguagem verbal e linguagem não verbal, uma complementando a outra.
- Indique o tempo (o momento do dia) e o lugar onde acontecem as ações por meio das imagens.
- Estabeleça um encadeamento entre um quadrinho e outro, baseado em uma relação de causa e efeito entre os fatos.
- Crie textos verbais curtos, a fim de deixar nos quadrinhos espaço para as imagens.
- Para criar humor, apresente uma surpresa no(s) último(s) quadrinho(s).
- Escreva as falas dos balões com letra de fôrma maiúscula.
- Procure utilizar exclamações e onomatopeias, empregando-as adequadamente.
- Utilize linguagem adequada às personagens e à situação de comunicação em que elas estão.

Revisão e reescrita

Antes de fazer a versão final da sua história em quadrinhos, observe:

- se a linguagem verbal e a linguagem não verbal se complementam;
- se o rabicho dos balões está posicionado corretamente, indicando com clareza a personagem que está falando;
- se a sequência dos quadrinhos se baseia em uma relação de causa e efeito;
- se o texto dos balões está legível;
- se no(s) último(s) quadrinho(s) ocorre um fato surpreendente, gerando humor;
- se a linguagem das personagens é coerente com o perfil de cada uma.

A língua em foco

O SUBSTANTIVO

CONSTRUINDO O CONCEITO

Leia esta tira, de Fernando Gonsales:

Drácula chamando Hugo

(www2.uol.com.br/niquel/cinema.shtml. Acesso em 17/2/2010.)

1. Nos contos e filmes de vampiros, o Conde Drácula provoca muito medo às pessoas, porque se alimenta do sangue de suas vítimas até matá-las.

a) Nessa tirinha, a moça não parece amedrontada com o Drácula. O que demonstra que ela está tranquila?

b) O Drácula não parece satisfeito com o alimento que encontrou. O que demonstra isso?

2. Na tira, a palavra **segredo** tem sentidos diferentes para a moça e para o Drácula.

a) Qual o sentido de **segredo** na fala da moça?

b) O que o Drácula considera **segredo**?

3. Explique o título da tira, "Drácula chamando Hugo".

CONCEITUANDO

Tanto ao ler a tira quanto ao responder às questões anteriores, você pôde observar que, para identificar os seres ou nomear coisas, necessitamos de palavras: **segredo**, **pescoço**, **creme**, **Drácula**, etc. Essas palavras são chamadas de **substantivos**.

Substantivos são palavras que nomeiam seres — visíveis ou não, animados ou não —, ações, estados, sentimentos, desejos e ideias.

Veja outros exemplos de substantivo neste poema de Fernando Pessoa:

O canto

Ricardo Dantas

Leve, leve, suave,
um **canto** de **ave**
sobe no ar com que principia
o **dia**
Escuto, e passou...
Parece que foi só porque escutei
que parou.

(In: Eloí Elisabete Bocheco. *Poesia infantil — O abraço mágico*. Chapecó: Argos, 2002. p. 110.)

EXERCÍCIOS

Leia este texto:

Como é feito o chiclete?

Thinkstock/Getty Images

Primeiro se faz uma mistura de vários tipos de borracha, que é chamada de goma base. Depois são incluídos resinas e óleos vegetais, que amaciam a massa, substâncias minerais, que encorpam a mistura, e açúcar, corantes, aromas e ácidos, que dão o sabor. Em seguida, essa massa é esticada, cortada e são acrescentados um xarope de açúcar e essências que formam a casquinha crocante do chiclete. Aí é só embrulhar.

(Maria Carolina Cristianini. *Recreio*, nº 516, p. 5. Abril Comunicações.)

1. Todo texto tem uma finalidade. Qual é a finalidade do texto que você acabou de ler?

a) Informar como o chiclete é feito.
b) Descrever as características do chiclete.
c) Enumerar os produtos de que é feito o chiclete.
d) Apresentar os ingredientes do chiclete.

2. Quem produziu o texto, para explicar a fabricação do chiclete, mencionou o nome de vários ingredientes.

a) Quais são eles?
b) As palavras correspondentes ao nome desses ingredientes pertencem à classe dos substantivos. Que outros substantivos há no texto?

3. Escreva em seu caderno pelo menos três substantivos que nomeiam objetos usados pelos seguintes profissionais:

a) cozinheiro
b) jogador de futebol
c) pedreiro
d) modelo
e) médico
f) bombeiro
g) engenheiro
h) pintor

4. Você já sentiu saudade de alguém ou de algum lugar? Existem muitos sentimentos ou sensações que experimentamos na vida.

a) Faça uma lista de sentimentos e sensações que você já teve.

b) A que classe de palavras os nomes correspondentes a esses sentimentos e sensações pertencem?

Classificação dos substantivos

Existem diferentes tipos de substantivo. Alguns nomeiam coisas, outros nomeiam pessoas ou sentimentos. Alguns são constituídos por uma só palavra, outros por duas ou mais palavras. No estudo gramatical da língua, eles são classificados, isto é, organizados, de acordo com certas características que apresentam. Assim, os substantivos classificam-se em:

primitivos e derivados

- **Primitivos** são os substantivos que dão origem a outras palavras.
- **Derivados** são os substantivos que se originam de outras palavras.

telha	→	telhado
ferro	→	ferrugem
jardim	→	jardinagem
substantivos primitivos		substantivos derivados

simples e compostos

- **Simples** são os substantivos formados por apenas uma palavra: **luz**, **mesa**, **chocolate**.
- **Compostos** são os substantivos formados por mais de uma palavra: **beija-flor**, **para-raios**, **pontapé**.

Fernando Gonsales

comuns e próprios

- **Comuns** são os substantivos que se referem a todos os seres de uma espécie, sem particularizá-los.

Aquele **rapaz** é muito estranho!

- **Próprios** são os substantivos que nomeiam um ser em particular, destacando-o na espécie ou no grupo; por isso, são grafados com letra maiúscula.

Drácula ficou irritado com sua vítima.

O substantivo **rapaz** serve para nomear qualquer homem; por isso, é substantivo comum. Já **Drácula** particulariza um homem; por isso, é substantivo próprio.

Concretos e abstratos

- **Concretos** são os substantivos que nomeiam seres de existência autônoma, isto é, que não dependem de outro para existir, e que podem ser reais ou imaginários: **pescoço**, **criança**, **mesa**, **fada**, **sol**, **Deus**, **vampiro**.
- **Abstratos** são os substantivos que nomeiam seres de existência não autônoma, isto é, que dependem de outro para existir. Designam sentimentos, ações e qualidades: **alegria**, **medo**, **esforço**, **orgulho**, **emoção**, **beleza**, **segredo**, **azar**.

(Mauricio de Sousa. *Mônica tem uma novidade!*. Porto Alegre: L&PM, 2009. p. 82.)

As palavras **fome** e **perfeição**, empregadas na tira, são substantivos abstratos, pois nomeiam seres que dependem de outros para existir. A fome é sempre sentida por alguém, e a perfeição existe em pessoas ou coisas. A característica principal de Magali, personagem da tira de Mauricio de Sousa, é comer muito; portanto, ela só fica feliz quando está saciada. Para ela, a perfeição depende principalmente da saciedade, isto é, de não ter fome.

Coletivos

São os substantivos que, mesmo estando no singular, transmitem a ideia de agrupamento de vários seres da mesma espécie.

academia: de artistas, literatos, cientistas
arquipélago: de ilhas
bando: de aves
cardume: de peixes
colmeia: de abelhas
cordilheira: de montanhas
coro: de cantores
frota: de veículos, navios
júri: de jurados
manada: de animais de grande porte
matilha: de cães
molho: de chaves
multidão: de pessoas
ninhada: de filhotes
tripulação: de marinheiros, de comissários de bordo
vara: de porcos

Importante

Um substantivo pode ter várias classificações. Observe:

pescoço: substantivo primitivo, simples, comum e concreto
Brasil: substantivo primitivo, simples e próprio

EXERCÍCIOS

Leia este cartum, de Angeli:

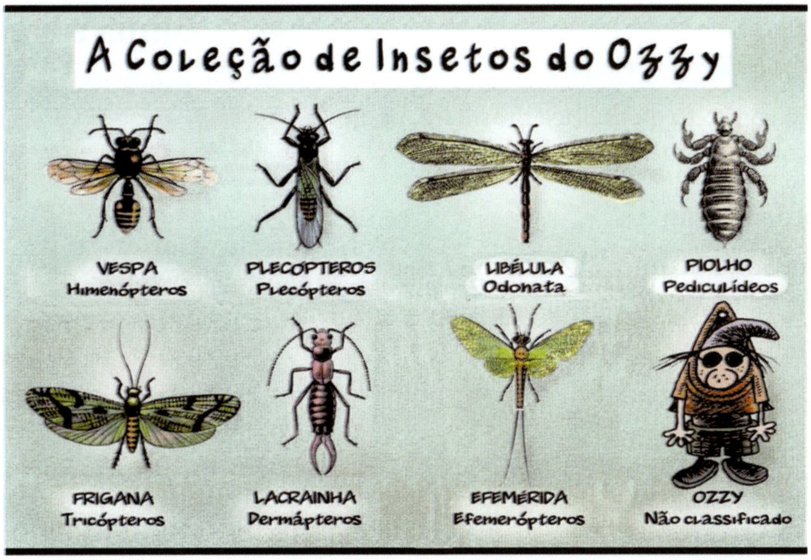

(*Ozzy*. São Paulo: Cia. das Letras, 2006. v. 2, p. 51.)

1. Ozzy é uma personagem criada pelo cartunista Angeli. Entre outras características, o garoto não gosta de tomar banho, é antissocial e adora coisas nojentas.

a) Qual é o elemento que quebra a expectativa do cartum, gerando humor?

b) Levante hipóteses: Por que Ozzy se incluiu em sua própria coleção?

2. As palavras que nomeiam os seres da coleção de Ozzy pertencem à classe dos substantivos. Elas são substantivos comuns ou próprios? Concretos ou abstratos?

3. Troque ideias com os colegas e com o professor: Qual é a palavra que designa o coletivo de insetos? Empregue-a em uma frase.

O texto a seguir é uma charge, desenho humorístico que costuma ser publicado em jornais diários e geralmente critica ou ironiza fatos de natureza política. Leia-o e responda às questões 4 e 5:

(*Folha de S. Paulo*, 19/4/2012.)

4. A charge foi publicada em um momento em que se discutia a corrupção na política brasileira. Observe que, na parte de baixo dela, lê-se: "Pelo ralo".

a) Em nossa língua, o que significa normalmente a expressão **ir pelo ralo**?

b) Na charge, o que está indo pelo ralo?

c) Considerando o contexto da política brasileira, no geral, conclua: O que a charge critica?

5. Na charge há cinco substantivos.

a) Desses substantivos, um único é concreto. Qual é ele?

b) O que justifica a classificação de todos os outros como substantivos abstratos?

FOLHA DE S.PAULO

UM JORNAL A SERVIÇO DO BRASIL

QUINTA-FEIRA, 19 DE ABRIL DE 2012

Bancos privados cedem a Dilma e barateiam crédito

Banco Central também reduziu a Selic e levou o Brasil a ter a sua menor taxa de juros reais já registrada

Instituições dão esmola com dinheiro alheio

Brasil alertará turistas sobre violência na Venezuela

Soldados dos EUA fazem fotos com corpos de afegãos

CASO CACHOEIRA

'VOU QUEBRAR'

FOLHAPRESS

O SUBSTANTIVO NA CONSTRUÇÃO DO TEXTO

Leia a letra de uma canção de Vinícius de Morais e Paulo Soledade:

A formiga

As coisas devem ser bem grandes
Pra formiga pequenina
A rosa, um lindo palácio
E o espinho, uma espada fina

A gota d'água, um manso lago
O pingo de chuva, um mar
Onde um pauzinho boiando
É navio a navegar

O bico de pão, o corcovado
O grilo, um rinoceronte
Uns grãos de sal derramados
Ovelhinhas pelo monte.

Psonha

(http://letras.terra.com.br/vinicius-de-moraes/87245/. Acesso em 19/1/2010.)

1. Os compositores, nessa canção, apresentam duas visões de mundo: a do homem e a da formiga.

a) Os elementos a seguir expressam a visão do ser humano. Dê os elementos que correspondem a eles, na visão da formiga.

- rosa
- gota d'água
- pauzinho
- grilo
- espinho
- pingo de chuva
- bico de pão
- grãos de sal

b) Observe as respostas do item anterior. A que classe gramatical pertencem as palavras dadas como resposta?

c) Alguma dessas palavras designa sentimento, sensação ou qualidade?

2. No texto, há predominância de substantivos comuns e concretos.

a) Na sua opinião, por que isso acontece?

b) Troque ideias com os colegas: O substantivo **corcovado** é comum ou próprio?

3. Se coubesse a você dar continuidade à letra da canção, que outros substantivos comuns e concretos usaria?

4. Você observou, na letra da canção, o emprego predominante de substantivos. Considerando que todo recurso linguístico pode colaborar para a construção do sentido dos textos, reconheça quais das seguintes afirmações a respeito da função que o substantivo desempenha na canção são verdadeiras.

I. Na canção, a percepção do mundo é construída exclusivamente a partir da ótica da formiga.

II. A visão do mundo é construída a partir de uma dupla perspectiva, a do homem e a da formiga. Para captar essa duplicidade, são empregados na canção substantivos que nomeiam tanto os seres vistos pelo homem quanto os vistos pela formiga.

III. A predominância de substantivos comuns e concretos na canção deve-se à enumeração de coisas reais e comuns que formam o mundo para o homem e a formiga.

IV. A canção nos leva, de modo simples, a perceber que nossa visão do mundo é relativa.

SEMÂNTICA E DISCURSO

Leia a anedota a seguir e responda às questões de 1 a 7.

Verbos

A professora disse para a Mariazinha:

— Mariazinha, me dê um exemplo de verbo.

— Bicicreta! — respondeu a menina.

— Não se diz "bicicreta", e sim "bicicleta". Além disso, bicicleta não é verbo. Pedro, diga você um verbo.

— Prástico! — disse o garoto.

— É "plástico", não "prástico". E também não é verbo. Laura, é sua vez: me dê um exemplo correto de verbo — pediu a professora.

— Hospedar! — respondeu Laura.

— Muito bem! — disse a professora.

— Agora, forme uma frase com esse verbo.

— Os pedar da bicicreta é de prástico!

Estúdio BR

(http://criancas.uol.com.br/piadas/piadas_aula.jhtm. Acesso em 12/1/2010.)

1. A situação que envolve a professora e os alunos Mariazinha, Pedro e Laura ocorre durante uma aula.

a) De que disciplina é a aula?

b) Comprove sua resposta com elementos do texto.

2. A professora pede um exemplo de verbo aos alunos. Por que as respostas de Mariazinha e de Pedro estavam erradas?

3. A professora faz a pergunta a Laura e inicialmente considera correta a resposta dela.
   a) O que a professora supôs ao ouvir a resposta de Laura?
   b) O que Laura tinha em mente quando respondeu?
   c) Quando a professora compreendeu a resposta de Laura?

4. Observe as respostas dos três alunos. O que há em comum na fala dos três?

5. Esse tipo de fenômeno é característico de uma variedade linguística. Que tipo de variedade, na anedota, os três alunos utilizam?

6. Considerando a resposta à questão anterior, você acha mais provável que a aula estivesse acontecendo em uma zona rural ou em uma zona urbana?

7. Embora se intitule "Verbos", o texto não se refere a verbos. Fica em evidência outra classe de palavras, e nisso reside a graça da anedota. Qual é essa classe de palavras?

Divirta-se

(Ziraldo. *Maluquinho por bichos*. São Paulo: Globo, 2006. p. 112.)

CAPÍTULO 2

Entre irmãos

Toda criança gosta de ter amigos, de brincar, de sair e se divertir com outras crianças. Mas o que fazer quando uma lei proíbe que elas façam tudo isso? Como manter viva a aventura e o prazer de ser criança?

O texto que você vai ler a seguir pertence ao livro *A mala de Hana*, de Karen Levine. A obra narra a história dos irmãos Hana e George Brady, crianças judias que viviam na Tchecoslováquia (atual República Checa), durante a Segunda Guerra Mundial. Quando as tropas alemãs invadiram o país, a vida da família Brady mudou para sempre.

A mala de Hana

Filipe Rocha

Toda semana havia uma nova restrição. Judeus não podiam frequentar o parque de diversões. Nem os campos de esporte. Nem os parques públicos. Logo, Hana não podia mais ir ao ginásio. Até mesmo o lago em que esquiavam estava proibido. Suas amigas — todas gentis — no começo também ficaram tão perplexas quanto Hana com as regras. Ainda se sentavam lado a lado na escola e aprontavam travessuras juntas dentro da classe e na hora do recreio.

— Ficaremos juntas para sempre, não importa o que aconteça — prometeu Maria, a melhor amiga de Hana. — Não vamos deixar que ninguém nos diga com quem vamos brincar!

Mas, aos poucos, conforme os meses se passavam, todas as colegas de Hana, inclusive Maria, pararam de visitá-la depois da escola e nos fins de semana. [...]

Com cada amigo perdido e a cada nova restrição, Hana e George sentiam que seu mundo ficava um pouco menor. Eles estavam bravos. Eles estavam tristes. E estavam frustrados.

— O que podemos fazer? — perguntavam aos pais. — Para onde podemos ir?

Mamãe e Papai fizeram o seu melhor para distrair as crianças, para ajudá-las a descobrir novas brincadeiras.

— Nós temos sorte — disse Mamãe —, porque temos um grande jardim. Vocês podem brincar de esconde-esconde. Podem balançar nas árvores. Podem inventar jogos. Podem brincar de detetive nos depósitos. Podem explorar a passagem secreta. Adivinhar charadas. Sejam gratos um pelo outro!

Hana e George eram gratos por terem um ao outro e também por brincarem juntos. Mas isso não aliviava a tristeza de não poderem mais fazer o que faziam antes nem ir àqueles lugares onde costumavam ir. Num lindo dia de primavera, quando o sol brilhava, os dois sentaram no quintal, entediados, brincando com a grama. De repente, Hana começou a chorar.

— Não é justo! — gritou. — Eu odeio isso! Quero que tudo volte a ser como antes!

Arrancou um punhado de grama e jogou as folhas no ar. Olhou para o irmão. Sabia que ele estava tão triste quanto ela.

— Espere aqui — disse ele. — Eu tenho uma ideia.

Minutos depois, George estava de volta, com um bloco de papel, uma caneta, uma garrafa vazia e uma pá.

— Pra que tudo isso? — perguntou Hana.

— Talvez, se escrevermos todas as coisas que estão acontecendo com a gente, fiquemos mais aliviados.

— Isso é bobagem — respondeu Hana. — Não vai trazer nem o parque nem a diversão de volta. E não trará Maria de volta.

Mas George insistiu. Ele era, no fim das contas, o irmão mais velho, e Hana não tinha nenhuma outra ideia. Então, nas horas seguintes, as crianças derramaram sua infelicidade no papel, George escrevendo e Hana falando. Fizeram listas das coisas que faziam falta e das coisas que os enfureciam. Fizeram listas de todas as coisas que fariam e de todos os lugares para onde iriam quando aqueles tempos terríveis acabassem.

Quando terminaram, George pegou as folhas de papel, enrolou-as num tubo, colocou-as dentro da garrafa e fechou-a com uma rolha. Então, os dois andaram até a casa, parando embaixo do balanço duplo. Ali, Hana cavou um grande buraco: seria aquele seu esconderijo da tristeza e da frustração. George colocou a garrafa dentro do buraco e Hana cobriu-a de terra. Quando acabaram, o mundo parecia um pouquinho mais claro e brilhante, pelo menos naquele dia.

(*A mala de Hana – Uma história real*. São Paulo: Melhoramentos, 2007.)

Quem é Karen Levine?

Conhecida pelo sucesso dos livros que escreve para jovens e adultos, Karen Levine nasceu em Ottawa, no Canadá. Antes de estrear na literatura, atuou por vários anos como produtora executiva de séries de TV e de documentários. De seus documentários sobre as crianças vítimas do Holocausto foi que nasceu a ideia de publicar a obra *A mala de Hana*, que ganhou vários prêmios e ficou famosa em todo o mundo.

Filipe Rocha

frustração: decepção de quem não consegue realizar o que quer.

perplexo: espantado, atônito

Estudo do texto

COMPREENSÃO E INTERPRETAÇÃO

1. No momento retratado pelo texto, os judeus estão vivendo uma série de restrições.

a) Troque ideias com os colegas da classe: O que foi o holocausto durante a Segunda Guerra Mundial?

b) No texto, os judeus foram proibidos de ir ao parque de diversões, aos campos de esporte e parques públicos. O que essas proibições representavam para eles?

2. Aos poucos, Hana e George iam perdendo os amigos. Levante hipóteses: Por que as outras crianças se afastaram dos dois?

3. Apesar da situação difícil, a mãe das duas crianças dizia: "— Nós temos sorte [...] porque temos um grande jardim".

a) Tomando como base esse comentário, como você caracterizaria a mãe das crianças?

b) O que a fala da mãe faz supor a respeito de outras crianças judias?

c) O que o jardim representava para os dois irmãos?

d) Que sentimentos as duas crianças experimentavam?

4. Ponha-se no lugar das personagens e responda: Qual a importância de Hana e George "terem um ao outro", como dizia a mãe?

5. George tem uma ideia: escrever listas.

a) Que tipos de lista as crianças escrevem?

b) Para elas, que significado tinha escrever essas listas?

6. Você já deve ter visto filmes em que as personagens lançam mensagens ao mar, acondicionadas em garrafas. Em situações assim, com que finalidade as mensagens são enviadas?

7. No texto, Hana e George acondicionaram as listas dentro de garrafas.

a) Por que as garrafas foram enterradas?

b) Na sua opinião, as crianças tinham realmente a intenção de preservar as listas? Por quê?

c) Quando as crianças escreviam, elas tinham em mente algum leitor em especial? Se sim, quem?

8. A obra da qual foi extraído o texto é baseada em fatos reais. As listas e as garrafas, afinal, acabaram cumprindo o seu papel? Por quê?

Crianças em perigo!

Crianças vivendo sem liberdade e sem infância não são um problema apenas do passado. Ainda hoje, muitas crianças vivem desse modo em zonas de conflito, como no Iraque, no Afeganistão, no Paquistão, na faixa de Gaza (fronteira entre Israel e Palestina) e em alguns países africanos.

Recentemente, vieram à tona dois comoventes relatos de crianças que viveram problemas semelhantes. O primeiro está registrado no livro *A outra face*, de Deborah Ellis (Editora Ática). O segundo é *Eu sou Malala* (Companhia das Letras), da menina paquistanesa Malala, que, por insistir em estudar, chegou a levar um tiro da milícia do Talibã. Em ambos os relatos, a história se repete: escolas são destruídas, meninas são proibidas de estudar, mulheres não podem sair às ruas sem burca e sem os maridos, etc.

Vale a pena conferir!

Eu sou Malala. Malala Yousafzai. Companhia das Letras. 2013

A LINGUAGEM DO TEXTO

1. Observe e compare estes enunciados:

- "Eles estavam bravos. Eles estavam tristes. E estavam frustrados." (4º parágrafo)
- Eles estavam bravos, tristes e frustrados.

Note que o enunciado original poderia ficar mais enxuto com a eliminação da repetição das palavras **eles** e **estavam** e o emprego de vírgulas no lugar do ponto. Contudo, o sentido dos dois enunciados não é exatamente o mesmo.

a) Qual é a diferença de sentido entre os dois enunciados?

b) Identifique no 1º parágrafo do texto outro trecho em que o mesmo recurso foi utilizado.

2. No trecho "Mamãe e Papai fizeram **o seu melhor** para distrair as crianças", qual é o sentido da expressão destacada?

3. Observe o emprego de palavras negativas neste trecho do texto:

"— Isso é bobagem — respondeu Hana. — **Não** vai trazer **nem** o parque **nem** a diversão de volta."

a) De que outras formas esse trecho pode ser escrito, mantendo a ideia de negação?

b) Que efeito de sentido o emprego das três palavras negativas provoca no texto original?

LEITURA EXPRESSIVA DO TEXTO

Junte-se a um colega da classe e façam a leitura dos dois últimos parágrafos do texto, de modo que um leia o penúltimo parágrafo e o outro, o último parágrafo. Depois troquem os parágrafos para leitura.

Durante a leitura, leiam com ritmo, procurando valorizar as pausas indicadas pelas vírgulas e pelo ponto. Pronunciem as frases com clareza e ênfase, como se estivessem lendo para uma grande plateia. Na leitura da última frase, procurem dar a ela um tom triste, mas cheio de esperança.

REUTERS/Thaer Al Khalidiya/ Latinstock

Trocando ideias

1. Por serem judeus, Hana e George foram proibidos de ir ao parque de diversões, aos campos de esporte e aos parques públicos. Dessas proibições, qual você acha pior? Por quê?

2. Você acha justo um grupo de pessoas impor restrições a outras por causa da origem ou da religião? Por quê?

3. Se você estivesse no lugar de Hana e George, o que faria para suportar a situação?

Produção de texto

HISTÓRIA EM QUADRINHOS (II)

A linguagem dos quadrinhos

Leia esta tira:

Lucas Lima

(Lucas Lima. *Nicolau — Primeiras histórias.* Araraquara, SP: Junqueira&Marin, 2007. p. 40.)

1. Observe o 1º quadrinho.

a) O que representa o desenho que aparece no balão de fala da personagem? O que ele indica no quadrinho?

b) Pelo comportamento do menino, o que podemos deduzir: ele domina a prática do *skate* ou ainda está aprendendo a praticar esse esporte? Justifique sua resposta.

2. No 2º quadrinho, o menino vê um vaso com um cacto e grita "AH!".

a) Essa palavra é uma interjeição ou uma onomatopeia?

b) De acordo com o contexto, o que ela exprime?

3. No 3º quadrinho, aparecem as seguintes palavras: POU!, CRÁS! e BLOFT!.

a) O que cada uma delas exprime?

b) Qual é o nome desse tipo de palavra?

4. No último quadrinho:

a) O balão contém a fala ou o pensamento da personagem?

b) Que relação há entre a acupuntura e o que aconteceu à personagem?

Nas histórias em quadrinhos, conforme já vimos, geralmente estão associadas as linguagens verbal e visual. A linguagem verbal costuma aparecer nos balões, nas legendas (ou letreiros), nas onomatopeias, nas interjeições.

Os balões

O balão é um elemento característico dos quadrinhos. Ele contém texto ou imagens, sinais de pontuação ou símbolos e muda de formato dependendo do que se deseja expressar: as falas, os pensamentos ou as emoções (surpresa, alegria, raiva, medo, cansaço, etc.) das personagens.

Há vários formatos de balão. Os mais comuns são o balão-fala, que apresenta todo o contorno em linha contínua, e o balão-pensamento, que apresenta o rabicho em forma de pequenas bolhas. Mas existem muitos outros tipos de balão, como o balão-cochicho, feito com linhas pontilhadas, que transmite a ideia de que a personagem está falando baixinho, e o balão-grito, que geralmente tem o contorno tremido e traduz irritação, espanto, horror. Veja os exemplos:

- balão-fala

Laerte

- balão-grito

Glauco

• balão-uníssono

Laerte

(http://www1.folha.uol.com.br/folhinha/quadri/qa07020401.htm)

• balão-transmissão

Adão Iturrusgarai

(http://www1.folha.uol.com.br/ilustrada/cartum/cartunsdiarios/#19/8/2013)

• balão-cochicho

© Mauricio de Sousa Editora Ltda.

(Mauricio de Sousa. *Cascão*, nº 27, p. 44.)

• balão-pensamento/balão-imagem

© Mauricio de Sousa Editora Ltda.

(Mauricio de Sousa. *Cebolinha*, nº 26, p. 46.)

No texto dos balões, usa-se em geral letra de fôrma, maiúscula, desenhada à mão. Seu tamanho e sua cor ou forma podem variar, como recurso usado pelo desenhista para traduzir situações ou expressões que fogem ao normal, como um tom de voz mais alto ou mais baixo, irritação, choro, etc. Veja os exemplos:

© Mauricio de Sousa Editora Ltda.

(Mauricio de Sousa. *Almanacão de férias*, nº 23, p. 50.)

© Mauricio de Sousa Editora Ltda.

(Idem, p. 153.)

EXERCÍCIOS

1. Observe o cenário e a expressão do rosto e do corpo da personagem da história em quadrinhos a seguir. Depois, em seu caderno, crie balões para a história. Procure fazer balões de diferentes tipos e usar diferentes letras. Lembre-se de que a linguagem empregada nas histórias em quadrinhos é informal, semelhante à que usamos no dia a dia, e que as frases costumam ser curtas. Se quiser, crie onomatopeias também. Quando terminar, compare seus balões com os de seus colegas.

(http://www1.folha.uol.com.br/folhinha/quadri/qa17120501.htm)

2. Nos quadrinhos a seguir, os balões estão vazios. Em seu caderno, crie o diálogo entre as personagens, de acordo com a sequência dos desenhos. Antes de criar as falas, observe a expressão do rosto e do corpo das personagens.

(Mauricio de Sousa. *Estadinho*, 24/11/2012.)

Quando terminar, compare o diálogo que você criou com os criados por seus colegas.

Tempo e lugar

Nas histórias em quadrinhos, o tempo e o lugar costumam ser indicados pela própria imagem. Na tira a seguir, por exemplo, as diferentes cores do fundo indicam a passagem do dia para a noite.

(Mauricio de Sousa. *Chico Bento*, nº 40, p. 82.)

A legenda

Algumas histórias apresentam quadrinhos com legenda. Trata-se de um pequeno texto que descreve algum fato ou informa alguma coisa, geralmente relacionada com o início da história ou com a ligação entre um quadrinho e outro. Na tira abaixo, há legenda no 1º quadrinho. Observe que ela apresenta a personagem e dá indicação sobre o que ela está fazendo.

(http://www2.uol.com.br/niquel/)

A legenda pode também caracterizar uma personagem, indicar tempo, lugar, modo, etc. A legenda do quadrinho abaixo, por exemplo, caracteriza a personagem Hércules, grande herói da mitologia grega.

(Denise Ortega. *Os doze trabalhos de Hércules em quadrinhos*. 2. ed. Adaptado da obra de Monteiro Lobato. Ilustrações de Luiz Padovin. São Paulo: Globo, 2012. p. 5.)

As onomatopeias e as interjeições

As onomatopeias, nas histórias em quadrinhos, acrescentam sonoridade às imagens. É comum a utilização de duas ou mais onomatopeias para expressar o ruído de um mesmo fenômeno (**Pou!**, **Bonc!**, **Tum!**, **Tóim!**, para batidas, socos) ou uma única para expressar o som de várias coisas (**Trimmm**, para toque de telefone, de despertador ou de campainha).

As interjeições também aparecem em grande número nas histórias em quadrinhos. Têm o papel de expressar emoções, como, por exemplo, **Viva!** (felicitação), **Ai!**, **Ui!** (dor), **Coragem!**, **Eia!** (animação), **Arre!**, **Irra!** (impaciência), **Ó!**, **Olá!**, **Alô!**, **Psiu!**, **Psit!** (apelo ou chamamento), etc.

Tanto as onomatopeias quanto as interjeições costumam vir acompanhadas de ponto de exclamação.

Ziraldo

(Ziraldo. *Todo Pererê*. São Paulo: Moderna, 2003. v. 2, p. 62.)

Heróis dos quadrinhos no cinema

Muitas personagens saíram dos quadrinhos e foram para as telas de cinema. Esse é o caso de Batman, Super-Homem, Flash Gordon, Dick Tracy, Capitão América, Fantasma, Homem-Aranha. Outras nasceram no cinema e passaram posteriormente para os quadrinhos, onde vivem novas aventuras. Entre essas estão Tarzã, Rafles, os *cowboys* Tom Mix e Roy Rogers. A mudança de uma linguagem para outra — dos quadrinhos para filmes e desenhos animados, e vice-versa — é muito comum, e essas personagens têm conquistado um público cada vez maior.

Everett Collection/Keystone BR

Cena do filme *Thor 2 — O mundo sombrio*.

EXERCÍCIO

Há, a seguir, algumas frases, onomatopeias e interjeições. Escreva-as em seu caderno e contorne-as por balões, imaginando situações em que elas teriam sido empregadas. Lembre-se de fazer letras de diferentes formas e tamanhos.

Se quiser, desenhe também as cenas e as personagens que você imaginou.

a) Oba!!! Consegui!!!

b) Puff! Puff! Puff!!... Não aguento mais!

c) Tchibum!!

d) Toc! Toc! Toc!

e) OH! Não! Você de novo?!

f) Blim! Blom!

AGORA É A sua vez ▶

1. Crie uma história em quadrinhos, procurando empregar alguns dos recursos estudados: balões e letras de diferentes tipos, tamanhos e cores, legendas, onomatopeias e interjeições. Para isso, em seu caderno ou em uma folha de papel sulfite, desenhe os quadrinhos e as cenas da história. Use legendas, se

Ricardo Dantas

necessário, e balõezinhos com a fala das personagens. Dê título à história, incorporando-o ao primeiro quadrinho. Antes de pintar os desenhos, revise sua história em quadrinhos, observando os critérios para revisão e reescrita apontados no capítulo 1 desta unidade, na página 94. Ao finalizar o trabalho, troque sua história em quadrinhos com as dos colegas ou exponha-a no mural da classe. Depois guarde-a para expor na mostra **Quadrinhos: eu também faço!**, proposta no capítulo **Intervalo** desta unidade.

2. Escolha, com seus colegas de grupo, uma das seguintes atividades de produção de cartazes. Para desenvolvê-la, tenham em mãos um bom número de gibis velhos, tesoura, cola, cartolina, canetas pretas e coloridas.

a) Recortem dos gibis quadrinhos com onomatopeias e interjeições. Colem os quadrinhos em uma cartolina e, ao lado ou embaixo deles, identifiquem o som ou ruído expresso pelas onomatopeias e os estados emocionais revelados pelas interjeições.

Tânia Ricci

b) Recortem quadrinhos com balões de todos os formatos. Colem-nos em uma cartolina e deem títulos a eles: balão-fala, balão-pensamento, balão-uníssono, balão-grito, balão-sussurro, etc.

c) Recortem um bom número de personagens, ou as personagens preferidas do grupo, e colem-nas em uma cartolina. Ao lado ou embaixo de cada personagem, escrevam um pequeno texto sobre ela, informando seu nome, a revista à qual pertence, características mais marcantes, quem são seus amigos, qual é seu bicho de estimação inseparável, quais são seus poderes, etc.

Prontos os cartazes, deem a cada um deles um título, de acordo com o assunto trabalhado. Depois exponham-nos na mostra **Quadrinhos: eu também faço!**, proposta no capítulo **Intervalo** desta unidade.

Para escrever com adequação

O DIÁLOGO

Leia a fábula a seguir, observando o modo como o texto está organizado na página.

Os animais e a peste

Em certo ano terrível de peste entre os animais, o leão, mais apreensivo, consultou um mono de barbas brancas.

— Esta peste é um castigo do céu — respondeu o mono — e o remédio é aplacarmos a cólera divina sacrificando aos deuses um de nós.

— Qual? — perguntou o leão.

— O mais carregado de crimes.

O leão fechou os olhos, concentrou-se e, depois duma pausa, disse aos súditos reunidos em redor:

— Amigos! É fora de dúvida que quem deve sacrificar-se sou eu. Cometi grandes crimes, matei centenas de veados, devorei inúmeras ovelhas e até vários pastores. Ofereço-me, pois, para o sacrifício necessário ao bem comum.

A raposa adiantou-se e disse:

— Acho conveniente ouvir a confissão das outras feras. Porque, para mim, nada do que Vossa Majestade alegou constitui crime. Matar veados — desprezíveis criaturas; devorar ovelhas — mesquinhos bichos de nenhuma importância; trucidar pastores — raça vil merecedora de extermínio! Nada disso é crime.

São coisas até que muito honram o nosso virtuosíssimo rei leão.

Grandes aplausos abafaram as últimas palavras da bajuladora, e o leão foi posto de lado como impróprio para o sacrifício.

Apresenta-se em seguida o tigre e repete-se a cena. Acusa-se ele de mil crimes, mas a raposa prova que também o tigre era um anjo de inocência.

E o mesmo aconteceu com todas as outras feras.

Nisto chega a vez do burro. Adianta-se o pobre animal e diz:

— A consciência só me acusa de haver comido uma folha de couve da horta do senhor vigário.

Lelis

Os animais entreolhavam-se. Era muito sério aquilo. A raposa toma a palavra:

— Eis, amigos, o grande criminoso! Tão horrível o que ele nos conta, que é inútil prosseguirmos na investigação. A vítima a sacrificar-se aos deuses não pode ser outra, porque não pode haver crime maior do que furtar a sacratíssima couve do senhor vigário.

Toda a bicharada concordou e o triste burro foi unanimemente eleito para o sacrifício.

Aos poderosos, tudo se desculpa; aos miseráveis, nada se perdoa.

(Monteiro Lobato. *Fábulas*. São Paulo: Brasiliense, 1962. p. 91.)

alegar: justificar, argumentar.

aplacar: enfraquecer, abrandar.

apreensivo: preocupado, receoso.

bajulador: aquele que enaltece alguém para obter vantagens; adulador.

mono: designação dada aos macacos em geral.

1. A fábula está organizada em parágrafos. Quantos parágrafos há nela?

2. Nos textos narrativos, há geralmente várias vozes. Uma é a do narrador, que conta a história, e as outras são das personagens, que conversam entre si. Identifique de quem é a voz nos seguintes trechos:

a) "— A consciência só me acusa de haver comido uma folha de couve da horta do senhor vigário."

b) "— Acho conveniente ouvir a confissão das outras feras."

c) "Toda a bicharada concordou e o triste burro foi unanimemente eleito para o sacrifício."

3. Observe, na fábula, o diálogo entre os animais.

a) Que sinal de pontuação indica o início da fala de cada personagem?

b) Para indicar quem está falando, o narrador emprega certos verbos, como **dizer**, presente neste trecho: "A raposa adiantou-se e **disse**". Identifique no texto outros verbos que marcam a fala das personagens.

Você observou na fábula lida que, quando se reproduz um diálogo entre personagens, usa-se o **travessão** para indicar a fala de cada uma.

Para marcar a fala das personagens, empregam-se verbos como **falar**, **dizer**, **responder**, **retrucar**, **exclamar**, **interrogar**, **indagar**, entre outros.

Esses verbos podem aparecer:

- **antes** da fala da personagem:

> "A raposa adiantou-se e **disse**:
> — Acho conveniente ouvir a confissão das outras feras. [...]"

Nesse caso, depois do verbo são empregados **dois-pontos** (:) e a fala da personagem aparece na linha seguinte, iniciada por travessão.

Lelis

- no **meio** da fala da personagem:

> "— Esta peste é um castigo do céu — **respondeu** o mono — e o remédio é aplacarmos a cólera divina sacrificando aos deuses um de nós."

Nesse caso, o trecho que contém o verbo aparece separado da fala por dois travessões.

- **depois** da fala da personagem:

> "— Qual? – **perguntou** o leão."

Nesse caso, o trecho que contém o verbo aparece separado da fala por um travessão.

Costuma-se empregar travessões também com a finalidade de destacar conclusões. Na fábula lida, esse emprego aparece na fala da raposa, no trecho "Matar veados — desprezíveis criaturas; devorar ovelhas — mesquinhos bichos de nenhuma importância; trucidar pastores – raça vil merecedora de extermínio!".

EXERCÍCIO

Leia esta história em quadrinhos, de Ziraldo:

Ziraldo

(*As melhores tiradas do Menino Maluquinho*. São Paulo: Melhoramentos, 2000. p. 92.)

Reproduza em forma de diálogo a fala das personagens da história. Para isso, empregue travessões e verbos como **dizer**, **perguntar**, **indagar**, **responder**, etc.

Escreva um parágrafo inicial, contando brevemente como as personagens se encontraram, em que lugar estão, etc. E escreva outros para explicar o que ocorre no decorrer da história.

A língua em foco

O ADJETIVO

CONSTRUINDO O CONCEITO

Observe a foto abaixo, de Valéria Almeida.

Valéria Almeida

1. Repare nos elementos que compõem a foto.

a) A cena é típica de região urbana ou de região rural?

b) Como é o lugar? Descreva-o.

c) Como está o dia: claro, escuro ou chuvoso?

2. Sobre a menina que se vê na foto, responda:

a) O que ela está fazendo?

b) O que indica tratar-se de uma garota indígena?

c) Como são os cabelos dela?

d) Pela expressão, como você imagina que ela está?

• alegre • triste • pensativa

3. A menina da foto vive na aldeia indígena Sai Cinza, situada no norte do Estado do Pará. Você acha que a vida dela é diferente da sua? Por quê?

CONCEITUANDO

Ao responder às questões anteriores, você certamente empregou palavras que, na língua, desempenham o importante papel de caracterizar os seres. Esse tipo de palavra chama-se **adjetivo**. Enquanto o substantivo é a palavra que nomeia os seres, o adjetivo é a palavra que modifica o substantivo, indicando tamanho, cor, tipo, beleza, defeitos, qualidades, enfim, características do ser nomeado pelo substantivo. Assim, as palavras que indicam características de elementos relacionados à menina (colar **de contas**, pulseira **colorida**, pele **bronzeada**, cabelos **longos**, **lisos** e **negros**, expressão **alegre**) são adjetivos.

> As palavras que modificam os substantivos, atribuindo-lhes certas características, são chamadas de **adjetivos**.

Leia agora este cartaz:

Jery Bruckheimer Films / Walt Disney Pictures

A expressão **do Caribe** caracteriza o substantivo **piratas**, indicando origem, ou seja, caracteriza os piratas como naturais das Ilhas do Caribe. No lugar dessa expressão poderiam ser empregados outros adjetivos. Veja:

piratas	**do Caribe**
	assustadores
	engraçados
	ferozes
	esquisitos
	malvados

A expressão **do Caribe** tem o mesmo valor de um adjetivo; porém, como é formada por mais de uma palavra, recebe o nome de **locução adjetiva**.

Em alguns casos, as locuções adjetivas podem ser substituídas por um adjetivo equivalente. Observe:

cabelos **de seda** = cabelos **sedosos**
piratas **do Caribe** = piratas **caribenhos**

EXERCÍCIOS

Leia a tira a seguir, de Laerte, e responda às questões 1 e 2.

Laerte

(*Folha de S. Paulo*, 4/5/2013. Folhinha.)

1. Na tira, as placas apresentam informações que se ampliam à medida que as personagens avançam.

a) Que locução adjetiva é empregada nas placas para caracterizar a ilha?

b) Que adjetivos são empregados para caracterizar as flores?

c) Qual adjetivo ou locução adjetiva justifica a advertência feita nas placas?

2. Que procedimento utilizado pelo autor produz o suspense observado na tira?

Classificação dos adjetivos

Os adjetivos podem ser classificados em:

simples

São os adjetivos formados por uma só palavra:

laranja **madura** noite **enluarada**

compostos

São os adjetivos formados por duas ou mais palavras:

camiseta **azul-marinho** política **econômico-financeira**

pátrios ou gentílicos

São os adjetivos utilizados para indicar procedência ou nacionalidade:

vinho **português** exército **russo**

EXERCÍCIOS

1. Observe este cartum, de Gilmar:

Gilmar

a) Que adjetivos podem caracterizar as árvores e o lenhador?

b) Caracterize as árvores e a roupa do lenhador, usando adjetivos compostos.

c) Como você acha que as árvores estão se sentindo? Responda empregando na frase um ou mais adjetivos.

2. Com frequência se empregam os adjetivos **ornamental**, **frutífera**, **genealógica** e **natalina** junto com o substantivo **árvore**. Em qual dessas situações a palavra **árvore** não tem seu sentido próprio?

O ADJETIVO NA CONSTRUÇÃO DO TEXTO

Leia esta tira, de Pedro Cobiaco:

(*Folha de S. Paulo*, 5/1/2013. Folhinha.)

1. A personagem da tira fala das vantagens de uma peça de roupa.

a) A referência aos aspectos positivos da roupa é mantida até o final da tira?

b) No balão do 3º quadrinho, que expressão indica que a personagem vai apontar, na sequência, um aspecto negativo da roupa?

2. Observe a linguagem visual da tira.

a) A figura da personagem sofre alteração no decorrer da tira?

b) O cenário em que a personagem se encontra muda de quadrinho a quadrinho. O que essa mudança indica?

3. A personagem admite uma desvantagem no uso da roupa sobre a qual ele fala, mas procura amenizá-la.

a) Qual é essa desvantagem?

b) Quais expressões empregadas nos dois últimos quadrinhos produzem o efeito de amenizar o aspecto negativo da roupa?

4. Observe os balões do 4º quadrinho.

a) No primeiro balão, no trecho "usá-**la** em dias de muito sol e calor", a palavra destacada retoma qual substantivo mencionado anteriormente?

b) No segundo balão, a fala "Mas só um pouco" se refere a qual adjetivo do balão anterior?

Para que servem os adjetivos?

Os adjetivos modificam os nomes, atribuindo-lhes características. Da mesma forma que os substantivos, os adjetivos contribuem para organizar o mundo em que vivemos. Assim, distinguimos uma fruta **doce** de uma **azeda**, um peixe **grande** de um **pequeno** por meio do adjetivo.

Os adjetivos também servem para exprimir nossas impressões e nossos sentimentos diante das coisas e das pessoas. Por exemplo, dizemos paisagem **agradável**, pessoa **delicada**, quadro **bonito**, comida **deliciosa**, experiência **inesquecível**, etc.

5. A fim de caracterizar algo, a personagem emprega vários adjetivos ou locuções adjetivas. Quais caracterizam:

a) a jaqueta?

b) a própria personagem?

c) o estilo da personagem?

d) a jaqueta como acessório?

e) os dias impróprios para o uso da jaqueta?

6. O adjetivo e as locuções adjetivas cumprem um papel fundamental na construção dos sentidos do texto, especialmente na construção do humor. Explique por quê.

SEMÂNTICA E DISCURSO

Leia estes quadrinhos, de Nik:

(*Gaturro*. Cotia-SP: Vergara & Riba, 2008. v. 1, p. 79.)

1. De acordo com a personagem Gaturro, o seu humor é expresso pelos bigodes.
   a) A que substantivo se referem os adjetivos **calmo**, **assustado**, **apaixonado** e **triste**?
   b Em "[com] 99% de umidade", a expressão **de umidade** é locução adjetiva. Que adjetivo poderia substituir essa expressão?

2. O humor dos quadrinhos reside, em grande parte, na relação entre a linguagem verbal e as imagens. O que sugerem os bigodes associados aos estados:
   a) apaixonado?
   b) triste?

3. O auge do humor está no último quadrinho.
   a) Qual é a consequência da umidade para os bigodes de Gaturro?
   b) A umidade é um estado de humor? Explique por que a referência à umidade na fala de Gaturro torna a tira engraçada.

4. Refaça as frases a seguir, substituindo o adjetivo **bela** por outro de sentido mais específico.
   a) Minha mãe fez uma **bela** macarronada hoje.
   b) Essa é a mais **bela** canção que já ouvi.
   c) Ele obteve uma **bela** nota na redação.
   d) Daiane dos Santos fez uma **bela** apresentação de ginástica e obteve a nota máxima.
   e) Não se preocupe! Um **belo** dia ele vem visitá-la.

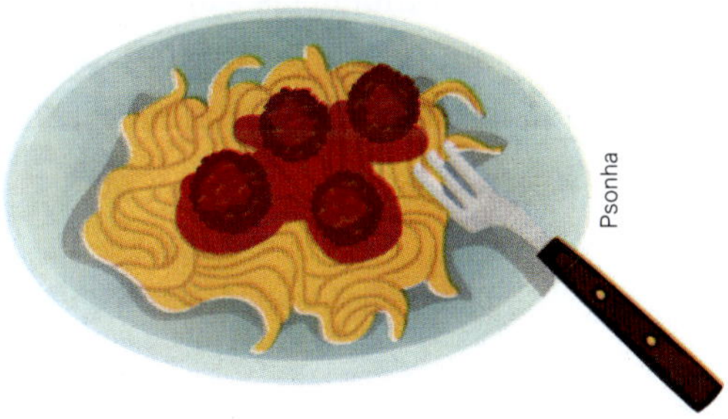

DÍGRAFO E ENCONTRO CONSONANTAL

Leia o texto:

Gregg DeGuire/FilmMagic/Getty Images

Em 1991, o carioca Carlos Saldanha deixou o Brasil para fazer um curso de animação em Nova York. Destacou-se nas aulas e, ao contrário do que se espera, preferiu ser contratado por um estúdio pequeno a aceitar convites da Disney e da Pixar.

Membro da Blue Sky há 18 anos, ele é responsável por sucessos como [...] "A Era do Gelo" — o primeiro ele codirigiu — e pelo fenômeno "Rio", que arrecadou 470 milhões de dólares nas bilheterias [...].

Brasileiro de destaque neste mercado restrito, Saldanha conta como é trabalhar com animação e como o nosso mercado é visto lá fora:

Quando surgiu o interesse por animação?

Sempre tive interesse por desenho, arte, mas fazia isso como *hobbie*. Quando fui optar por uma profissão, escolhi algo relacionado com informática, que eu também gostava muito. Mas, depois que comecei a trabalhar com computação, senti falta da arte. Foi então que vi vinhetas, comerciais de televisão e curtas que utilizavam computação e decidi correr atrás disso.

[...]

Longas de animação hoje em dia já concorrem ao Oscar de melhor filme. O estigma de que animação é apenas para crianças acabou? O público leva mais a sério esse tipo de produção?

Sem dúvida nenhuma. Hoje em dia, animação é brincadeira de gente grande. Nas bilheterias, os filmes de animação estão no topo da lista. São poucos os produtos de cinema que conseguem abranger quase todas as faixas etárias como as animações.

[...]

Quanto tempo em média se leva para fazer uma animação, desde o momento da idealização até o lançamento?

De três a quatro anos. Mesmo quando os recursos eram mais escassos, o período era o mesmo, porque, conforme a tecnologia vai te ajudando a eliminar limitações, você também começa a pensar mais alto. A rapidez com que os processos são feitos é compensada pelo aumento da criatividade.

Quais são as maiores influências para o seu trabalho?

São desenhos que eu vejo desde pequeno, como os clássicos da Disney. Gosto muito de Pinóquio, Bambi e Dumbo. Até hoje também adoro Tom & Jerry. Assisto com minhas crianças. Mas duas grandes influências são Charles Chaplin e Buster Keaton, que atuavam no cinema mudo e conseguiam expressar sentimentos sem precisar falar nada.

[...]

(Catarina Cicarelli/Abril Comunicações S/A. http://vejasp.abril.com.br/materia/carlos-saldanha-a-producao-brasileira-pouco-conhecida-la-fora)

Rio. Direção: Carlos Saldanha. Twentieth Century Fox Animation. 2011. 96 min.

Observe estas palavras do texto:

atrás	público	desenho	profissão

a) Nos encontros das letras **tr**, **bl**, **nh** e **ss**, em quais deles as duas letras correspondem a um único fonema?

b) Repare na correspondência entre o número de letras e o número de fonemas nas palavras:

atrás	desenho
/atras/	/dezeñu/

Quantas letras e quantos fonemas tem cada uma delas?

Observando as palavras **atrás** e **desenho**, verificamos que:

- na palavra **atrás** há uma sequência de consoantes (tr), isto é, um **encontro consonantal**;
- na palavra **desenho**, o número de letras não coincide com o número de fonemas; as letras **n** e **h**, juntas, representam um único fonema, /ɲ/ ("nhê"). Nesse caso, ocorre **dígrafo**.

Encontro consonantal é a sequência de consoantes em uma mesma palavra.
Dígrafo é a combinação de duas letras que representam um único fonema.

Além de **nh**, são também dígrafos:

lh (som "lhê") — ma**lh**a	**am**, **an** (som "ã") — s**am**ba, m**an**teiga
ch (som "chê") — **ch**inelo	**em**, **en** (som "ẽ") — t**em**po, p**en**te
qu (som "quê") — **qu**erer	**im**, **in** (som "ĩ") — **im**posto, **in**color
gu (som "guê") — san**gu**e	**om**, **on** (som "õ") — s**om**, gering**on**ça
rr (som "rê") — ca**rr**uagem	**um**, **un** (som "ũ") — **um**bu, m**un**do
ss, **sc**, **sç**, **xc** (som "sê") — bo**ss**a, de**sc**er, de**sç**a, e**xc**eção	

EXERCÍCIOS

1. Quantas letras e fonemas tem cada uma das seguintes palavras do texto lido?

hoje	clássicos
Pinóquio	longa
escassos	bilheterias

2. Em quais das palavras abaixo ocorre dígrafo?

interesse	vinhetas	Saldanha
quatro	gente	correr
trabalhar	optar	rapidez

3. Identifique os encontros consonantais presentes nas palavras:

restrito	escolhi	enfrenta
procura	influências	público
abranger	Chaplin	

Divirta-se

Olho mágico

Quer ver a imagem abaixo em 3D? É muito fácil. Siga estas instruções:

- Com as duas mãos, segure o livro na frente de seu rosto.
- Aproxime lentamente a imagem do rosto, até o nariz tocar o centro da figura.
- Vá afastando lentamente a figura, até começar a visualizar a imagem com efeitos de profundidade. Quanto mais longe ficar a figura de seus olhos, melhor vai ser a impressão de profundidade.

N.E. Thing Enterprises

(*Magic eye — A new way of looking at the world.* Kansas: N. E. Thing, 1994. p. 7.)

CAPÍTULO 3

Uma questão de valor

Quanto vale o seu cachorro ou o seu gato? Quanto vale aquele brinquedo com o qual você gosta de brincar? Quanto vale uma amizade? Afinal, será que tudo na vida tem um preço?

Negócio de menino com menina

O menino, de uns dez anos, pés no chão, vinha andando pela estrada de terra da fazenda com a gaiola na mão. Sol forte de uma hora da tarde. A menina de uns nove anos ia de carro com o pai, novo dono da fazenda. Gente de São Paulo. Ela viu o passarinho na gaiola e pediu ao pai:

— Olha que lindo! Compra pra mim?

O homem parou o carro e chamou:

— Ô menino.

O menino voltou, chegou perto, carinha boa. Parou do lado da janela da menina. O homem:

Ricardo Dantas

— Este passarinho é pra vender?

— Não senhor.

O pai olhou para a filha com uma cara de deixa pra lá. A filha pediu suave como se o pai tudo pudesse:

— Fala pra ele vender.

O pai, mais para atendê-la, apenas intermediário:

— Quanto você quer pelo passarinho?

— Não tou vendendo não senhor.

A menina ficou decepcionada e segredou:

— Ah, pai, compra.

Ela não considerava, ou não aprendera ainda, que negócio só se faz quando existe um vendedor e um comprador. No caso, faltava o vendedor. Mas o pai era um homem de negócios, águia da Bolsa, acostumado a encorajar os mais hesitantes ou a virar a cabeça dos mais recalcitrantes:

— Dou dez mil.

— Não senhor.

— Vinte mil.

— Vendo não.

O homem meteu a mão no bolso, tirou o dinheiro, mostrou três notas, irritado.

— Trinta mil.

— Não tou vendendo, não, senhor.

O homem resmungou "que menino chato" e falou pra filha:

— Ele não quer vender. Paciência.

A filha, baixinho, indiferente às impossibilidades da transação:

— Mas eu queria. Olha que bonitinho.

O homem olhou a menina, a gaiola, a roupa encardida do menino, com um rasgo na manga, o rosto vermelho de sol.

— Deixa comigo.

Levantou-se, deu meia-volta, foi até lá. A menina procurava intimidade com o passarinho, dedinho nas gretas da gaiola.

O homem, maneiro, estudando o adversário:

— Qual é o nome deste passarinho?

— Ainda não botei nome nele, não. Peguei ele agora.

O homem, quase impaciente:

— Não perguntei se ele é batizado não, menino. É pintassilgo, é sabiá, é o quê?

— Aaaah. É bico-de-lacre.

A menina, pela primeira vez, falou com o menino:

— Ele vai crescer?

O menino parou os olhos pretos nos olhos azuis.

— Cresce nada. Ele é assim mesmo, pequenininho.

O homem:

— Canta?

— Canta nada. Só faz chiar assim.

— Passarinho besta, hein?

— É. Não presta pra nada, é só bonito.

— Você pegou ele dentro da fazenda?

— É. Aí no mato.

— Essa fazenda é minha. Tudo que tem nela é meu.

Ricardo Dantas

águia: em sentido figurado, pessoa de grande talento e perspicácia, notável.

encorajar: animar, estimular alguém.

greta: fenda, abertura estreita.

hesitante: que hesita, indeciso, vacilante.

intermediário: que intervém, mediador, árbitro.

maneiro: hábil, jeitoso.

recalcitrante: obstinado, teimoso.

transação: combinação, ajuste, operação comercial.

Procure no dicionário outras palavras que você desconheça.

O menino segurou com mais força a alça da gaiola, ajudou com a outra mão nas grades. O homem achou que estava na hora e falou já botando a mão na gaiola, dinheiro na outra mão.

— Dou quarenta mil! Toma aqui.

— Não senhor, muito obrigado.

O homem, meio mandão:

— Vende isso logo, menino. Não tá vendo que é pra menina?

— Não, não tou vendendo não.

— Cinquenta mil! Toma! — e puxou a gaiola.

Com cinquenta mil se comprava um saco de feijão, ou dois pares de sapatos, ou uma bicicleta velha.

O menino resistiu, segurando a gaiola, voz trêmula.

— Quero não senhor. Tou vendendo não.

— Não vende por que, hein? Por quê?

O menino acuado, tentando explicar:

— É que eu demorei a manhã todinha pra pegar ele e tou com fome e com sede, e queria ter ele mais um pouquinho. Mostrar pra mamãe.

O homem voltou para o carro, nervoso. Bateu a porta, culpando a filha pelo aborrecimento.

— Viu no que dá mexer com essa gente? É tudo ignorante, filha. Vam'bora.

O menino chegou pertinho da menina e falou baixo, pra só ela ouvir:

— Amanhã eu dou ele pra você.

Ela sorriu e compreendeu.

(Ivan Ângelo. *O ladrão de sonhos e outras histórias*. São Paulo: Ática, 1994. p. 9-11.)

Ricardo Dantas

Quem é Ivan Ângelo?

O escritor Ivan Ângelo (1936) nasceu em Barbacena, Minas Gerais, e, ainda menino, mudou-se para Belo Horizonte, onde estudou e aprendeu a gostar de literatura.

Em 1961, aos 23 anos, ganhou o Prêmio Cidade de Belo Horizonte, com o livro *Duas faces*, publicado em parceria com Silviano Santiago. Em 1976, já vivendo em São Paulo, ganhou o Prêmio Jabuti, com o romance *A festa*. Em 1994, publicou *O ladrão de sonhos*, seu primeiro livro infantojuvenil. No ano seguinte, lançou *Amor?*, romance com o qual voltou a ganhar o Prêmio Jabuti.

Atualmente, além de romancista, contista e cronista, atua como jornalista, professor e tradutor.

Estudo do texto

COMPREENSÃO E INTERPRETAÇÃO

1. O texto trata de uma "negociação" entre pessoas de nível social diferente: o menino, de um lado, e o homem e a menina, de outro.

a) Que dados do texto comprovam que o menino é pobre?

b) Que dados do texto comprovam que o homem e sua filha são ricos?

c) Supostamente, quem tem mais força para vencer na negociação? Por quê?

2. Mesmo diante das negativas do menino, a menina insiste em que o pai compre o passarinho. O que esse comportamento revela sobre o tipo de mundo em que ela vive?

3. O pai, homem experiente no mundo dos negócios, usa estratégias para convencer o menino e, nessas tentativas, vai ficando cada vez mais irritado.

a) Qual é a primeira estratégia?

b) Já desistindo da compra, diante da insistência da filha o pai tenta novamente. Que nova estratégia ele usa?

c) Com que argumento o pai da menina pretendia encerrar a negociação?

4. No final do texto, no auge da irritação, o homem diz à filha: "Viu no que dá mexer com essa gente? É tudo ignorante, filha. Vam'bora".

a) Podemos comparar o homem do texto com a raposa da fábula "A raposa e as uvas". Por quê?

b) O que essa fala do homem revela em relação ao menino e à sua gente?

5. O passarinho tem um valor ou um significado diferente para cada umas das personagens.

a) Que valor o passarinho tem para o pai da menina?

b) E que valor ele tem para o menino e para a menina?

6. Pelo final da história, você acha que o menino deu uma lição na menina e no pai dela? Por quê?

A LINGUAGEM DO TEXTO

1. Observe algumas falas das personagens do texto:

> "— Você pegou ele dentro da fazenda?" (pai da menina)
> "— Fala pra ele vender." (menina)
> "— Ainda não botei nome nele, não. Peguei ele agora." (menino)

a) Para se comunicar, as personagens usam a língua de acordo com a norma-padrão?

b) Na situação em que elas se encontram — uma conversa entre um adulto e duas crianças —, o uso dessa variedade é adequado? Por quê?

c) Como você acha que o pai da menina diria a primeira frase se ele estivesse trabalhando na Bolsa?

2. Compare estas duas falas do menino:

> "— Ainda não botei nome nele, não."
> "— Não, não tou vendendo não."

a) O que você vê de semelhante nelas?

b) Que efeito de sentido provoca essa característica observada?

Diomedia/DK Images

3. Observe esta construção:

> "Levantou-se, deu meia-volta, foi até lá. [...]
> — Qual é o nome deste passarinho?"

a) Pelo emprego do pronome demonstrativo **deste**, você supõe que o pai da menina esteja perto ou longe do passarinho? Por quê?

b) Que outra palavra do texto confirma sua resposta?

LEITURA EXPRESSIVA DO TEXTO

Leia com outros dois colegas o diálogo entre o homem, o menino e a menina, cada um fazendo a vez de uma personagem. Ao ler, procure dar às falas o tom da personagem, isto é, o homem deve mostrar sua irritação crescente e, na fala final, aborrecimento; a menina deve falar num tom manhoso, mostrar que é minada, caprichosa; e o menino deve mostrar resistência, depois medo.

Trocando ideias

1. Na última oferta de compra, o homem ofereceu ao menino cinquenta mil, quantia suficiente para comprar um saco de feijão, ou dois pares de sapato, ou uma bicicleta usada. Considerando que o passarinho era "besta", não cantava, não prestava para nada, era só bonito, você, no lugar do menino, teria ou não vendido o passarinho? Por quê?
2. Discuta com seus colegas: É correto aprisionar e comercializar passarinhos ou outros animais da fauna brasileira? Por quê?

ler é reflexão

(Caulos. *Vida de passarinho*. 2. ed. Porto Alegre: L&PM, 1989. p. 6.)

Produção de texto

HISTÓRIA EM QUADRINHOS (III)

Como se faz uma história em quadrinhos

Antes de fazer uma história em quadrinhos, é necessário criar as personagens, desenhando-as, e, ao mesmo tempo, já ir imaginando suas características, isto é, como elas serão fisicamente, como será seu comportamento, como falarão, etc.

Leia esta tira:

(Mauricio de Sousa. *Magali*, nº 27, p. 162.)

1. Observe a personagem Magali.

a) Que característica marcante da personagem se evidencia na tira?

b) Como essa característica é evidenciada?

c) No 3º quadrinho, que elementos da imagem confirmam esse traço da personagem Magali?

2. Na tira, há a presença do gênio da lâmpada, personagem do conhecido conto "Aladim e a lâmpada maravilhosa", da coletânea árabe *As mil e uma noites*.

a) No conto, o que possibilita ao gênio alojar-se em uma lâmpada?

b) Que elementos da tira remetem o leitor diretamente à personagem da história *As mil e uma noites*?

3. As histórias em quadrinhos costumam apresentar um título. Já as tiras, que são histórias formadas por três ou mais quadros, geralmente não têm título. Se você tivesse que atribuir um título a essa tira, qual seria?

Quando lemos uma história em quadrinhos, nós **vemos** as personagens e sabemos, portanto, como elas são fisicamente. Suas características psicológicas nos são reveladas por suas ações, expressões e gestos, pela maneira como se comportam e se vestem, pelo que falam, etc. Esses traços aparecem nos desenhos e nas atitudes, nas falas e nos pensamentos das personagens.

O autor se vale das características tanto físicas quanto psicológicas das personagens para criar suas histórias.

O primeiro e o último quadrinho

O **título** de uma história em quadrinhos é colocado geralmente antes do primeiro quadrinho ou é incluído nele. Às vezes, antes do título, aparece também o nome da personagem ou da turma de personagens que vive a história.

Quando não há título, é comum aparecer no primeiro quadrinho ou antes dele o nome da personagem principal.

Os títulos costumam ser escritos com letras maiúsculas, bem maiores que as letras dos textos dos balões. As letras apresentam formatos variados e podem também conter um desenho, constituído por algum detalhe relacionado com o assunto da história.

Embora muitos trechos das histórias em quadrinhos possam ser engraçados, é geralmente no último quadrinho que se dá o ponto alto da história, ou seja, o momento mais engraçado.

A maioria das histórias em quadrinhos costuma apresentar, no último quadrinho, a palavra **fim**.

Ziraldo

(*As melhores tiradas do Menino Maluquinho.* São Paulo: Melhoramentos, 2000. p. 14.)

As etapas de produção

Antes de ficar pronta para ser publicada, uma história em quadrinhos passa por várias etapas.

O argumento e o esboço

Primeiramente, o argumentista (um desenhista ou um escritor) cria um pequeno texto, chamado **argumento**, que é uma espécie de resumo da história, e faz um rascunho, já dividido em quadrinhos e na sequência correta. Nesse rascunho, traça o **esboço** das personagens, escreve suas falas, seus pensamentos e as legendas e dá indicações sobre o cenário.

Jean Galvão

O desenho

O desenhista recebe esse material, com o texto revisado, e desenha os quadrinhos, normalmente a lápis (para permitir correções), acrescenta balões, falas, onomatopeias, etc.

Jean Galvão

Acabamento

Finalmente, o arte-finalista faz o acabamento. Com tinta nanquim preta, cobre os desenhos, incluindo os balões, as falas, os pensamentos e as legendas, limpa os sinais de lápis, faz retoques. A última etapa fica por conta do colorista, que aplica as cores.

Jean Galvão

AGORA É A sua vez

Vamos fazer, em grupo, histórias em quadrinhos?

Planejamento do texto

- Desenhem uma ou duas personagens com características bem-definidas. Se possível, consultem os livros indicados na abertura desta unidade, na seção **Fique ligado! Pesquise!**.
- Coloquem-se no papel de um argumentista e criem o texto da história. Lembrem-se: a linguagem empregada nos diálogos entre as personagens é parecida com a que usamos no dia a dia. Assim, vocês podem usar a variedade linguística que normalmente usam quando falam com os colegas.

- Façam um rascunho da história: em quadrinhos e na sequência correta, esbocem as personagens e escrevam suas falas, seus pensamentos e as legendas, além de onomatopeias, se houver.
- Numa folha de papel sulfite, desenhem os quadrinhos, as personagens e os balões, dispondo-os em sequência, de acordo com a história que criaram. Escrevam as falas e os pensamentos, as onomatopeias e interjeições, se houver. Lembrem-se: as falas são escritas em letras de fôrma, maiúsculas; depois das onomatopeias e interjeições, usa-se o ponto de exclamação.
- Completem os quadrinhos com desenhos que mostrem o lugar em que acontece a história.
- Acertem os detalhes finais: coloquem o título da história no 1º quadrinho e a palavra **fim** no último.

Revisão e reescrita

Antes de finalizar a produção da história em quadrinhos, revisem-na, observando os critérios apontados no capítulo 1 desta unidade, na página 94. Feita a revisão, apliquem cores aos desenhos. Usem lápis de cor ou tinta para colorir as personagens, o cenário e o fundo dos quadrinhos, indicando por meio de uma ou mais cores se é dia ou noite.

Depois de concluída a versão final da história, guardem-na para ser apresentada na mostra **Quadrinhos: eu também faço!**, a ser montada no capítulo **Intervalo**.

A língua em foco

FLEXÃO DOS SUBSTANTIVOS E DOS ADJETIVOS: GÊNERO E NÚMERO

CONSTRUINDO O CONCEITO

Leia o poema:

Lavradores no rio Weichuan

O pôr do sol resplandece
na aldeia.
O gado chega,
de volta pela trilha.
O avô, de bengala,
junto ao portão da vinha,
perto dos espinheiros,
espera pelo menino pastor.
Os faisões chamam.
O trigo flameja.
Nas amoreiras nuas,
dormem os bichos-da-seda.
Com enxadas nos ombros
os lavradores retornam.
Alegres, reencontram-se,
e jogam conversa fora.
Atrás dessa vida tranquila,
um dia aqui cheguei;
e, suspirando, lhe digo:
se tudo vai de mal a pior,
venha e fique também.

Fine Art Images/Heritage Image/Grupo Keystone

(Wang Wei. *Poemas clássicos chineses*. Tradução de Wang Wei. Porto Alegre: L&PM, 2012. p. 235.)

1. O poema descreve o final de um dia no campo. Qual substantivo indica esse momento?

2. No cenário descrito no poema, destacam-se seres dos reinos animal e vegetal em situações relacionadas a ações. Quais são os substantivos que designam esses seres?

3. O eu lírico também faz parte do cenário que descreve. Em que verso do poema isso fica evidenciado?

4. A quem o eu lírico se dirige no poema? Com que finalidade?

5. Veja, no verso 9, o plural de **faisão**. A palavra **portão**, empregada no verso 6, é pluralizada da mesma maneira? E as palavras **mão** e **pão**?

6. O plural de **lavrador** é **lavradores**. Então, qual é o plural de **pastor** e de **pôr do sol**?

7. O plural de **bicho-da-seda** é **bichos-da-seda**. E o plural das locuções **pé de moleque** e **olho de sogra**, qual é?

8. No trecho do poema "O avô [...] espera pelo menino pastor", como ficaria a palavra **avô** se quem esperasse pelo menino fossem o avô e a avó, juntos?

9. A afirmação de que os lavradores "jogam conversa fora" (verso 16) quer dizer que esses trabalhadores:

a) conversam sem compromisso.

b) conversam seriamente.

c) tratam de assuntos da comunidade.

d) se agridem uns aos outros.

10. O eu lírico afirma que, ao chegar ao lugar que descreve, buscava a vida tranquila que ali encontrou.

a) Que adjetivo pode ser empregado para caracterizar a vida anterior do eu lírico?

b) Que verso do poema faz referência a uma situação de vida que é o contrário de tranquilidade?

CONCEITUANDO

No poema, o substantivo **vida** vem acompanhado do adjetivo **tranquila**. Esse adjetivo se apresenta no mesmo gênero e no mesmo número que o substantivo ao qual ele se refere, isto é, no feminino e no singular. Se o substantivo estivesse no plural, o adjetivo teria de acompanhá-lo, ou seja, teria de estar também no plural. Então, teríamos:

vidas tranquilas

Essas variações que as palavras sofrem, de acordo com as exigências gramaticais de cada situação, são chamadas de **flexões**.

Em português, os substantivos e os adjetivos sofrem flexão de gênero e número. As variações de aumentativo e diminutivo dessas classes de palavras serão vistas mais tarde, em outro capítulo.

Flexão dos substantivos

Gênero

A noção de gênero na língua portuguesa costuma ser associada ao sexo dos seres. Entretanto, não devemos confundir sexo dos seres com gênero das palavras, pelas seguintes razões:

Psonha

- Todos os substantivos do português possuem gênero, tanto os referentes a pessoas e animais quanto os referentes a coisas. Veja os exemplos:

o gato	o livro
a gata	a caneta

- Mesmo substantivos que se referem a pessoas ou animais apresentam, muitas vezes, diferenças entre sexo e gênero. Veja:

a vítima — é sempre feminino   o fantasma — é sempre masculino

Assim, o gênero (masculino ou feminino) da palavra nem sempre indica o sexo do ser; é apenas um princípio convencional, isto é, combinado, da língua.

O feminino dos substantivos geralmente é formado pela troca de **-o** por **-a** ou pelo acréscimo da vogal **-a** no final da palavra. Veja:

rat**o** – rat**a**   leitor – leitor**a**

Psonha

Observação

Há substantivos que admitem dois gêneros; entretanto, o significado da forma masculina é diferente do significado da forma feminina. Veja alguns exemplos:

o cobra: o mais inteligente	o lotação: veículo usado para transporte coletivo
a cobra: réptil	a lotação: o número máximo de ocupantes de um local

EXERCÍCIOS

1. Leia este texto, de Mário Quintana:

Restaurante

I

A lagosta tem a cor, o frescor, o sabor das antigas moringas de barro.

II

... e essa sensação de roçar na face a pele perfumada do pêssego, como se ele fosse uma pêssega...

[...]

(*A vaca e o hipogrifo*. Rio de Janeiro: Objetiva, 2012. p. 27.)

Psonha

No trecho II, o poeta rompe com a convenção de gênero da língua. Que noção ele associa à flexão **pêssego/pêssega**?

- quantidade
- dimensão
- sexo

2. A palavra **grama**, no feminino, significa gramínea de jardim; no masculino, significa unidade de peso. Suponha que você vá ao mercadinho comprar 800 gramas de grão-de-bico. Ao fazer seu pedido ao vendedor, o que você diria?

3. Leia este trecho de uma reportagem:

País vira campo fértil para uso de laranjas

[...]

Há laranja dos mais variados tipos. Desde o laranja político, identificado nas CPIs do Congresso, até o laranja virtual que surge na Internet para vender produtos de empresas de fachada, que não são entregues ao consumidor.

Cidadãos honestos, na maioria das vezes com pouca instrução e baixo poder aquisitivo, transformam-se em laranjas inconscientes ao assinar, sem saber, procurações utilizadas pelos fraudadores para abrir empresas de fachada. Documentos perdidos ou roubados são também instrumentos fáceis nas mãos de grupos criminosos para a criação de laranjas. [...]

(*O Estado de S. Paulo*, 21/10/2007.)

Estúdio BR

O substantivo **laranja** tem significados diferentes quando colocamos antes dele os artigos **o** ou **a**.

a) Ao ler o título do texto, que sentido o leitor normalmente atribui à palavra **laranja**?

b) Com qual sentido o autor da reportagem empregou essa palavra?

4. Leia esta tira, de Caco Galhardo:

Caco Galhardo

(*Folha de S. Paulo*, 20/06/2005.)

O substantivo **moral** tem significados diferentes quando colocamos antes dele **o** ou **a**. Procure no dicionário o significado de **o moral** e **a moral**.

a) No 2º quadrinho, de acordo com o contexto, a personagem empregou adequadamente essa palavra? Por quê?

b) Levante hipóteses: Por que, no último quadrinho, a personagem mantém o substantivo **moral** no feminino?

Número

A maior parte dos substantivos forma o plural com o acréscimo da letra **-s**. Observe:

telha — telha**s**

Entretanto, o modo de formar o plural pode variar, dependendo da terminação das palavras. Veja:

- substantivos terminados em **-r**, **-s** ou **-z** → acrescenta-se **-es**:

radar — radar**es**   gás — gas**es**   noz — noz**es**

- substantivos terminados em **-l**, precedidos de **a**, **e**, **o**, **u** → substitui-se **-l** por **-is**:

jorna**l** — jorna**is**   pape**l** — papé**is**   lenço**l** — lençó**is**   pau**l** — pau**is**

Thinkstock/Getty Images

Atenção: **-il** (oxítonas): can**il** – can**is**   fuz**il** – fuz**is**
-il (paroxítonas): projét**il** – projét**eis**   répt**il** – répt**eis**

- substantivos terminados em **-ão** → substitui-se **-ão** por **-ãos**, **-ães** ou **-ões**:

m**ão** — m**ãos**   p**ão** — p**ães**   mam**ão** — mam**ões**

- substantivos terminados em **-zito**, **-zinho** → pluraliza-se a palavra-base e também a terminação:

anel**zinho** — ane**izinhos**   limão**zinho** — lim**õe**zinhos

- substantivos paroxítonos terminados em **-s** e **-x** → são invariáveis:

o pires — os pires   o tórax — os tórax

EXERCÍCIOS

1. Leia o texto poético abaixo. Depois, reescreva-o, empregando no plural as palavras que estão entre parênteses, e releia-o.

Sol doce,
rios e montanhas (esplêndido).
Aroma de (flor) e de (erva),
no vento da primavera.
Por sobre a terra em degelo,
voam as andorinhas.
Na areia tépida,
Cochilam patos (mandarim).

Tânia Ricci

(Du Fu. *Poemas clássicos chineses*. Tradução de Sérgio Capparelli. Porto Alegre: L&PM, 2012. p. 161.)

2. Reescreva as frases, passando para o plural os substantivos e os adjetivos destacados e fazendo as adaptações necessárias:

a) O **cidadão** acha **útil** o **serviço** de atendimento ao **consumidor** feito pelo comércio local.

b) O **gás natural** é um **excelente combustível** para **automóvel**, **caminhão**, **ônibus** e **moto**.

c) O **ancião** desceu o **degrau** apoiando-se no **corrimão**.

3. Reescreva as frases, empregando no plural os substantivos em destaque:

a) No interior ainda há casas com **quintal** e **pomar**.

b) Minha mãe prefere que eu coma **mamão**, **melão**, e não apenas **pão** e **pastel**.

c) O **nadador** tem o **tórax** bem desenvolvido.

d) Para entender a **questão**, era preciso ter **noção** de matemática.

4. Reescreva as frases, empregando no diminutivo e no plural os substantivos em destaque:

a) O **pardal** é um pássaro comum, mas bonitinho.

b) Comprei um **mamão** bem verde.

c) Adoro dormir em **lençol** de algodão.

d) Seu **coração** é muito bondoso.

5. Observe a placa que aparece na foto ao lado.

A flexão do substantivo **irmão** está de acordo com as regras da norma-padrão? Justifique sua resposta.

O Brasil das placas/José Eduardo Rodrigues Camargo e André Luis Fontenelle. 1. ed. São Paulo: Panda Books, 2007

(*O Brasil das placas – Viagem por um país ao pé da letra.* José Eduardo Camargo e L. Soares. São Paulo: Panda Books, 2007. p. 82-3.)

Flexão dos adjetivos

Gênero

O feminino dos adjetivos geralmente é formado do mesmo modo que o dos substantivos, isto é, com a troca de **-o** por **-a** ou o acréscimo da vogal **-a** no final da palavra. Veja:

lindo – linda   espaçoso – espaçosa   chinês – chinesa

Há adjetivos, porém, que têm uma só forma para o masculino e para o feminino. Observe:

exercício **fácil** – leitura **fácil**   menino **inteligente** – garota **inteligente**

Alguns podem oferecer certa dificuldade quanto à formação do feminino. Veja estes exemplos:

europeu – europeia	judeu – judia	são – sã
chorão – chorona	mau – má	ateu – ateia
cristão – cristã	nu – nua	bom – boa

Número

Quanto ao número, a flexão dos adjetivos é semelhante à dos substantivos. Veja:

mulher **feliz** – mulheres **felizes**   papel **azul** – papéis **azuis**

A FLEXÃO DOS SUBSTANTIVOS E DOS ADJETIVOS NA CONSTRUÇÃO DO TEXTO

Leia o texto ao lado, do poeta e compositor Arnaldo Antunes.

> **Neto e neta são netos, no masculino. Filho e filha são filhos, no masculino. Pai e mãe são pais, no masculino. Avô e avó são avós.**
>
> (*As coisas*. 6. ed. São Paulo: Iluminuras, 1998. p. 28.)

1. No texto, o autor se refere a uma característica da flexão dos substantivos na língua portuguesa. Qual é essa característica?

2. Qual é o plural de **avó**? E de **avô**?

3. A soma de **avô** e **avó** surpreende quanto à flexão.

a) Por que ela surpreende?

b) Em alguns substantivos e adjetivos da língua portuguesa, quando empregados no plural, o som fechado **ô** da sílaba pronunciada com mais força transforma-se no som aberto **ó**. É o caso, por exemplo, do substantivo **tijolo**, cujo plural é **tijolos** (som de **ó**). Considerando essa particularidade, tente encontrar uma explicação para o plural **avós** resultante da soma de **avô** e **avó**.

4. Considerando as respostas das questões anteriores, você acha que a língua portuguesa apresenta características "machistas" quanto a esse tipo de flexão do substantivo?

SEMÂNTICA E DISCURSO

Leia a tira a seguir, de Angeli, e responda às questões de 1 a 3.

(*Folha de S. Paulo*, 26/3/2002.)

1. Bibelô, na maioria das tiras em que aparece como personagem, costuma apresentar um comportamento de quem não aceita a igualdade de direitos entre o homem e a mulher. Que palavra empregada por Bibelô na tira confirma essa característica dele?

2. Releia o 2º quadrinho.

a) O que Bibelô quis dizer ao afirmar que ele está "uma perfeita baleia"?

b) Nesse caso, a palavra **baleia** indica sexo?

3. No último quadrinho Bibelô faz uma ressalva quanto ao sexo da baleia.

a) Qual é o masculino do substantivo **baleia**?

b) Por que, na sua opinião, ele empregou a palavra **macho** junto à palavra **baleia**?

c) Na sua opinião, se Bibelô empregasse a forma masculina de **baleia**, a tira continuaria sendo engraçada?

4. Observe o emprego das palavras **jeito**, **jeitinho** e **jeitão** nestas três situações:

- Um anúncio diz: "A Azeitex descobriu o **jeitinho** português de fabricar azeite virgem".
- Um político diz: "Meus amigos, o Brasil tem **jeito**!".
- Uma mãe diz ao filho: "Quando você vai mudar esse **jeitão** de se vestir?".

Por que não é possível substituir **jeitinho** por **jeito** e **jeitão**, e vice-versa, nos enunciados?

de OLHO na escrita — ENCONTROS VOCÁLICOS

Leia este poema, de Paulo Netho:

Descoberta

A Bia
dizia coisas
e ria,
só alegria.

Só que ela
não sabia
o que era
que dizia.

Mas, um dia,
descobriu
que tudo o que não sabia
mas dizia
era aquilo que se chama
Poesia.

Filipe Rocha

(*Poesia Futebol Clube e outros poemas*. São Paulo: Formato, 2007. p. 35.)

Nas palavras **Bia** e **coisas**, empregadas no poema, a letra **i** é pronunciada de maneiras diferentes.

a) Em qual das palavras a letra **i** é pronunciada de maneira mais forte?

b) E de maneira mais fraca?

A diferença que você observou acima ocorre entre muitas outras palavras, como, por exemplo, **aí** e **ai**, **país** e **pais**, **saúde** e **saudade**.

Em **aí**, **país** e **saúde**, o **i** e o **u** são pronunciados de maneira mais forte; já nas palavras **ai**, **pais** e **saudade**, o **i** e o **u** são pronunciados de maneira mais fraca. Trata-se, portanto, de sons diferentes: no primeiro caso, **i** e **u** são vogais; no segundo caso, **i** e **u** são semivogais.

Vogal é o som forte de uma sílaba. Cada vogal corresponde a uma sílaba.

Semivogal é o som de **i** ou **u** quando pronunciados de forma fraca. Uma semivogal aparece em uma sílaba sempre acompanhada de uma vogal. Veja:

B**i**-**a**: vogal, vogal
c**oi**-sas: vogal, semivogal

Nas duas palavras, ocorre encontro vocálico.

Encontro vocálico é a sequência de fonemas vocálicos — vogal e semivogal — em uma mesma sílaba ou em sílabas diferentes.

Existem três tipos de encontros vocálicos: **hiato**, **ditongo** e **tritongo**.

Hiato

É o encontro de duas vogais. Como em uma mesma sílaba só há uma vogal, as vogais do hiato ficam sempre em sílabas diferentes. Veja:

l**u**-**a**: vogal, vogal
s**a**-**í**-da: vogal, vogal
b**a**-**ú**: vogal, vogal
c**o**-**o**-pe-rar: vogal, vogal

Observação

Os ditongos classificam-se em:

- **crescentes:** quando pronunciamos primeiro a semivogal e depois a vogal (a pronúncia vai do som mais fraco para o mais forte):

  ág**ua** = semivogal **u** + vogal **a**

- **decrescentes:** quando pronunciamos primeiro a vogal e depois a semivogal (a pronúncia vai do som mais forte para o mais fraco):

  ouro = vogal **o** + semivogal **u**

Ditongo

É o encontro de uma vogal e uma semivogal. Como uma semivogal precisa do apoio de uma vogal para formar sílaba, o ditongo não pode ser dividido silabicamente. Veja:

ou-v**iu**: vogal, semivogal, vogal, semivogal
Cha-p**eu**-zi-nho: vogal, semivogal
man-t**ei**-ga: vogal, semivogal

Tritongo

É o encontro de uma semivogal, uma vogal e uma semivogal, sempre nessa ordem. Por conter uma única vogal, o tritongo é indivisível silabicamente. Veja:

a-g**uei**: semivogal, vogal, semivogal
Pa-ra-g**uai**: semivogal, vogal, semivogal

EXERCÍCIOS

Leia este texto:

Garry Gay/The Image Bank/Getty Images

Bússola

Se hoje tem gente que não consegue se achar sem um GPS, imagine séculos atrás, atravessando mares revoltos e territórios inóspitos, tendo como guia praticamente só as estrelas. Assim, é fácil compreender a verdadeira comoção que a bússola causou aos inquietos viajantes dos tempos antigos. A primeira versão foi inventada pelos chineses no século 4 a.C., após a descoberta do efeito direcional da magnetita, ou pedra-ímã. Uma das pontas da magnetita sempre aponta para o Norte, atraída pelo campo magnético natural da Terra, que emana dos polos. As bússolas rústicas eram apenas um naco de madeira preso à pedra-ímã e colocado para flutuar na água. Apenas mil anos depois da invenção é que o instrumento passou a orientar navegadores. A bússola teve papel fundamental no comércio marítimo, pois tornou as viagens mais precisas.

("As 101 maiores invenções da humanidade". *Superinteressante*, abril 2013. p. 55.)

1. Nas seguintes palavras do texto, identifique as sílabas em que há encontros vocálicos. Depois classifique os encontros vocálicos em ditongo crescente, ditongo decrescente ou hiato.

a) guia
b) comoção
c) água
d) territórios
e) viajantes
f) causou

2. Das palavras a seguir, reescreva aquelas que apresentam hiatos.

versão efeito madeira flutuar invenção
pois viagens mais atraída

3. Converse com os colegas sobre o modo de funcionamento e sobre a utilidade da bússola. Em que situações, ainda hoje, ela é útil?

Divirta-se

Pedro Hutsch Balboni www.joaosejoanas.com

(Pedro Hutsch Balboni. *Joãos e Joanas*. www.joaosejoanas.com)

Passando a limpo •••

Leia o poema a seguir, de Elias José, e responda às questões 1 e 2.

Morada do inventor

A professora pedia e a gente levava,
achando loucura ou monte de lixo:

latas vazias de bebidas, caixas de fósforo,
pedaços de papel de embrulho, fitas,
brinquedos quebrados, xícaras sem asa,
recortes e bichos, pessoas, luas e estrelas,
revistas e jornais lidos, retalhos de tecido,
rendas, linhas, penas de aves, cascas de ovo,
pedaços de madeira, de ferro ou de plástico.

Um dia, a professora deu a partida
e transformamos, colamos e colorimos.

E surgiram bonecos esquisitos,
bichos de outros planetas, bruxas
e coisas malucas que Deus não inventou.

Tudo o que nascia ganhava nome, pais,
casa, amigos, parentes e país.
E nasceram histórias de rir ou de arrepiar!...

E a escola virou morada de inventor!

(Disponível em: http://revistaescola.abril.com.br/lingua-portuguesa/pratica-pedagogica/morada-inventor-423524.shtml. Acesso em: 10/12/2013.)

Filipe Rocha

1. O poema sugere que, pela imaginação, é possível:

a) transformar e dar significado a coisas aparentemente sem sentido.
b) combinar elementos e formar um mundo sem criatividade.
c) criar um mundo já existente no mundo real.
d) transformar lixo em coisas inúteis.

2. A enumeração de palavras, predominante no poema, tem uma finalidade. Qual?

a) Resumir tudo o que compõe o "monte de lixo" mencionado na segunda estrofe.
b) Comprovar que, de fato, aquilo tudo era maluquice.
c) Indicar a qualidade do material que os alunos tinham levado para a escola.
d) Relacionar as coisas reais e comuns que os alunos recolheram (2ª estrofe) e aquelas que eles criaram (4ª estrofe).

Leia a tira ao lado e responda às questões 3 e 4.

Ruis

(Ruis. *Diário da Corte – Central de tiras*. São Paulo: Via Lettera, 2003. p. 17.)

3. Na tira, há uma crítica à construção da imagem pública dos poderosos, representados pela personagem elmo. De acordo com a tira, essa construção de imagem se baseia no fato de que os poderosos:

a) têm seus feitos exagerados por seus servidores, que assim procedem para impressionar o povo.

b) pouco fazem pelo povo, criando uma falsa imagem de si mesmos.

c) são enganados por seus servidores.

d) seguem líderes da devoção popular.

4. A propósito da linguagem empregada no diálogo entre o governante e seu serviçal, na tira, considere as seguintes afirmações.

I. Nas palavras **zóio** e **fióte** ocorre mudança semelhante à observada em **teiado** ("telhado") e **foia** ("folha"), comum na variante popular.

II. O termo **lagartixazita** tem, ao mesmo tempo, os sentidos de diminutivo e de menosprezo.

III. A palavra **tá** é redução da forma verbal **está**.

IV. A expressão **cumé** é resultado da junção de **como é**.

Estão corretas:

a) I e II. b) I, II e III. c) todas. d) Nenhuma delas.

Leia os quadrinhos ao lado, de Gilmar, e responda às questões 5 e 6.

Gilmar

(http://gilmaronline.zip.net/listArchive.html)

5. A respeito desses quadrinhos, é **incorreta** a afirmação:

a) A ausência de linguagem verbal nos balões impossibilita a compreensão da história.

b) A fala das personagens fica subentendida, podendo ser imaginada pelo leitor.

c) Os balões com traçado regular sugerem fala calma, e os balões com traçado irregular sugerem fala agitada ou em voz alta.

d) No 5º quadrinho, o formato do balão e a expressão das personagens sugerem indignação.

6. Nesses quadrinhos, o título tem como finalidade:

a) mostrar que até mesmo os animais se preocupam com o meio ambiente.

b) orientar a leitura da história, dando a ela o sentido de que o cuidado com o meio ambiente estimula uma boa relação entre as pessoas.

c) sugerir que devemos sempre criticar as pessoas que agridem o meio ambiente.

d) sugerir que as pessoas cuidadosas com o meio ambiente merecem recompensa.

7. O cartum ao lado intitula-se "Não destrua o verde", e a figura maior que aparece nele é uma representação de Hulk, personagem de cinema que ficou muito famosa. Leia-o.

Moisés Macedo

A propósito dos elementos apresentados no cartum, é **incorreta** a afirmação:

a) A palavra **verde**, no título "Não destrua o verde", é empregada como substantivo, sendo sinônimo de **natureza**.

b) A personagem Hulk, no cartum, participa da luta contra o desmatamento.

c) A presença da personagem Hulk no cartum tem relação com o fato de ela ficar verde quando se transforma.

d) A personagem Hulk simboliza no cartum a força destruidora do homem.

Leia a piada a seguir e responda às questões 8 e 9.

O galo bão

Um homem da cidade, viajando pelo interior, foi pela primeira vez a uma rinha para assistir a uma briga de galos. Lá chegando, descobriu que um cara apostava e ganhava todas: não errava uma. O galo em que ele apostava vencia sempre.

Como não entendia disso, mas queria ganhar dinheiro, resolveu consultar o apostador antes de jogar.

— Meu amigo, vi que ganha sempre e estou querendo apostar na próxima luta. Dá uma dica: qual é agora o galo bom? O branco ou o preto?

— O galo bão é o branco.

E ele não perdeu tempo: apostou logo cem reais no galo branco.

Começa a briga e o galo branco leva uma surra enorme. Em 3 minutos, já estava todo derrubado no chão. O preto venceu com facilidade.

Ele não se conteve e foi tirar satisfação com o apostador:

— Como é, amigo, o senhor não disse que o galo branco era o bom?

E o apostador, com a maior tranquilidade:

— E o senhor não viu que era verdade? O galo branco era o bão, o marvado era o preto!

(Adaptado de: www.agricoma.com.br/agricoma/humor/humor.htm. Acesso em: 10/12/2013.)

8. O humor da piada resulta principalmente:

a) do fato de o homem da cidade (normalmente considerado esperto) ter sido enganado pelo homem do interior (normalmente considerado ingênuo).

b) da surpresa do resultado da briga: o galo considerado o melhor ter sido vencido pelo outro galo.

c) do fato de o apostador ter se enganado pela primeira vez justamente quando foi consultado pelo homem da cidade.

d) do duplo sentido do adjetivo **bom**: "bondoso" e "o melhor".

9. Na linguagem utilizada na piada, há traço de informalidade em:

a) "foi pela primeira vez a uma rinha para assistir a uma briga de galos".

b) "O galo em que ele apostava vencia sempre."

c) "Dá uma dica: qual é agora o galo bom?"

d) "E o senhor não viu que era verdade?"

·· INTERVALO ··

Participe com seus colegas da realização de uma mostra sobre quadrinhos. Além das histórias que a classe produziu nesta unidade, a mostra deverá incluir diversos materiais sobre quadrinhos, obtidos a partir de uma ampla pesquisa sobre o assunto.

Projeto ·· *Quadrinhos: eu também faço!*

1. Preparando a mostra

Reúnam as histórias em quadrinhos criadas individualmente ou em grupo nos três capítulos da unidade.

Com a orientação do professor, escolham a melhor forma de apresentá-las aos visitantes da mostra.

Vocês poderão organizá-las conforme a sequência em que as produziram, mostrando, assim, a evolução e o aprimoramento do trabalho de toda a classe.

Outra forma de apresentação é por meio de uma revistinha, montada com algumas histórias. Com papel colorido ou cartolina, façam uma capa, ilustrando-a com um desenho grande de uma personagem. Escrevam, no alto, com letras grandes e coloridas, o nome da personagem e, embaixo, o nome dos autores. Juntem tudo e grampeiem.

Se vocês criaram histórias em quadrinhos digitais, apresentem-nas em computadores, possibilitando aos visitantes divertirem-se com elas.

2. Quadrinhos ontem e hoje

Em grupo, procurem conhecer colecionadores e aficionados de quadrinhos para trocar ideias e informações. Visitem, se possível, bibliotecas, bancas de jornais e sebos especializados em quadrinhos e, a partir das informações obtidas, reúnam todo o material que for possível encontrar sobre quadrinhos: revistas novas e antigas, ilustrações, cartazes, adesivos, versões de uma mesma história, fitas de vídeo ou DVDs com heróis dos quadrinhos, objetos sobre personagens de quadrinhos, livros que tratam

da história dos quadrinhos, tiras de jornais e revistas, etc.

Se quiserem, façam também cartazes com textos curtos sobre quadrinhos, reproduzindo citações de desenhistas famosos ou falando das revistas mais famosas do mundo dos quadrinhos. Ilustrem os cartazes com recortes ou desenhos.

3. Montando a mostra

Jótah

Com a orientação do professor, escolham um local na escola para montar a mostra. Afixem cartazes e distribuam o material pesquisado em mesas, paredes, murais ou varais, de forma a facilitar seu manuseio e leitura.

Montem um cantinho de leitura e deixem ali as histórias em quadrinhos produzidas na unidade e/ou as revistas de histórias em quadrinhos montadas na preparação da mostra.

Em computadores, apresentem as histórias em quadrinhos digitais.

Se houver possibilidade, instalem aparelhos de televisão e de DVD em um dos cantos do local e exibam alguns dos filmes indicados na seção **Fique ligado! Pesquise!** ou outros com heróis de quadrinhos.

Se quiserem, fantasiem-se como personagens de quadrinhos e, durante a mostra, orientem os convidados, fazendo comentários sobre o material em exposição.

Façam uma ampla divulgação da mostra, convidando professores, colegas de outras classes, pais, familiares e amigos para visitá-la. Se quiserem, confeccionem convites e distribuam-nos para a comunidade.

Jótah

4. Depois da mostra

Se acharem interessante, fundem um clube dos admiradores de histórias em quadrinhos. O clube poderá ter sócios colecionadores de gibis, desenhistas, cartunistas, fãs e criadores de fanzines e mangás e, naturalmente, muitos leitores das histórias em quadrinhos. Ah! Não se esqueçam! Um clube de fãs de quadrinhos não pode deixar de ter uma biblioteca com livros e revistas especializadas em quadrinhos, cartuns, etc.

Thinkstock/Getty Images

Descobrindo quem sou eu

Filipe Rocha

Quem eu sou?

Eu às vezes não entendo!
As pessoas têm um jeito
De falar de todo mundo
Que não deve ser direito.

Aí eu fico pensando
Que isso não está bem.
As pessoas são quem são,
Ou são o que elas têm?

Eu queria que comigo
Fosse tudo diferente.
Se alguém pensasse em mim,
Soubesse que eu sou gente.

Falasse do que eu penso,
Lembrasse do que eu falo,
Pensasse no que eu faço
Soubesse por que me calo!

Porque eu não sou o que visto.
Eu sou do jeito que estou!
Não sou também o que eu tenho.
Eu sou mesmo quem eu sou!

(Pedro Bandeira. In: *Mais respeito, eu sou criança*. 3. ed. São Paulo: Moderna, 2013. p. 22.)

UNIDADE 3

Fique ligado! Pesquise!

Editora Atual

LIVROS

Luna Clara e Apolo Onze, de Adriana Falcão (Salamandra); *As aventuras de Tom Sawyer*, de Mark Twain (Ática); *Devezenquandário de Leila Rosa Canguçu*, de Lourenço Cazarré (Saraiva); *O dia do Curinga*, de Jostein Gaarder (Cia. das Letras); *A bolsa amarela*, de Lygia Bojunga (Casa Lygia Bojunga); *Minha caixa de sonhar — Histórias de viagens para jovens de qualquer idade*, de Luzia de Maria (Globo); *Apenas um curumim*, de Werner Zotz (Nórdica); *O dia de ver meu pai*, de Vivina de Assis Viana (Formato); *Quando papai foi pra guerra*, de Ana França Suzuki (Atual); *O menino no espelho*, de Fernando Sabino (Record); *Contos da infância e da adolescência*, de Luiz Vilela (Ática); *Quem, eu?*, de José Paulo Paes (Atual); *O caso do filho do encadernador*, de Marcos Rey (Atual); *Senta que lá vem história!*, de Flávio de Souza (Atual); *Nas ruas do Brás*, de Dráuzio Varella (Companhia das Letrinhas); *Bisa Bia Bisa Bel*, de Ana Maria Machado (Nórdica); *A menina que fez a América* e *A menina que descobriu o Brasil*, de Ilka Brunhilde Laurito (FTD).

Diomedia/Photos 12 – Cinema

Como treinar seu dragão.

FILMES

Como treinar seu dragão, de Chris Sanders; *A bússola de ouro*, de Chris Weitz; *Stardust — O mistério da estrela*, de Matthew Vaughn; *O presente*, de Michael O. Sajbel; *A glória de meu pai* e *O castelo de minha mãe*, de Yves Robert; *Central do Brasil*, de Walter Salles; *Cinema Paradiso*, de Giuseppe Tornatore; *Filhos do paraíso*, de Majid Majidi; *Quero ser grande*, de Penny Marshall; *Vida de menina*, de Helena Solberg.

PESQUISA

Nesta unidade você vai escrever sobre você. Então peça a seus pais, tios, avós e irmãos que relatem histórias a seu respeito: as gracinhas que você fazia quando era bebê, suas birras e manias, como você falava, como escolheram seu nome, quem eram seus amigos, em que cidades ou bairros morou, suas travessuras, que passeios ou viagens você fez com a família, em que escolas estudou, aventuras que viveu, etc.

SITES

www.museudapessoa.com.br
www.favelatemmemoria.com.br/
www.aracati.org.br/
www.memorialdoimigrante.org.br

·· INTERVALO ··

Projeto

Eu também faço história

Produção e exposição de um livro de relatos sobre a história de sua vida.

de OLHO na imagem

Observe esta pintura, de Norman Rockwell:

Norman Rockwell, *The prom dress*, 1949. / Norman Rockwell Museum, EUA

Vestido de festa (1949).

1. Observe o ambiente mostrado na pintura.
   a) Que lugar é esse?
   b) A quem pertence esse espaço? Justifique sua resposta com elementos da pintura.
   c) Como lhe parece o lugar: antigo ou moderno, simples ou sofisticado?

2. Observe a personagem retratada no quadro.
   a) Levante hipóteses: Que idade ela tem?
   b) Como é a roupa que ela está usando?

3. O nome da tela é *Vestido de festa*.
   a) O que a personagem está fazendo no momento retratado pela tela?
   b) De onde ela tirou o vestido que tem nas mãos?
   c) Levante hipóteses: O que há na caixinha no canto inferior direito da tela?
   d) Levante hipóteses: Aonde a personagem vai com a roupa?

Norman Rockwell, *The prom dress*, 1949. / Norman Rocwell Museum, EUA

4. Observe o guarda-roupa que se vê no lado esquerdo da personagem.
   a) Como são as roupas que há no guarda-roupa?
   b) Nele há vestidos de festa como o que a menina está provando?
   c) Que diferença há entre a aparência da menina com a roupa que ela está usando e com a que ela é mostrada no espelho?

5. Observe a expressão da menina ao se ver no espelho com o vestido de festa.
   a) Ela parece entusiasmada com a possibilidade de usar esse vestido? Por quê?
   b) Na sua opinião, ela vai ficar bem usando esse vestido?

6. Entre as afirmações a seguir, identifique duas que correspondem a conclusões relativas ao estudo da pintura *Vestido de festa*.
   I. A tela retrata a felicidade de uma menina ao ganhar um vestido para ir a uma festa.
   II. A tela retrata o momento mágico em que uma adolescente se vê, pela primeira vez, em uma roupa típica de mulher adulta e, assim, descobre uma nova identidade.
   III. A expressão de desagrado da menina mostra o quanto ela sofre para aceitar a ideia de que já é adulta.
   IV. O vestido de festa representa a passagem do mundo infantil para o mundo adulto, no qual a beleza da jovem mulher será um elemento muito valorizado.

Quem é Norman Rockwell?

Um dos mais importantes pintores norte-americanos, Norman Rockwell (1894-1978) ficou bastante conhecido pelas 323 capas que fez para a revista *The Saturday Evening Post*. E também pela perspicácia com que retratou cenas do cotidiano: as brincadeiras de criança, os animais domésticos, a filha que chega tarde da festa, o cozinheiro, o trabalho do carteiro, os idosos, etc.

© Underwood & Underwood/Corbis/Latinstock

Em Massachussets (EUA), onde viveu boa parte de sua vida, há um museu em sua homenagem.

CAPÍTULO 1

No frescor da inocência

Para muitos, a infância é a fase mais bonita da vida. Nela, geralmente fazemos as primeiras descobertas com o prazer de quem acaba de chegar ao mundo. Até que ponto o que somos hoje ou o que seremos no futuro está relacionado com o que vivemos no passado?

Banhos de mar

Meu pai acreditava que todos os anos se devia fazer uma cura de banhos de mar. E nunca fui tão feliz quanto naquelas temporadas de banhos em Olinda, Recife.

Meu pai também acreditava que o banho de mar salutar era o tomado antes do sol nascer. Como explicar o que eu sentia de presente inaudito em sair de casa de madrugada e pegar o bonde vazio que nos levaria para Olinda ainda na escuridão?

De noite eu ia dormir, mas o coração se mantinha acordado, em expectativa. E de puro alvoroço, eu acordava às quatro e pouco da madrugada e despertava o resto da família. Vestíamos depressa e saíamos em jejum. Porque meu pai acreditava que assim devia ser: em jejum.

Saíamos para uma rua toda escura, recebendo a brisa da pré-madrugada. E esperávamos o bonde. Até que lá de longe ouvíamos o seu barulho se aproximando. Eu me sentava bem na ponta do banco: e minha felicidade começava. Atravessar a cidade escura me dava algo que jamais tive de novo. No bonde mesmo o tempo começava a clarear e uma luz trêmula de sol escondido nos banhava e banhava o mundo.

Eu olhava tudo: as poucas pessoas na rua, a passagem pelo campo com os bichos-de-pé: "Olhe um porco de verdade!" gritei uma vez, e a frase de deslumbramento ficou sendo uma das brincadeiras de minha família, que de vez em quando me dizia rindo: "Olhe um porco de verdade".

Passávamos por cavalos belos que esperavam de pé pelo amanhecer.

Eu não sei da infância alheia. Mas essa viagem diária me tornava uma criança completa de alegria. E me serviu como promessa de felicidade para o futuro. Minha capacidade de ser feliz se revelava. Eu me agarrava, dentro de uma infância muito infeliz, a essa ilha encantada que era a viagem diária.

Diomedia/Universal Images Group/Universal History Archive

No bonde mesmo começava a amanhecer. Meu coração batia forte ao nos aproximarmos de Olinda. Finalmente saltávamos e íamos andando para as cabinas pisando em terreno já de areia misturada com plantas. Mudávamos de roupa nas cabinas. E nunca um corpo desabrochou como o meu quando eu saía da cabina e sabia o que me esperava.

O mar de Olinda era muito perigoso. Davam-se alguns passos em um fundo raso e de repente caía-se num fundo de dois metros, calculo.

Outras pessoas também acreditavam em tomar banho de mar quando o sol nascia. Havia um salva-vidas que, por uma ninharia de dinheiro, levava as senhoras para o banho: abria os dois braços, e as senhoras, em cada um dos braços, agarravam o banhista para lutar contra as ondas fortíssimas do mar.

O cheiro do mar me invadia e me embriagava. As algas boiavam. Oh, bem sei que não estou transmitindo o que significavam como vida pura esses banhos em jejum, com o sol se levantando pálido ainda no horizonte. Bem sei que estou tão emocionada que não consigo escrever. O mar de Olinda era muito iodado e salgado. E eu fazia o que no futuro sempre iria fazer: com as mãos em concha, eu as mergulhava nas águas, e trazia um pouco de mar até minha boca: eu bebia diariamente o mar, de tal modo queria me unir a ele.

Não demorávamos muito. O sol já se levantara todo, e meu pai tinha que trabalhar cedo. Mudávamos de roupa, e a roupa ficava impregnada de sal. Meus cabelos salgados me colavam na cabeça.

Então esperávamos, ao vento, a vinda do bonde para Recife. No bonde a brisa ia secando meus cabelos duros de sal. Eu às vezes lambia meu braço para sentir sua grossura de sal e iodo.

Chegávamos em casa e só então tomávamos café. E quando eu me lembrava de que no dia seguinte o mar se repetiria para mim, eu ficava séria de tanta ventura e aventura.

Meu pai acreditava que não se devia tomar logo banho de água doce: o mar devia ficar na nossa pele por algumas horas. Era contra a minha vontade que eu tomava um chuveiro que me deixava límpida e sem o mar.

A quem devo pedir que na minha vida se repita a felicidade? Como sentir com a frescura da inocência o sol vermelho se levantar? Nunca mais?

Nunca mais.

Nunca.

(Clarice Lispector. *Pequenas descobertas do mundo*. Rio de Janeiro: Rocco, 2003. p. 29.)

inaudito: que nunca se ouviu; de que não há exemplo.

salutar: benéfico para a saúde, saudável.

ventura: felicidade, alegria.

Procure no dicionário outras palavras que você desconheça.

Quem é Clarice Lispector?

Arquivo EM/D.A Press

Escritora e jornalista, Clarice Lispector (1920-1977) nasceu na Ucrânia, em uma pequena cidade chamada Tchetchelnik. Veio morar no Brasil com pouco mais de 1 ano, passou a infância em Recife e, aos 15 anos, mudou-se com a família para a cidade do Rio de Janeiro.

Embora tenha se formado em Direito, Clarice Lispector nunca advogou. Começou a colaborar em jornais quando ainda estava na faculdade e exerceu o jornalismo até o fim da vida.

Seu primeiro romance, *Perto do coração selvagem*, publicado quando tinha apenas 17 anos, foi saudado com entusiasmo pela crítica.

Em seus romances, contos e crônicas, a ação é um aspecto secundário, prevalecendo as impressões das personagens. Segundo a escritora, quando criança, mandava histórias para a seção infantil de um jornal de sua cidade, mas elas nunca foram publicadas. Isso porque, ao contrário das histórias das outras crianças, as suas não falavam de acontecimentos e fatos, mas apenas de sensações.

Estudo do texto

COMPREENSÃO E INTERPRETAÇÃO

1. O texto relata uma recordação feliz da narradora: os passeios que, na infância, fazia com a família às praias de Olinda, cidade situada na região metropolitana de Recife.

a) Por que a família costumava ir àquelas praias?

b) O passeio, como um todo, envolvia alguns costumes cultivados pelo pai. Quais eram esses costumes quanto ao banho de mar?

2. A narradora, na companhia de sua família, saía de casa para pegar o bonde ainda de madrugada.

a) Como ela se sentia na véspera do passeio e nos momentos que antecediam a saída de casa?

b) Ao relatar a viagem que fazia para Olinda, a narradora diz: "Atravessar a cidade escura me dava algo que jamais tive de novo". Por que, na sua opinião, atravessar a cidade escura era algo tão marcante para a menina?

3. A narradora descreve as emoções que a viagem às praias de Olinda com a família lhe despertava.

a) Por que ela considera essa viagem como uma "ilha encantada" em sua infância?

b) O que essa viagem revelava para a menina quanto ao seu presente? E o que representava quanto ao seu futuro?

4. A família chegava à praia e se dirigia às cabines para, a seguir, tomar o banho de mar.

a) Ao mudar de roupa na cabine, a menina sentia-se transformada. Que imagem a narradora utiliza para representar essa transformação?

b) O mar de Olinda era fascinante para a menina. Que características desse lugar despertavam tal sentimento?

Os banhos de mar e a medicina

Alain Corbin, em um rico estudo da história dos costumes (*O território do vazio*, Cia. das Letras), observa que data de meados do século XVIII a difusão, na Europa, da crença no poder curativo dos banhos de mar. O discurso médico desse período defendia que a água fria do mar e, sobretudo, o contato com suas ondas tinham a capacidade de limpar e proteger o interior do corpo. Assim, o banho de mar era considerado um banho frio medicinal.

The Bridgeman Art Library/Keystone Brasil/Museu Sorolla, Madri, Espanha

5. A narradora descreve suas sensações ao tomar banho de mar.

a) Entre os cinco sentidos humanos (a visão, o olfato, a audição, o tato e o paladar), qual ou quais ela experimentava ao entrar no mar? Justifique sua resposta com elementos do texto.

b) Durante o banho de mar, a menina mergulhava as mãos em concha e trazia um pouco do mar à boca. Levante hipóteses: Por que depois, adulta, ela repetia essa ação de mergulhar as mãos em concha nas águas para trazer um pouco do mar para si?

c) Na sua opinião, por que a menina queria se unir ao mar?

6. Com os corpos impregnados de sal, a família retornava a Recife, e a menina ficava à espera de nova "ventura e aventura".

a) Que atitudes da menina expressam seu desejo de se manter ligada ao mar de Olinda?

b) Por que as palavras **ventura** e **aventura** resumem as sensações da narradora durante os banhos de mar?

7. Quando uma pessoa relata fatos do passado, é natural que aflorem nela alguns sentimentos.

a) A narradora considera que as palavras do relato que ela faz exprimem a intensidade das emoções que ela viveu na infância? Justifique sua resposta com elementos do texto.

b) Que sentimento principal a narradora vivencia ao fazer seu relato?

8. A autora do texto lido, a escritora Clarice Lispector, viveu em Recife quando menina. Leia o boxe "Quem é Clarice Lispector?" e, depois, responda:

a) A experiência relatada pela narradora no texto pode ter sido vivida, de fato, pela autora, ou trata-se de uma história ficcional? Justifique sua resposta.

b) No texto lido, a narradora, ao fazer seu relato, dá mais destaque às ações das personagens ou às suas próprias impressões e sensações? Justifique sua resposta com dois exemplos do texto.

9. O texto lido foi publicado na obra *Pequenas descobertas do mundo*, de Clarice Lispector. Você acha que a experiência relatada nele inclui "pequenas descobertas do mundo" feitas pela autora? Justifique sua resposta.

Shaun Botterill/Getty Images

A LINGUAGEM DO TEXTO

1. O sinal dois-pontos indica uma breve suspensão na entonação de uma frase. Observe os empregos desse sinal no seguinte trecho do texto.

> Eu olhava tudo: as poucas pessoas na rua, a passagem pelo campo com os bichos-de-pé: "Olhe um porco de verdade!" gritei uma vez, e a frase de deslumbramento ficou sendo uma das brincadeiras de minha família, que de vez em quando me dizia rindo: "Olhe um porco de verdade". [...]

No trecho, o sinal dois-pontos foi empregado com finalidades diferentes. Quais são elas?

2. Observe o emprego dos verbos **invadir** e **embriagar** no trecho: "O cheiro de mar me **invadia** e me **embriagava**."

Qual é o sentido de um e de outro verbo, respectivamente, no trecho?

- infestar, embebedar
- ocupar, desvairar
- usurpar, absorver
- tomar, arrebatar

3. Releia este trecho:

> "A quem devo pedir que na minha vida se repita a felicidade? Como sentir com a frescura da inocência o sol vermelho a se levantar? Nunca mais?
>
> Nunca mais.
>
> Nunca."

a) Observe que a autora, Clarice Lispector, faz três perguntas em sequência e depois responde-as, em tom conclusivo: "Nunca mais. Nunca". Que efeito ela cria por meio desse procedimento?

b) Por que, no trecho, a palavra **nunca** é repetida três vezes?

LEITURA EXPRESSIVA DO TEXTO

A pontuação e a entonação, isto é, a melodia da fala, têm papel decisivo na leitura de um texto. Para a leitura ser expressiva, é necessário perceber os momentos do texto que exigem pausas, gradações e ênfases.

Releia o texto a partir do 11º parágrafo, em voz alta e procurando fazer as pausas indicadas pelos pontos finais e pelas vírgulas, bem como as suspensões na entonação sugeridas pelo emprego do dois-pontos. Ao chegar às frases interrogativas do final do texto, leia-as com ênfase gradativa.

Trocando ideias

1. No texto lido, a autora, Clarice Lispector, relata uma situação da infância que a marcou profundamente: os banhos de mar em Olinda em companhia da família. E você? Há algum episódio em sua vida que tenha sido muito marcante? Conte para os colegas.

Acervo Iconographia

2. No texto, o pai da narradora aparece como uma importante referência: ele é alguém cujas ideias são acatadas e respeitadas. Na sua família há alguém que também é uma referência para você? Se sim, quem? Por quê?

3. Às vezes, certos gestos, objetos, aromas e lugares nos fazem reviver situações especiais do nosso passado. No texto, a narradora conta que, depois, adulta, repetia o gesto de mergulhar as mãos em concha nas águas para trazer um pouco de mar até a boca, na tentativa de recuperar as lembranças da infância. Existe algo que você faz com a intenção de reviver uma situação especial do passado? Se sim, conte para os colegas.

ler é diversão

Boca livre I

Era só o que faltava...
nem posso me olhar no espelho.

Maldito dentista!
Maldito aparelho!

Minha boca mais parece
o focinho de um coelho...
Bicho dentuço, danado,
beiço de arame farpado,
um idiota perfeito.
Quase morro de vergonha
com esta cara de fedelho!

Maldito dentista!
Maldito aparelho!

Como é que eu faço agora
pra beijar minha menina?
Como é que eu faço agora
pra chupar uma mexerica?
Como é que eu faço agora
pra destravar esta língua?
Como é que eu faço agora
pra mascar o meu chiclete?
Como é que eu faço agora
pra jogar cuspe a distância?

Ivan Coutinho

Maldito dentista!
Maldito aparelho!

Minha única vontade,
nesta hora de tormento,
é ter uma bruta coragem
e um alicate bem grande
para poder arrancar
esta tralha da minha boca
e gritar alto pra todos
meu alívio e meu conselho:

Viva a lei da boca livre!
Viva o direito sagrado
de sorrir atravessado!
Quero um canino bem torto
e um molar encavalado.

Melhor ser dentuço em pé
do que sorrir de joelhos!

Malditos dentistas!
Malditos aparelhos!

(Carlos Queiroz Telles. *Sementes de sol*. São Paulo: Moderna, 1992. p. 28-9.)

Produção de texto

O RELATO PESSOAL

thislife pictures / Alamy / Glow Images

1. O texto "Banhos de mar" pode ser considerado um **relato pessoal**, gênero em que o autor relata fatos marcantes que viveu ou presenciou.

a) Qual é o fato marcante destacado pela narradora no seu relato?

b) Quando e onde aconteceram os fatos narrados?

2. Nos relatos, é comum o emprego da descrição para caracterizar pessoas, lugares, objetos, etc. No relato lido:

a) Como era o mar de Olinda?

b) Como era a paisagem que a menina via do bonde?

c) Como era o pai da narradora?

3. Observe as palavras destacadas nestes trechos do texto:

- "**Mudávamos** de roupa, e a roupa **ficava** impregnada de sal."
- "**Meu** pai acreditava que todos os anos se devia fazer uma cura de banhos de mar."
- "E quando **eu me** lembrava de que no dia seguinte o mar se repetiria para **mim**, **eu** ficava séria de tanta ventura e aventura."
- "**Chegávamos** em casa e só então **tomávamos** café."

a) Os pronomes destacados nos trechos referem-se à 1ª ou à 3ª pessoa?

b) Os verbos estão no passado ou no presente?

c) Os pronomes e as formas verbais empregados nos trechos indicam que o narrador participa da história como protagonista ou como observador?

4. Observe a linguagem empregada no relato lido. Que tipo de variedade linguística predomina?

5. Reúna-se com seus colegas de grupo e concluam: O que é um relato pessoal e quais são suas características?

AGORA É A **sua vez**

Você conheceu um relato pessoal escrito. Quer conhecer agora um **relato pessoal oral**? Com a orientação do professor e junto com a classe, assista ao relato pessoal oral que está no DVD que acompanha esta coleção. Diferentemente dos relatos pessoais comuns, o vídeo apresenta uma inovação: ele é a compilação de cinco relatos pessoais sobre o mesmo fato: um episódio que o navegador brasileiro Amyr Klink e sua família viveram numa viagem à Antártica.

Após assistir ao vídeo, escolha uma das propostas de produção de texto a seguir e escreva você também um relato pessoal. Depois, seu relato poderá ser publicado em um livro ou em um *blog*, conforme as orientações apresentadas no capítulo **Intervalo** desta unidade.

1. **Quem sou eu?** — Você pode começar o relato dizendo seu nome e sua idade e descrevendo como você é fisicamente: cor dos olhos, do cabelo, sua altura e seu peso, seus traços particulares, com quem da família você se parece. Conte sobre sua família: como são seus pais, quantos irmãos tem, se são mais velhos ou mais novos do que você, como eles são, como é o relacionamento entre vocês, etc. Você pode falar também sobre seus gostos: livros, revistas, músicas, esportes, *games*, filmes, programas de televisão, pratos prediletos, passeios, *hobbies*, etc., sobre coisas que detesta, quais são suas manias, coisas e atitudes que lhe agradam ou que lhe desagradam, o que o(a) encanta no mundo e na natureza, quais são seus sonhos, suas vontades.

© Aliana Wesley White/Corbis/ Latinstock

2. **No túnel do tempo** – Procure em sua casa uma fotografia em que você, bem criança, esteja em algum lugar com outras pessoas, familiares, colegas de escola ou amigos. Observe-a com atenção e embarque no túnel do tempo: inspirando-se nela, relate o que você e as pessoas retratadas faziam naquele momento, de que evento participavam, o que falavam, do que riam, o que acontecia, etc. Para tornar seu relato mais real, peça informações a seus pais sobre o que acontecia no momento em que a fotografia foi tirada.

thislife pictures / Alamy / Glow Images

Planejamento do texto

- Pense no perfil do seu leitor. Leve em conta que seus leitores serão colegas de sua e de outras classes, professores, seus pais, amigos e talvez internautas.
- Considerando o veículo e o suporte em que seu relato será veiculado, empregue uma linguagem adequada ao perfil dos leitores.
- Lembre-se de que um relato apresenta episódios marcantes da vida de quem escreve; o tempo e o espaço são bem-definidos; os fatos ocorrem predominantemente no tempo passado; o narrador é protagonista e, portanto, a maioria dos verbos e pronomes é empregada na 1ª pessoa (do singular ou do plural); há trechos descritivos; a linguagem é pessoal e subjetiva, geralmente de acordo com a norma-padrão.
- Dê um título ao relato.

ClassicStock / Alamy / Glow Images

Revisão e reescrita

Antes de fazer a versão final de seu relato, reveja-o, verificando se ele apresenta os elementos tradicionais do gênero. Assim, observe:

- As ações ocorrem em um tempo e em um espaço bem-definidos? Os verbos estão no passado?
- Você, como autor do relato, é o protagonista?
- Há trechos descritivos?
- A linguagem é pessoal e subjetiva e está de acordo com a norma-padrão?
- O texto consegue traduzir suas impressões a respeito de um momento marcante de sua vida?

A língua em foco

O GRAU DOS SUBSTANTIVOS E DOS ADJETIVOS

CONSTRUINDO O CONCEITO

Leia esta tira, de Mauricio de Sousa:

(*Cebolinha em apuros*. Porto Alegre: L&PM, 2009. p. 120.)

1. No 1º quadrinho, Cebolinha questiona a mãe a respeito do próprio nome.

a) De acordo com a explicação dada pela mãe, qual é a razão do nome **Cebolinha**?

b) No quadrinho seguinte, qual é a imagem que Cebolinha cria para entender a explicação dada pela mãe?

2. Cebolinha associa os nomes à ideia de maior e menor e de mais velho e mais novo.

a) Como ele estabelece essas relações?

b) No último quadrinho, ele pergunta o que é maior que Cebolão. A quem ele pretende atribuir esse nome?

c) Você teria alguma sugestão do nome a ser dado para o que é maior que Cebolão?

d) Cebolinha queria saber como era o nome do bisavô. Mas não se preocupou em saber como deveria chamar futuramente o próprio filho. Mantendo a lógica seguida por Cebolinha, como você acha que se chamaria o filho dele?

3. Árvore genealógica é uma representação gráfica da história familiar de uma pessoa, ou seja, dos seus antepassados. Algumas árvores genealógicas, além dos nomes, trazem fotografias da criança, irmãos, pais, avós paternos e avós maternos. Você já montou a sua árvore genealógica? Faça um esquema em seu caderno, colocando o seu nome, depois o nome de seus pais, depois o nome de seus quatro avós e, se possível, o nome de seus oito bisavós.

CONCEITUANDO

Observe:

avô – **Cebolão**
pai – Cebola
eu – **Cebolinha**

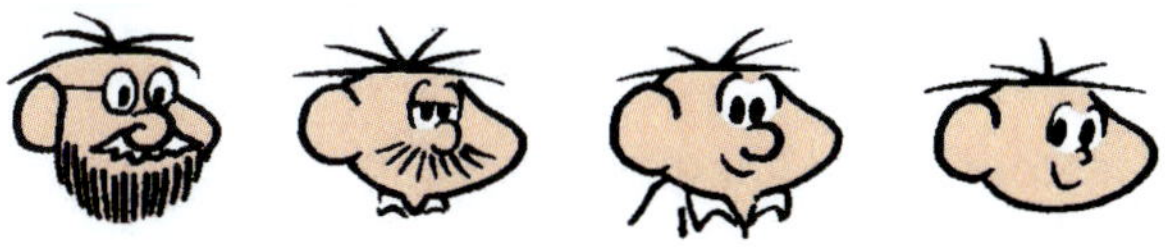

Maurício de Sousa Produções

O primeiro substantivo, **Cebolão**, é formado por **Cebol + ão** e se refere ao homem mais velho da família Cebola. **Cebolinha** é o substantivo que se refere ao neto, a pessoa mais nova da família; é formado por **Cebol + inha**.

Tanto substantivos como adjetivos assumem determinadas formas para indicar aumento ou diminuição. As formas correspondentes a aumento estão no grau **aumentativo**, e as correspondentes a diminuição, no grau **diminutivo**.

Grau dos substantivos

Os substantivos apresentam dois graus de significação:

- **aumentativo:** meninão
- **diminutivo:** menininho

A gradação dos substantivos se realiza por dois processos:

- **analítico:** consiste em empregar, junto de um substantivo, uma palavra que indique aumento ou diminuição:

  animal **grande**   animal **pequeno**

- **sintético:** consiste em acrescentar ao substantivo uma partícula especial chamada **sufixo aumentativo** ou **sufixo diminutivo**:

  animal**aço**   animal**zinho**

No uso popular e coloquial da língua, o aumentativo sintético é feito quase exclusivamente com os sufixos **-ão** ou **-zão**: burac**ão**, pão**zão**; e o diminutivo sintético, com os sufixos **-inho** ou **-zinho**: buraq**uinho**, pão**zinho**.

Na norma-padrão formal, entretanto, há outros sufixos formadores de aumentativo e diminutivo, como **-aço**, **-ázio**, **-isco**, **-ico**: bal**aço**, cop**ázio**, chuv**isco**, veran**ico**.

> **Oi, gatão!**
>
> Há situações em que os sufixos aumentativos emprestam aos substantivos uma ideia de desproporção, de brutalidade, de desprezo, isto é, um valor pejorativo e depreciativo: "Ô, pezão, passa a bola!".
>
> Os sufixos diminutivos podem acrescentar uma ideia de carinho, ternura, prazer, desejo e também uma ideia negativa de troça, desprezo, ofensa: "Que menininha intrometida!".
>
> O sentido dado aos substantivos por esses sufixos depende sempre do contexto.

EXERCÍCIOS

1. Leia esta tira, de Laerte:

Laerte

(*Folha de S. Paulo*, 15/3/2003.)

Há, na língua portuguesa, muitos substantivos que trazem sufixos formadores de aumentativo e diminutivo, mas perderam ao longo do tempo esses valores e adquiriram significados especiais.

a) Que palavra da tira exemplifica esse fenômeno?

b) Cite outros desses substantivos.

2. Leia estes substantivos:

rabo | fazenda | forno | jogo | barba | mulher | corpo | porta | barca | fedor

Tente descobrir qual (ou quais) deles:

a) faz(em) o aumentativo com o sufixo **-aço/a**;

b) faz(em) o aumentativo com o sufixo **-ina**;

c) faz(em) o aumentativo com o sufixo **-alha**;

d) faz(em) o diminutivo com o sufixo **-ola**;

e) faz(em) o diminutivo com o sufixo **-icho/a**.

3. Entre as frases a seguir, há apenas uma em que os diminutivos não dão ideia de afetividade. Qual é ela?

a) Amorzinho, vem no colinho da mamãe, vem!

b) Não sei, maninha, como vou fazer para convencer nosso pai.

c) Ora, ora! Não chore! Você sempre será meu queridinho.

d) Não foi nada, filha! Deixe-me dar um beijinho no seu machucadinho, que ele sara já, já.

e) Que sujeitinho à toa! Não passa de um reporterzinho incompetente.

Laerte

Grau dos adjetivos

Na língua portuguesa, o adjetivo apresenta dois graus: o comparativo e o superlativo.

Comparativo

Ocorre quando o adjetivo destaca a qualidade de um ser em relação a outro. Pode ser:

- **de igualdade**: tão + adjetivo + quanto/como: O filho é **tão curioso quanto** o pai.
- **de superioridade**: mais + adjetivo + (do) que: O filho é **mais curioso que** o pai.
- **de inferioridade**: menos + adjetivo + (do) que: O filho é **menos curioso que** o pai.

Superlativo

Ocorre quando o adjetivo destaca a qualidade de um ser isoladamente (**superlativo absoluto**) ou em relação a um conjunto ao qual o ser pertence (**superlativo relativo**).

O **superlativo absoluto** pode ser:

- **sintético:** expressa-se por uma só palavra: adjetivo + sufixo (**-íssimo**, **-imo**):

Minha irmã é **altíssima**.
O exame foi **facílimo**.

- **analítico:** expressa-se com o auxílio de advérbios de intensidade: **muito**, **extremamente**, **bastante**, etc.:

> Maria é **muito inteligente**.
> A rua estava **extremamente congestionada**.

O **superlativo relativo** pode ser:

- **de superioridade:** o/a + mais + adjetivo + de:

> Este livro é **o mais antigo de** minha biblioteca.

- **de inferioridade:** o/a + menos + adjetivo + de:

> Paulo é **o menos preguiçoso d**os três.

Repórter Diário

UM SONHO POSSÍVEL

Vencedora do Oscar, Sandra Bullock chega às telonas

(*Repórter Diário*, 19/3/2010. 1ª página.)

Giovanni.FCB

Embora os sufixos de aumentativo e de diminutivo sejam formadores de grau do substantivo, como em *telonas* (significando "cinemas"), na manchete do jornal, eles são empregados também com adjetivos, como em: *bonitinha*, *bonitona*, *engraçadinho*, etc. No anúncio, a forma *diferentona* consiste no adjetivo *diferente* acrescido de um sufixo aumentativo.

Atenção

Os adjetivos **bom**, **mau**, **grande** e **pequeno** formam o comparativo e o superlativo de modo especial. Veja como:

ADJETIVO	COMPARATIVO DE SUPERIORIDADE	SUPERLATIVO	
		ABSOLUTO	RELATIVO
bom	melhor	ótimo	o melhor
mau	pior	péssimo	o pior
grande	maior	máximo	o maior
pequeno	menor	mínimo	o menor

EXERCÍCIOS

1. Leia esta tira:

Caco Galhardo

(*Folha de S. Paulo*, 10/12/2007.)

No 1º quadrinho, é empregado um adjetivo no grau superlativo absoluto sintético: **amabilíssimo**.

a) Qual é a forma analítica equivalente a essa forma sintética?

b) Que alteração fonética você observa entre as formas analítica e sintética desse superlativo?

2. A alteração fonética que você observou na questão anterior se deve ao fato de o sufixo **-íssimo** ter se ligado diretamente à forma latina **amabilis** (amável). O mesmo fenômeno ocorre com os adjetivos a seguir. Dê o superlativo absoluto sintético desses adjetivos, de acordo com a norma-padrão, a partir das formas latinas indicadas entre parênteses.

- antigo (antiquo)
- amargo (amaro)
- áspero (asper)
- doce (dulce)
- fiel (fidel)
- magro (macer)
- livre (liber)
- pobre (pauper)
- sábio (sapiente)
- provável (probabilis)

3. Observe como se forma o superlativo absoluto sintético da palavra **feio**:

feio + -íssimo = feiíssimo

Note que a vogal **o** do final da palavra **feio** desaparece e ocorre o acréscimo do sufixo **-íssimo**. Seguindo esse procedimento, dê o superlativo absoluto analítico dos adjetivos:

- cheio
- frio
- sério

O GRAU NA CONSTRUÇÃO DO TEXTO

Leia este texto, de Rubem Alves:

O futebol traz o riso

[...]

O Ronaldinho joga futebol como menino.

Não sei a origem do costume de se colocar o sufixo "inho" ao final do nome dos jogadores de futebol. "Inho" é um sufixo diminutivo, carinhoso, acriançante. Mas quando se vê um jogo não há "inhos" em campo. É um jogo bruto, cheio de trapaças, malandragens, pontapés, empurrões, rasteiras, palavrões e, por vezes, sopapos. Acho que o sufixo apropriado aos jogadores de futebol deveria ser "ão".

O único a merecer o sufixo "inho" é o Ronaldinho. Porque ele é uma criança. Está sempre sorrindo. Ele ri mesmo quando a jogada não dá certo. Ronaldinho é uma alegria sorridente. Que ele jamais tenha a ideia louca de ir a um ortodontista para consertar os dentes! O segredo do seu sorriso iria para o brejo. Pouco se me dá o time em que ele está jogando. Eu torço sempre para o Ronaldinho, mesmo que ele não faça gols nem determine a política econômica do Brasil. Sou assim, um torcedor "idiota". Não torço por time algum. Torço é pelo Ronaldinho. [...]

Marcos Guilherme

(http://bonsfluidos.abril.uol.com.br/livre/edicoes/0086/preview12.shtml. Acesso em: 25/3/2010.)

1. O autor rejeita o costume de empregar o sufixo **-inho** no nome de jogadores de futebol. Por quê?

2. Para explicar os sentidos do sufixo **-inho**, o autor emprega dois adjetivos.

a) Quais são eles?

b) Um desses adjetivos é um neologismo, ou seja, uma palavra inventada pelo autor. Qual é ela? O que significa?

3. Por que o autor acha que o sufixo **-ão** seria mais apropriado para os jogadores de futebol?

4. Os sufixos **-inho** e **-ão** podem se ligar a substantivos e adjetivos. Qual é a classe gramatical da palavra a que se liga o sufixo **-inho** no texto?

5. Por que o autor considera que Ronaldinho é o único jogador que merece o sufixo **-inho**?

SEMÂNTICA E DISCURSO

Leia esta tira:

(Fernando Gonsales. *Níquel Náusea — Nem tudo que balança cai*. São Paulo: Devir, 2003. p. 37.)

1. O ratinho expressa sua felicidade numa visível gradação. Observe:

"Eu estou feliz! Muito feliz! Felicíssimo! Muito felicíssimo!"

a) Dessas formas, qual não expressa gradação?

b) As formas **muito feliz** (analítica) e **felicíssimo** (sintética) são superlativos. Que diferença de sentido há entre elas?

2. Observe a forma "**muito felicíssimo**".

a) Ela está de acordo com a norma-padrão? Por quê?

b) Justifique, do ponto de vista da lógica, a resposta do item anterior.

c) O que explica esse emprego no contexto?

3. Leia as frases:

> Você já teve aula de Ciências? Nossa! O professor novo é **hiperlegal**.
> O café que a mamãe acabou de fazer está **doce, doce**.

O adjetivo destacado em cada frase está no superlativo.

Na primeira, o acréscimo do elemento **hiper-**, chamado **prefixo**, acrescenta ao adjetivo uma nova ideia: muito, bastante, extremamente, etc. Na linguagem coloquial, o emprego de prefixos de sentido semelhante a esse, como **arqui-**, **super-**, **extra-**, **ultra-**, etc., é muito comum.

Na segunda frase, a mesma ideia (muito, bastante, etc.) foi acrescentada ao adjetivo, porém por meio da repetição.

a) Reescreva as duas frases, evitando o emprego do prefixo **hiper-** e a repetição do adjetivo **doce**, mas mantendo o sentido original delas.

b) Qual grau você empregou?

c) Crie duas frases para descrever um objeto (livro, brinquedo, jogo, roupa, etc.), empregando prefixo e repetição como recursos de formação do superlativo.

Divirta-se

Sérgio Augusto

– Adivinhe quem é.

(Sérgio Augusto, org. *Gatos*. Rio de Janeiro: Desiderata, 2009. p. 22.)

CAPÍTULO 2

O preço de pensar diferente

Você já notou como algumas pessoas têm dificuldade de aceitar diferenças? E como às vezes querem impor a todos as suas crenças, seus valores e sua forma particular de ver o mundo? A isso se chama intolerância. *Mas até onde ela pode chegar?*

Eu sou Malala

AFP Photo/Patrick Hertzog

Aquela manhã de terça-feira começou como qualquer outra, embora um pouco mais tarde que o normal. Era época de provas, e então as aulas tinham início às nove horas em vez de às oito, o que era bom, pois não gosto de acordar cedo e consigo dormir mesmo com o cacarejar dos galos e o chamado do muezim para as orações. [...]

A escola não ficava muito longe da minha casa, e eu costumava fazer o percurso a pé, mas desde o início de 2012 passei a ir com as outras meninas, usando o riquixá. [...]

Passei a tomar o ônibus porque minha mãe começou a sentir medo de que eu andasse sozinha. Tínhamos recebido ameaças o ano inteiro. Algumas estavam nos jornais, outras vinham na forma de bilhetes ou de mensagens transmitidos pelos moradores. Minha mãe andava preocupada comigo, mas a milícia talibã nunca atacara uma menina e eu estava mais preocupada com a hipótese de que eles talvez visassem meu pai, que sempre os criticava publicamente. [...]

Eu não estava assustada, mas passei a verificar, à noite, se o portão de casa estava mesmo trancado. E comecei a perguntar a Deus o que acontece quando a gente morre. Contei tudo à minha melhor amiga, Moniba. Morávamos na mesma rua quando pequenas, somos amigas desde a época do ensino fundamental e dividimos tudo: músicas do Justin Bieber, filmes da série *Crepúsculo*, os melhores cremes clareadores. Seu sonho era virar designer de moda, apesar de saber que sua família jamais concordaria; então dizia a todo mundo que queria ser médica. É difícil, para as meninas de nossa sociedade, ser qualquer coisa que não professora ou médica – isso, se quiserem trabalhar. Eu era diferente. Nunca escondi minha vontade, quando deixei de querer ser médica para ser inventora ou política. Moniba sempre sabia quando algo não ia bem comigo. "Não se preocupe", eu lhe dizia. "Os talibãs nunca pegaram uma menina".

Quando nosso ônibus chegou, descemos a escadaria correndo. As outras meninas cobriram a cabeça antes de sair para a rua e subir pela parte traseira do veículo. [...] O fundo do veículo, onde estávamos sentadas, não tinha janelas, apenas uma proteção de plástico grosso cujas laterais batiam na lataria.

[...]

Na realidade, o que aconteceu foi que o ônibus parou de repente. [...] Devíamos estar a menos de duzentos metros do posto militar.

Não conseguíamos ver adiante, mas um jovem barbudo, vestido em cores claras, invadiu a pista e, acenando, fez o ônibus parar.

"Este é o ônibus da Escola Khushal?", perguntou a Bhai Jan. O motorista achou aquela uma pergunta idiota, já que o nome estava pintado na lateral do ônibus. "Sim", respondeu.

"Quero informações sobre algumas crianças", o homem disse.

"Então você deve ir à secretaria da escola", orientou-o Bhai Jan.

Enquanto ele falava, outro rapaz, de branco, aproximou-se pela traseira do veículo. "Olhe, é um daqueles jornalistas que vêm pedir entrevistas a você", disse Moniba. Desde que eu começara a falar em público com meu pai, para fazer campanha pela educação de meninas e contra aqueles que, como o Talibã, querem nos esconder, muitas vezes apareciam jornalistas, até mesmo estrangeiros, mas nunca daquele jeito, no meio da rua.

O homem usava um gorro de lã tradicional e tinha um lenço sobre o nariz e a boca, como se estivesse gripado. Parecia um estudante universitário. Então avançou para a porta traseira do ônibus e se debruçou em nossa direção.

"Quem é Malala?", perguntou.

Ninguém disse nada, mas várias das meninas olharam para mim. Eu era a única que não estava com o rosto coberto.

Foi então que ele ergueu uma pistola preta. Depois fiquei sabendo que era uma Colt 45. Algumas meninas gritaram. Moniba me contou que apertei sua mão.

Minhas amigas disseram que o homem deu três tiros, um depois do outro. O primeiro entrou perto do meu olho esquerdo e saiu embaixo do meu ombro esquerdo. Caí sobre Moniba, com sangue espirrando do ouvido. Os outros tiros acertaram as meninas que estavam perto de mim. O segundo entrou na mão esquerda de Shazia. O terceiro atingiu seu ombro esquerdo, acertando também a parte superior do braço direito de Kainat Riaz.

Minhas amigas mais tarde me contaram que a mão do rapaz tremia ao atirar.

Quem é Malala?

Malala Yousafzai nasceu em 1997, no vale Suat, Paquistão. No início de 2009, com 11 para 12 anos de idade, Malala escreveu um *blog* sob um pseudônimo para a BBC, de Londres, detalhando como era a vida sob o regime do Talibã, as tentativas dessa organização para tomar o controle da região e sobre as dificuldades das mulheres para poderem estudar. Os *posts* para a BBC duraram apenas alguns meses, mas deram notoriedade à menina. Ela deu entrevistas a diversos canais de TV e jornais, participou de um documentário e foi indicada ao Prêmio Internacional da Paz da Infância em 2011. Na época, ela não ganhou — mas foi laureada com o mesmo prêmio em 2013.

Hoje Malala vive na Inglaterra e seu sonho é voltar ao Paquistão quando as coisas estiverem diferentes.

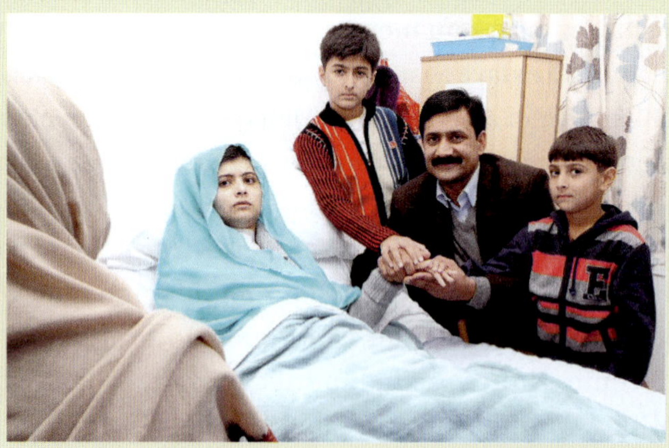

Getty Images

Quando chegamos ao hospital, meu cabelo longo e o colo de Moniba estavam cobertos de sangue.

Quem é Malala? Malala sou eu, e esta é minha história.

(Malala Yousafzai. *Eu sou Malala*. São Paulo: Companhia das Letras, 2013. p.13-7.)

muezim: é a pessoa que, em uma torre alta e estreita, chamada minarete, conclama os religiosos a fazerem suas orações.

riquixá: tipo de veículo, pequeno e leve, muito usado no Oriente.

Estudo do texto

COMPREENSÃO E INTERPRETAÇÃO

1. O texto narra os acontecimentos que precederam um fato decisivo na vida de Malala. Qual é esse fato?

2. Apesar de a escola ser próxima da casa de Malala, ela começou a ir de ônibus para a escola a partir do início de 2012. Leia o boxe "Quem é Malala?" e responda: O que explica essa mudança na rotina da menina?

3. "Tínhamos recebido ameaças o ano inteiro. Algumas estavam nos jornais, outras vinham na forma de bilhetes ou de mensagens transmitidos pelos moradores", conta Malala. De quem partiam as ameaças?

4. Malala tinha medo do que poderia acontecer? Justifique sua resposta com elementos do texto.

5. Malala se destacou em seu país por causa, principalmente, de sua luta pelo direito de as mulheres estudarem.

   a) Naquela sociedade, quais são as únicas profissões toleradas para mulheres?

   b) Malala se adaptou a essas regras?

6. Nos trechos "As meninas cobriram a cabeça antes de sair para a rua" e "Eu era a única que não estava com o rosto coberto":

   a) Que outra regra religiosa se percebe nesse hábito das meninas?

   b) Infira: Malala concordava com essa outra regra? Justifique sua resposta.

   c) O rosto descoberto de Malala pode ter contribuído para o atentado? Por quê?

7. Quando sofreu o atentado, Malala tinha 15 anos. Que elementos do texto mostram que ela era uma adolescente igual às outras, tanto as do mundo oriental quanto as do mundo ocidental?

O que é o Talibã?

O Talibã é conhecido no Ocidente como um movimento político e religioso radical. Seu objetivo é recuperar os principais aspectos do islamismo — cultural, social, jurídica e economicamente —, com a criação de um Estado teocrático que regule a vida sociopolítica e religiosa.

O conhecido ataque às torres gêmeas em Nova Iorque, em 11 de setembro de 2001, foi atribuído aos talibãs e a um de seus líderes, Osama Bin Laden, que foi perseguido e morto pelos norte-americanos.

AFP Photo

Hijab, *niqab* e burca

O texto de Malala faz referência a "cobrir a cabeça" como uma das normas do Talibã.

Na religião muçulmana, a maioria das mulheres usa ao menos um véu. Contudo há divergências quanto à obrigatoriedade desse uso, bem como quanto ao tipo de véu.

Os trajes mais conhecidos são:

- ***hijab***: véu que tem a finalidade de ocultar apenas o cabelo;
- ***niqab***: véu que cobre o rosto e revela apenas os olhos;
- **burca**: veste feminina que cobre todo o corpo, até o rosto e os olhos. Utilizada no Afeganistão e em parte do Paquistão, é o traje defendido pelos talibãs.

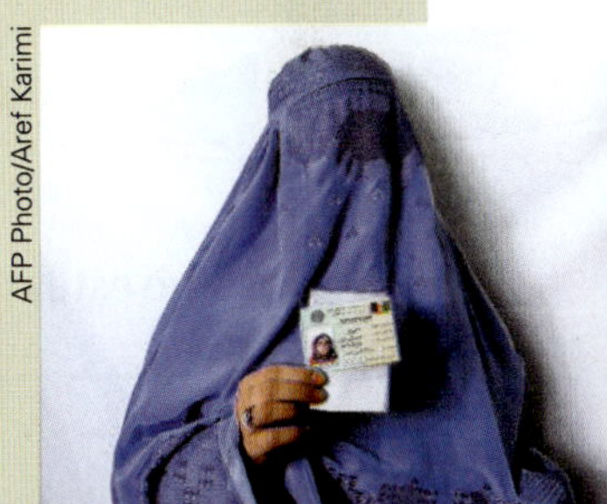

AFP Photo/Aref Karimi

AFP Photo/Elvis Barukcic

8. Segundo o texto, o rapaz que realizou o atentado "parecia um estudante universitário".

a) Que idade devia ter esse rapaz?

b) A intenção dele era realmente matá-la? Justifique sua resposta.

c) O que os erros e a mão trêmula do rapaz revelam sobre ele?

A LINGUAGEM DO TEXTO

1. No trecho "consigo dormir mesmo com o cacarejar dos galos", foi empregada uma **onomatopeia**, ou seja, uma palavra que reproduz aproximadamente um som da natureza.

a) Qual é a palavra do texto que constitui uma onomatopeia?

b) Que verbos onomatopaicos expressam o som produzido por:

- cachorro?
- pássaro?
- corvo ou abutre?
- cavalo?
- boi?
- rã e sapo?

2. Observe este trecho do texto:

> "É difícil, para as meninas de nossa sociedade, ser qualquer coisa que não professora ou médica — isso, se quiserem trabalhar."

a) O que justifica o emprego do travessão?

b) Qual o sentido da expressão **que não** nesse contexto?

c) Reescreva o trecho substituindo a expressão **que não** por outra palavra ou expressão.

3. O que justifica o emprego do itálico na palavra *Crepúsculo*?

Cruzando linguagens

Observe estes cartuns de Caulos:

(*Só dói quando eu respiro*. Porto Alegre: L&PM, 2001. p. 66.)

1. Observe as personagens do primeiro cartum. Uma delas difere do resto do grupo.
   a) Em que difere?
   b) Que interpretação se pode dar ao ponto de interrogação nesse contexto?

2. No segundo cartum, a mesma personagem está sendo atacada pelas demais.
   a) Qual é o objetivo dessas personagens, ao jogar o *spray* na outra?
   b) Qual é a causa dessa iniciativa?

3. Relacione o texto "Eu sou Malala" aos cartuns de Caulos.
   a) Com qual personagem dos cartuns Malala se assemelha? Por quê?
   b) A agressão sofrida pela personagem no segundo cartum também tem paralelo no texto "Eu sou Malala"? Por quê?

A mulher no Afeganistão

O tema do sofrimento das mulheres que vivem sob o regime do Talibã também foi abordado pelo filme *A caminho de Kandahar*, de Mohsen Makhmalba, de 2001.

Makhmalbaf Film House

Com imagens lindas, o filme é um triste relato das condições de vida das mulheres afegãs.

Quem é Caulos?

Caulos nasceu em Araguari, Minas Gerais, em 1943, e vive no Rio de Janeiro. Trabalhou como desenhista em importantes publicações brasileiras e estrangeiras, com destaque para o *Jornal do Brasil* e para o jornal norte-americano *The New York Times*. Foi diretor de arte e colaborador do semanário *O Pasquim*, jornal que revolucionou a imprensa brasileira no final da década de 1960 e início da década de 1970. Como artista plástico, fez quase uma dezena de exposições individuais em galerias brasileiras e duas exposições individuais no Museu de Arte Moderna do Rio de Janeiro. É autor dos livros *Só dói quando eu respiro* (L&PM, 2012), *Vida de passarinho* (L&PM, 2005), *O jardim da infância de Matisse* (Rocco, 2007), *O tapete voador* (Rocco, 2013) e *O ponto e a vírgula* (Rocco, 2014), entre outros.

Vanda Viveiros de Castro

Trocando ideias

1. O atentado sofrido por Malala é exemplo da intolerância de um grupo de pessoas que não aceitam ideias e comportamentos diferentes. Você acha que Malala fez bem em pôr sua vida em risco para defender os direitos das mulheres? Por quê?

2. O pai de Malala sempre incentivou a filha a continuar lutando pelos direitos femininos e também ele muitas vezes discursou contra o Talibã. Na sua opinião, ele agiu corretamente, mesmo pondo a vida da família em risco?

3. Na sua opinião, Malala é uma heroína? Por quê?

Produção de texto

A CARTA PESSOAL

Hoje, com o aparecimento da Internet e de vários meios instantâneos de comunicação, como o SMS, os *e-mails*, os *posts* do Facebook, os torpedos, as conversas pelo Skype ou pelo WhatsApp, etc., o número de pessoas que usam cartas pessoais para se comunicar diminuiu muito.

Apesar disso, em várias partes do Brasil e por diferentes razões, muitas pessoas ainda escrevem e enviam cartas.

Você sabe como se produz uma carta? Convém conhecer esse gênero, que já foi um dos mais utilizados pelas pessoas em todo o mundo.

Leia esta carta:

Paris, 20 de janeiro de 2014.

Querido Duda:

Como andam as coisas por aí? Está tudo bem com você, meu filho? E com seu pai? E com seus avós?

Puxa, não foi fácil voltar para Paris depois de passar o final do ano com vocês aí em casa, no Brasil. Aqui tem feito muito frio! O termômetro tem ficado abaixo de zero, mas até o momento não nevou. Estou virando um picolé francês!

Como você sabe, Paris é uma cidade linda, mas, no inverno, tudo fica diferente. A cidade está quase vazia, sem turistas, sem graça, sem gente passeando pelo rio Sena... Aliás, o frio está ótimo para eu ir à universidade e me concentrar na minha pesquisa. Quem sabe assim eu termino meu trabalho antes do prazo final, que é o começo de agosto. E então nós poderemos ficar todos juntos novamente. Iremos à praia nos domingos e curtiremos o sol e o mar juntinhos. Ai, que delícia! Ai, que saudades do Brasil! Ai que saudades do nosso arrozinho com feijão!

Uma boa notícia: ontem fui a uma loja e comprei um presentinho superlegal pra você. Mas é surpresa! Você só vai saber quando eu for visitar vocês em março. Nem adianta insistir, que eu não vou contar.

E você, já está se preparando para o início das aulas? Seu pai resolveu o problema do transporte escolar? Você está sendo obediente com seu pai e com seus avós, como prometeu? Olha lá, menino! E não esqueça o que combinamos: todos os dias, você vai dedicar duas horas da parte da tarde para fazer as lições e estudar, tá bom? Não quero que você fique tempo demais na frente da tevê ou do computador. Aproveite seu tempo livre para ler os livros que ganhou no Natal, tá?

Um beijão em todo mundo aí e outro especialmente pra você, meu filhão querido!

De sua mãe, saudosa,

Cris

P.S.: Diga pra sua avó que já encontrei um bom lugar pra comprar a panela Le Creuset que ela pediu. Só que ela é superpesada! Não sei como vou aguentar levar esse peso na mala em março.

1. Assim como o cartão-postal e o telegrama, a **carta pessoal** é um tipo de correspondência. A carta lida contém um assunto de caráter pessoal, motivado por experiências reais, ou uma história ficcional, vivida por uma ou mais personagens em determinado tempo e lugar?

Diomedia/Photononstop

2. Em relação à carta lida, responda:
   a) Quem é o remetente? E o destinatário?
   b) Em que local e data a carta foi escrita?
   c) Com que finalidade ela foi escrita?

3. Além de **local**, **data**, **vocativo** (o nome do destinatário no início da carta) e **assinatura** do remetente, uma carta contém também **assunto** e **despedida**.
   a) Na carta lida, que expressão tem o papel de vocativo?
   b) O assunto da carta começa em "Como andam as coisas por aí?". Onde ele termina?
   c) Em que trecho a mãe se despede do filho?

4. Na carta pessoal, a linguagem pode ter maior ou menor informalidade, dependendo do grau de intimidade entre os interlocutores.
   a) A carta lida revela que há intimidade entre os interlocutores? Qual é a relação entre eles?
   b) O grau de intimidade entre os interlocutores se manifesta na linguagem? Comprove sua resposta com palavras e expressões do texto.

5. Quando nos esquecemos de relatar ou comentar algo importante na carta, podemos incluir, depois da despedida e da assinatura, um **P. S.**, isto é, um *post scriptum* (expressão latina que significa "depois do escrito"). Na carta lida, há P.S.?

As cartas de *Central do Brasil*

O filme *Central do Brasil*, de Walter Salles, mostra como a carta já foi e ainda é um gênero textual importantíssimo na vida de muitas pessoas.

O filme relata a vida de Dora (personagem vivida pela atriz Fernanda Montenegro), cujo trabalho é escrever cartas para analfabetos na estação Central do Brasil, no Rio de Janeiro.

Embora não quisesse, Dora acaba se envolvendo com a história de um menino que pretendia encontrar o pai no interior do Nordeste.

Diomedia/Photos 12 – Cinema

Cena do filme *Central do Brasil*.

Nos correios

Uma carta normalmente é enviada por correio, em um envelope. A Empresa Brasileira de Correios recomenda a seus usuários o uso de envelope do tipo RPC (Recomendado Pelos Correios), branco para as cartas nacionais e com tarjas verdes e amarelas para as internacionais.

Ao se preencher um envelope a mão, deve-se escrever o endereço do destinatário com tinta azul ou preta, colocar o CEP de oito algarismos nos quadradinhos e colar o selo no lugar apropriado. O endereço e o CEP da rua ou cidade do remetente devem constar no verso do envelope. Observe, abaixo, como preencher o envelope:

O que é CEP?

CEP é a sigla do código de endereçamento postal.

O código de endereçamento postal é um conjunto de números que identificam um local. No envelope, o CEP deve vir na frente ou abaixo do nome das cidades em que moram o remetente e o destinatário. Quando o usamos corretamente, a carta chega mais rápido a seu destino e não corre o risco de se extraviar.

Luiz Fernando Rubio

6. Reúna-se com seus colegas de grupo e, juntos, concluam: Para que serve a carta pessoal e quais são suas características?

O DIÁRIO

Em 1939, a Alemanha invadiu a Polônia, dando início à Segunda Guerra Mundial. Após a derrota da Polônia, em 1940, os nazistas isolaram uma área da capital, Varsóvia, e para lá enviaram todos os judeus residentes no país. Entre eles estava Janina Bauman, uma adolescente de 14 anos, cidadã polonesa de família judia próspera.

Durante sua permanência no gueto de Varsóvia, a adolescente escreveu diários e contos que somente sessenta anos depois do conflito ela resolveu publicar. No livro *Inverno na manhã — Uma jovem no gueto de Varsóvia*, Janina relata suas experiências com a guerra, a luta pela sobrevivência, dentro e fora do gueto, e apresenta ao leitor sua família, os amigos surgidos no infortúnio, os horrores da guerra, as ações desumanas que presenciou, a fuga do gueto de Varsóvia, a vida em esconderijos.

O texto a seguir é um trecho do diário de Janina. Trata-se de uma página escrita depois que a autora, sua mãe e sua irmã juntaram-se a outros refugiados que deixaram Varsóvia, deportados para a zona rural.

The Bridgeman Library/Grupo Keystone

20 de outubro de 1944

Ainda estamos vivas. E juntas. Por aqui tudo é tão tranquilo e tão seguro que é difícil acreditar que todo o nosso passado recente seja real. Será que o pesadelo acabou? Será que vamos viver assim até o fim da guerra e finalmente sobreviver? Durante o dia, quando o sol brilha através do minúsculo quadrado de nossa janela, eu penso que sim, é isso, nós escapamos. Mas quando acordo no meio da noite, imagens horripilantes retornam como uma torrente, o medo me arrepia a alma e não consigo voltar a dormir. Então começo a pensar em nossa vida atual, em como nossa situação é de fato incerta e como estamos longe de nos sentirmos seguras. Porque *eles* ainda estão aqui, embora não se fale muito sobre isso. Estão aqui, mandando nesta tranquila zona rural, nestas pessoas que nos abrigaram sob o seu teto. E só estamos aqui porque *eles* ordenaram que os granjeiros locais acolhessem os deportados, da mesma forma que os obrigaram a entregar parte de seu gado para o Terceiro Reich. Os nazistas podem estar perdendo batalhas a oeste, podem estar feridos de morte ao leste, mas aqui exatamente eles estão em pleno comando. E assim, a qualquer dia ou noite este período de tranquilidade pode facilmente chegar a um fim abrupto. Vamos supor que alguém na aldeia deteste judeus, ou tenha uma desavença com a família que nos abriga, ou deseje receber uma recompensa. Aposto que essa senhora e seus filhos não imaginam quem somos. Talvez nem mesmo consigam identificar um judeu pela aparência. Espero que não sejam fuzilados se os nazistas chegarem até nós. Afinal, só estão fazendo o que foram obrigados a fazer — acolher refugiados de Varsóvia. E é isso que somos, refugiados de Varsóvia.

Jorge Zahar Editor

Sei que manter meu diário significa assumir um grande e desnecessário risco — ele contém a afirmação, preto no branco, de tudo aquilo que estamos tentando esconder. Mas não quero que minhas experiências caiam no esquecimento, de modo que continuarei escrevendo, se não para a posteridade, ao menos para mim mesma. Agora vou enterrá-lo no fundo do catre e dormir por cima dele.

(Janina Bauman. *Inverno na manhã — Uma jovem no Gueto de Varsóvia*. Tradução de Carlos Alberto Medeiros. Rio de Janeiro: Jorge Zahar, 2005. p. 205-6.)

abrupto: súbito, repentino.

catre: cama de viagem, dobrável, de lona; leito tosco e pobre.

deportado: desterrado, exilado, banido.

posteridade: o tempo futuro; as gerações futuras.

refugiado: aquele que se refugiou, asilou-se, expatriou-se.

Procure no dicionário outras palavras que você desconheça.

A maior prova de insensatez

A Segunda Guerra Mundial foi a mais abrangente e mais sangrenta da história. Durante os seis anos de conflito, entre 1939 e 1945, estima-se que 56,4 milhões de pessoas tenham morrido, entre soldados e civis. Só a União Soviética perdeu 7 milhões de civis e 6,1 milhões de soldados. Outro país bastante castigado foi a Polônia, que teve mais de 6 milhões de mortos, 17% de sua população.

A Segunda Guerra foi travada entre dois grupos: de um lado, o dos países Aliados, formado pelos Estados Unidos, Grã-Bretanha, França, União Soviética e China; do outro lado, as potências do Eixo, com Alemanha, Itália e Japão. Uma das motivações da guerra foi o desejo do ditador nazista Adolf Hitler de criar uma "nova ordem" na Europa, baseada na superioridade alemã, na eliminação das minorias étnicas e religiosas (como os judeus), na supressão das liberdades e dos direitos individuais e na perseguição de ideologias liberais, socialistas e comunistas. As nações democráticas (como França, Grã-Bretanha e os Estados Unidos) opuseram-se aos planos expansionistas dos países do Eixo.

(Alexandre Petillo. *O livro dos recordes da Super*, dez. 2004. Abril Comunicações S/A.)

1. Abrigada, juntamente com a mãe e a irmã, na casa de uma senhora, Janina vive um momento de tranquilidade e medo.

a) No início do relato, por que ela está alegre?

b) A quem ela se refere quando escreve **eles** em seu diário?

c) Por que ela ainda tem medo?

2. Num diário, costumamos relatar fatos de nosso cotidiano.

a) O que um(a) adolescente geralmente registra em seu diário?

b) Por que o diário de Janina é diferente?

c) Por que o diário de Janina constitui um risco?

d) Apesar disso, por que ela o mantém?

3. O diário é um gênero textual que geralmente tem como leitor o próprio autor. Na sua opinião, com que finalidade esse diário se tornou público?

4. Um diário pode ser escrito em longos ou curtos períodos e suas páginas costumam ser datadas. A página do diário em estudo apresenta data?

5. O diário pode ou não ser dirigido a alguém e pode ser real ou fictício. A palavra ou expressão que nomeia essa pessoa é chamada de **vocativo**. Além do vocativo, um diário pode conter ou não assinatura.

a) Na página do diário em estudo, a autora se dirige a alguém?

Os diários como documentos históricos

Um diário pode se tornar um documento de grande valor histórico por registrar o dia a dia de uma pessoa que viveu uma época de guerra, de fome, de conflitos sociais, etc. É o caso, por exemplo, do diário de Janina Bauman e também do *Diário de Anne Frank*, ambos amargos testemunhos da Segunda Guerra Mundial. Anne Frank também era judia e, nessa época, viveu escondida com sua família, durante dois anos, no sótão de um prédio, em Amsterdã, Holanda. Descobertos pela Gestapo, todos foram mortos, com exceção do pai, que, após a guerra, publicou o diário da filha.

Cia. das Letras

Em 1993-4, foi publicado *O diário de Zlata — A vida de uma menina na guerra*. Sua autora, outra menina, Zlata Filipovic, também narra os horrores da guerra, dessa vez na Bósnia.

b) Janina assina seu diário?

c) Levante hipóteses: Considerando-se o momento histórico em que o diário foi escrito, por que isso acontece?

6. Observe as formas verbais empregadas na página do diário em estudo.

a) Em que pessoa o relato é feito?

b) Os tempos verbais empregados estão no presente do indicativo. Por que Janina usa esse tempo verbal e não o pretérito (passado)?

7. Observe a linguagem do texto.

a) Qual é a variedade linguística empregada?

b) Considerando-se as características desse gênero textual e a história da autora do diário, a linguagem empregada é adequada?

8. Reúna-se com seus colegas de grupo e, juntos, concluam: Quais são as características do diário?

AGORA É A **sua vez**

Escreva uma página de diário, relatando fatos marcantes ou diferentes que você vivenciou recentemente. Ou relatando fatos do passado, como o nascimento de um irmão, um encontro inesperado, o primeiro dia na escola, uma surpresa agradável, a alegria de ganhar um animal de estimação, uma viagem ou um passeio inesquecível, etc.

Como o diário costuma ser íntimo, decida se você quer ou não tornar público o seu texto. Se sim, quando terminar de escrevê-lo, escolha um(a) colega da classe com quem tenha mais intimidade e troquem de caderno: você será o leitor da página de diário que ele(a) escreveu, e ele(a) será o leitor de seu texto.

Depois, passe sua página de diário a limpo e guarde-a para integrar o livro ou o *blog* a ser produzido no capítulo **Intervalo** desta unidade.

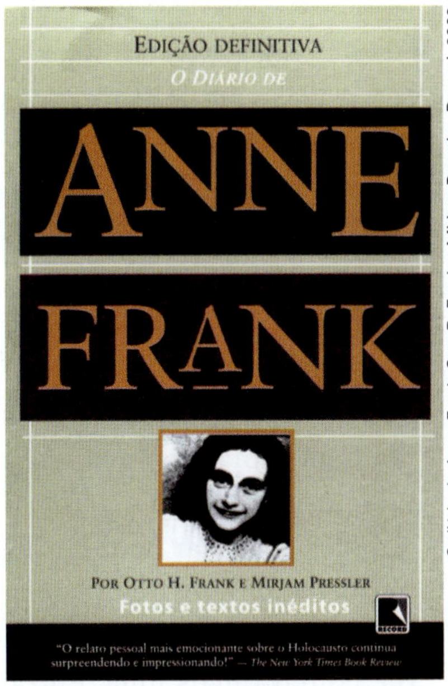

O diário de Anne Frank. Otto R. Frank e Mirjam Pressler. Record. 2003

Planejamento do texto

- Pense no perfil do seu leitor. Leve em conta que seus leitores serão colegas de sua e de outras classes, professores, seus pais, amigos e talvez internautas.
- Considerando o veículo e o suporte em que sua página de diário será veiculada, empregue uma linguagem adequada ao perfil dos leitores.
- Lembre-se de que uma página de diário se refere a um episódio marcante da vida de quem escreve; a data e o lugar são bem-definidos; os fatos podem ser narrados no presente ou no passado; o narrador é protagonista e, portanto, os verbos e pronomes são empregados na 1ª pessoa do singular ou do plural; há trechos descritivos; a linguagem é pessoal e subjetiva, geralmente de acordo com a norma-padrão.

Revisão e reescrita

Antes de fazer a versão final de sua página de diário, reveja-a, verificando se ela apresenta os elementos próprios do gênero. Assim, observe:

- O local e a data estão indicados no alto da página?
- Você, como autor do diário, é o protagonista?
- O relato diz respeito a um momento marcante na sua vida?
- Há trechos descritivos?
- A linguagem é pessoal e subjetiva e está de acordo com a norma-padrão informal?
- O texto consegue traduzir suas impressões a respeito de um momento marcante de sua vida?

Para escrever com expressividade

A DESCRIÇÃO

O texto a seguir faz parte do romance *Menino de engenho*, de José Lins do Rego, e, nele, o narrador-personagem, Carlinhos, descreve uma das personagens que conheceu no engenho do avô, onde passou a viver após a morte da mãe.

Leia-o.

A velha Totonha de quando em vez batia no engenho. E era um acontecimento para a meninada. Ela vivia de contar histórias de Trancoso. Pequenina e toda engelhada, tão leve que uma ventania poderia carregá-la, andava léguas a pé, de engenho a engenho, como uma edição viva das *Mil e Uma Noites*. Que talento ela possuía para contar as suas histórias, com um jeito admirável de falar em nome de todos os personagens! Sem nem um dente na boca, e com uma voz que dava todos os tons às palavras.

As suas histórias para mim valiam tudo. Ela também sabia escolher o seu auditório. Não gostava de contar para o primo Silvino, porque ele se punha a tagarelar no meio das narrativas. Eu ficava calado, quieto, diante dela. Para este seu ouvinte a velha Totonha não conhecia cansaço. Repetia, contava mais uma, entrava por uma perna de pinto e saía por uma perna de pato, sempre com aquele seu sorriso de avó de gravura dos livros de história. E as suas lendas eram suas, ninguém sabia contar como ela. Havia uma nota pessoal nas modulações de sua voz e uma expressão de humanidade nos reis e nas rainhas dos seus contos. O seu Pequeno Polegar era diferente. A sua avó que engordava os meninos para comer era mais cruel que a das histórias que outros contavam.

Quem é José Lins do Rego?

Um dos principais escritores brasileiros das décadas de 1930 e 1940, José Lins do Rego (1901-1957) nasceu em Pilar, na Paraíba, e passou boa parte da infância na fazenda do avô.

O escritor conheceu de perto o declínio da economia canavieira no Nordeste brasileiro e dessa vivência colheu material para escrever suas obras e compor suas personagens. Entre seus romances mais importantes estão *Menino de engenho*, *Fogo morto* e *Doidinho*.

Jankiel Gonczarowska/Arquivo do Estado de São Paulo

A velha Totonha era uma grande artista para dramatizar. Ela subia e descia ao sublime sem forçar as situações, como a coisa mais natural do mundo. Tinha uma memória de prodígio. Recitava contos inteiros em versos, intercalando de vez em quando pedaços de prosa, como notas explicativas. [...]

Havia sempre rei e rainha, nos seus contos, e forca e adivinhações. E muito da vida, com as suas maldades e as suas grandezas, a gente encontrava naqueles heróis e naqueles intrigantes, que eram sempre castigados com mortes horríveis. O que fazia a velha Totonha mais curiosa era a cor local que ela punha nos seus descritivos. Quando ela queria pintar um reino era como se estivesse falando dum engenho fabuloso. Os rios e as florestas por onde andavam os seus personagens se pareciam muito com o Paraíba e a Mata do Rolo. O seu Barba-Azul era um senhor de engenho de Pernambuco.

[...]

Depois Sinhá Totonha saía para outros engenhos, e eu ficava esperando pelo dia em que ela voltasse, com as suas histórias sempre novas para mim. Porque ela possuía um pedaço do gênio que não envelhece.

(23. ed. Rio de Janeiro: José Olympio. p. 49-54.)

engelhada: enrugada, encarquilhada.

histórias de Trancoso: contos e histórias antigas de origem popular; o termo **Trancoso** diz respeito ao nome de um escritor português que coletava esses contos e histórias.

entrava por uma perna de pinto e saía por uma perna de pato: expressão que faz parte de uma quadra popular recitada para encerrar uma história e dar início a outra.

1. A chegada de Totonha ao engenho empolgava as crianças porque ela "vivia de contar histórias de Trancoso". Para exaltar a grande habilidade da personagem como contadora de histórias, que comparação o narrador utiliza?

2. O narrador apresenta sua personagem como "**velha** Totonha", ou seja, como uma mulher idosa. Que outros adjetivos do parágrafo inicial do texto reforçam essa característica da personagem?

3. Como a **leveza**, a **voz** e o **sorriso** da personagem Totonha são descritos?

4. Ao descrever a personagem, o narrador utiliza expressões que correspondem a adjetivos. O trecho "Sem nem um dente na boca", por exemplo, equivale ao adjetivo **desdentada**.

   Dê o adjetivo correspondente às expressões destacadas:

   a) "a velha Totonha **não conhecia cansaço**"

   b) "**Que talento ela possuía** para contar as suas histórias"

   c) "Tinha uma memória **de prodígio**"

   d) "E as suas lendas eram **suas, ninguém sabia contar como ela**."

5. Observe nos seguintes trechos do texto o emprego do verbo **ser** e dos pronomes **seu** e **sua**.

   "as **suas** lendas **eram suas**, ninguém sabia contar como ela"
   "O **seu** Pequeno Polegar **era** diferente."
   "A **sua** avó [...] **era** mais cruel"
   "O **seu** Barba-Azul **era** um senhor de engenho de Pernambuco."

   a) O que a forma verbal **era**, do verbo **ser**, indica?

   b) E os pronomes **seu** e **sua**?

6. Para o narrador-personagem, o que tornava tão interessante a descrição de locais e personagens que a velha Totonha fazia?

7. Para o narrador-personagem, a velha Totonha lembrava "avó de gravura dos livros de história". E você, o que achou da personagem?

Você observou que, por meio da descrição feita no texto lido, conseguimos "ver" a velha Totonha. Ficamos sabendo como ela era fisicamente, como era a sua voz e quais eram suas qualidades como contadora de histórias: talentosa, original, prodigiosa, incansável, grande artista.

Diferentes gêneros, como o conto, a crônica, o romance, o relato, etc., costumam apresentar trechos descritivos, pois por meio deles os fatos da história ficam mais vivos para o leitor ou ouvinte.

Para descrever, podemos empregar **adjetivos** (pequenina, engelhada, leve), **locuções adjetivas** (de prodígio, sem nem um dente) e **orações**; podemos também fazer **comparações** (como uma edição viva das *Mil e Uma Noites*); usar **verbos que indicam estado** (era); referir-nos a **impressões sensitivas**, como cores, cheiros, gostos, sons e sensações táteis.

EXERCÍCIOS

1. Faça um desenho da velha Totonha a partir das características apontadas no texto. Utilize uma folha de papel branca e procure imprimir no desenho a expressão doce da personagem.

2. Faça a descrição do seu animal preferido. Inicie-a pelas características comuns aos animais do mesmo tipo e no final, de maneira sutil, ressalte o detalhe que pode distingui-lo dos outros. Leia seu texto para a classe ou troque-o com um colega e veja se ele é capaz de identificar o animal que você descreveu.

3. Leia este texto:

Tonalidades de azul e verde se alternam nas águas clarinhas do mar, que muda de cor com a maré e o clima. Combinado com a areia quase branca, o mar poderia formar aquela típica imagem de praia do Caribe. Mas em Porto de Galinhas a gama de cores é bem maior. Em toda a orla, dezenas de jangadas coloridas aguardam os visitantes para levá-los à atração mais procurada: as piscinas naturais, decorrentes de altos bancos de areia e extensas formações de recifes, sempre repletos de peixes coloridos e outros animais, como siris e ouriços. [...] Além das praias, é legal conhecer o simpático centro de Porto de Galinhas, que tem as principais características de uma vila de pescadores badalada: é pequeno, com ruas estreitas, reunindo restaurantes e lojinhas de artesanato.

(*Viaje Mais*, ano 8, nº 102, p. 28-30.)

Look/Latinstock

O lugar descrito no texto é a praia de Porto de Galinhas, vila situada na cidade de Ipojuca, próxima de Recife.

a) Como o autor caracteriza a praia de Porto de Galinhas e o centro da vila?

b) Identifique, na resposta que você deu no item anterior, os adjetivos utilizados na caracterização da praia e da vila.

c) Escolha um lugar que você conheça bem e que lhe traga boas lembranças e descreva-o para os colegas.

A língua em foco

O ARTIGO

CONSTRUINDO O CONCEITO

Leia este anúncio:

Grey141/ Fundação Ação Criança

(*Veja São Paulo*, 7/8/2013.)

1. A respeito do anúncio, responda:

a) Quem é o anunciante?

b) Qual é a finalidade do anúncio?

c) Levando em conta o veículo em que o anúncio foi publicado, deduza: Qual é o público-alvo?

O que é a Fundação Ação Criança?

É uma entidade sem fins lucrativos que tem como objetivo combater a desnutrição infantil na faixa de 0 a 7 anos de idade.

AÇÃO CRIANÇA

Anúncio da Fundação Ação Criança

2. Que relação existe entre a linguagem verbal e a linguagem não verbal do anúncio?

3. No enunciado principal do anúncio, lemos: "**A** maior diversão de **uma** criança com fome é comer".

a) A diversão a que o enunciado faz referência é uma diversão qualquer ou uma diversão específica?

b) E a criança: trata-se de uma criança qualquer ou de uma criança específica?

c) Se trocássemos a palavra **a** por **uma**, e vice-versa, o sentido do enunciado seria o mesmo?

CONCEITUANDO

Como você viu, algumas palavras que antecedem um substantivo podem modificar o seu sentido, definindo-o ou particularizando-o, como é o caso de **o** e **a**, ou indefinindo-o ou generalizando-o, como é o caso de **um**, **uma**. Quando dizemos "**uma** criança", estamos nos referindo a uma criança qualquer, indefinida. Quando, porém, dizemos "**a** criança", estamos nos referindo a uma criança determinada, definida.

As palavras **o**, **a**, **os**, **as** e **um**, **uma**, **uns**, **umas** são denominadas artigos.

> **Artigo** é a palavra que antecede um substantivo, definindo-o ou indefinindo-o, particularizando-o ou generalizando-o.

Flexão e classificação dos artigos

Os artigos concordam em gênero e número com os substantivos que acompanham. Assim, quando alguém diz "Anote o...", já se sabe que a palavra seguinte será um substantivo no singular e do gênero masculino.

Como os artigos variam de acordo com os substantivos a que se referem, temos: **o** endereço, **os** endereços, **uma** chamada, **umas** chamadas.

Os artigos classificam-se em:

definidos

São os artigos **o**(**s**) e **a**(**s**), que definem os substantivos, indicando que se trata de seres já conhecidos. Exemplos: **o** anúncio, **a** pergunta, **as** revistas, **os** endereços.

Geralmente empregamos **o** e **a** antes de um substantivo que já foi mencionado anteriormente.

Observe os artigos destacados nesta adivinha:

> **Uma** casa tem quatro cantos,
> Cada canto tem um gato,
> Cada gato vê três gatos.
> Quantos gatos tem **a** casa?
>
> (Domínio público.)

No último verso, em "Quantos gatos tem **a** casa?", é usado o artigo definido **a**, pois já havia sido feita referência à casa.

(*Ícaro Brasil*, nº 241.)

O artigo tem também a importante função de poder substantivar qualquer palavra da língua. A palavra *bom*, por exemplo, é originalmente um adjetivo, mas, no anúncio acima, ela foi substantivada, porque o artigo *o* foi colocado antes dela. Nesse contexto, ela designa as coisas boas do Brasil.

indefinidos

São os artigos **um(ns)** e **uma(s)**, que indefinem os substantivos, indicando que se trata de seres quaisquer de uma mesma espécie. Na adivinha que você leu, no primeiro verso, em "**uma** casa", é usado o artigo indefinido **uma** porque a afirmação se refere a uma casa qualquer.

Outros exemplos: **um** relógio, **uns** meninos, **uma** escola, **umas** cartas.

Às vezes o artigo aparece numa contração, isto é, unido a outras palavras. Por exemplo:

A estrela cadente
Me caiu ainda quente
Na palma **da** mão.

(Paulo Leminski. *Toda poesia*. 1. ed. São Paulo: Companhia das Letras, 2013. p. 115.)

Na palma **da** mão
(em + a) (de + a)
artigo definido artigo definido

Contrações do artigo

em + a(s)	= na(s)	de + a(s)	= da(s)
em + o(s)	= no(s)	de + o(s)	= do(s)
em + um(a)	= num(a)	de + um(a)	= dum(a)
em + uns	= nuns	de + uns	= duns

EXERCÍCIOS

Leia o poema a seguir, de Ulisses Tavares, e responda às questões de 1 a 4.

Amizadão

Amigo, como o ar:
Some e volta some e volta.
No peito da gente, fica.

(*Viva a poesia viva*. 7. ed. São Paulo: Saraiva, 2004.)

Filipe Rocha

1. Reconheça e classifique o artigo empregado no poema.

2. Identifique nos versos duas contrações do artigo e indique as palavras com as quais o artigo se contraiu.

3. O poema começa com o substantivo **amigo**, desacompanhado de artigo.

a) Que artigo poderia ser empregado antes de **amigo**, sem que o sentido geral do poema fosse alterado: **o** ou **um**?

b) Logo, a ausência de artigo tende a particularizar ou generalizar o sentido do substantivo?

4. Por que o poema compara amigo ao ar?

O ARTIGO NA CONSTRUÇÃO DO TEXTO

Leia este poema, de Mário Quintana:

VI

Na minha rua há um menininho doente.
Enquanto os outros partem para a escola,
Junto à janela, sonhadoramente,
Ele ouve o sapateiro bater sola.

Ouve também o carpinteiro, em frente,
Que uma canção napolitana engrola.
E pouco a pouco, gradativamente,
O sofrimento que ele tem se evola...

Mas nesta rua há um operário triste:
Não canta nada na manhã sonora
E o menino nem sonha que ele existe.

Ele trabalha silenciosamente...
E está compondo este soneto agora,
Pra alminha boa do menino doente...

(In: *A Rua dos Cata-ventos*. São Paulo: Globo © by Elena Quintana.)

Filipe Rocha

engrolar: pronunciar de maneira imperfeita, recitar mal.

evolar: evaporar, dissipar.

soneto: tipo de poema formado por quatro estrofes, as duas primeiras com quatro versos e as duas últimas com três versos.

Procure no dicionário outras palavras que você desconheça.

1. Quando falamos ou escrevemos, as escolhas linguísticas que fazemos estão vinculadas ao sentido que pretendemos dar ao texto. Observe, por exemplo, o emprego dos artigos na primeira estrofe do poema.

a) Como se classificam os artigos em "**um** menininho doente" e em "**os** outros"?

b) Em "os outros", a palavra **outros** substitui um substantivo. Qual é ele?

c) Imagine como ficaria o poema se, em "um menininho doente", o autor empregasse "**o** menininho doente". Seria adequado o emprego do artigo definido nesse caso? Por quê?

d) Apesar de ter empregado o artigo **um** antes de **menininho**, o autor emprega artigos definidos em "**o** sapateiro" e "**o** carpinteiro". O que justifica o emprego de artigos definidos nesses casos?

e) Qual é a razão do emprego de artigo indefinido em "**uma** canção napolitana"?

2. Na primeira estrofe, o autor emprega artigo indefinido em "**um** menininho doente". Na terceira e na quarta estrofes, entretanto, emprega artigos definidos em "**o** menino" e "d**o** menino doente". O que justifica a mudança de tipo de artigo para acompanhar o substantivo **menininho** ou **menino**?

3. As duas primeiras estrofes descrevem a rua, as personagens da rua e o drama vivido por um menino doente. A partir da terceira estrofe, entretanto, o eu lírico retrata outra personagem: "um operário triste".

   a) Que palavra dessa estrofe indica uma mudança de assunto?

   b) Quem é o "operário triste" a que se refere o poema? Justifique sua resposta com uma palavra ou expressão do texto.

   c) Por que foi empregado o artigo indefinido, em vez de artigo definido, em "um operário triste"?

4. No poema, o "operário triste" é colocado no mesmo patamar de outros trabalhadores, como o sapateiro e o carpinteiro. Por que o trabalho desse operário é silencioso?

5. De acordo com a última estrofe:

   a) Qual é a finalidade desse poema?

   b) Que sentimentos do eu lírico se depreendem dessa estrofe?

Filipe Rocha

6. Como conclusão desse estudo, indique os itens que apresentam afirmações corretas a respeito do emprego do artigo no poema.

   a) O artigo indefinido é empregado quando se quer situar no discurso algo ou alguém de que ainda não se falou, como ocorre em "um menininho".

   b) Mencionado uma vez um ser, nas vezes seguintes emprega-se o artigo definido para se referir a ele, como ocorre em "o menino" e "do menino doente".

   c) Os artigos definidos também são empregados para indicar exclusão de outros seres da mesma espécie ou grupo. É o caso de "o sapateiro" e "o carpinteiro", únicos profissionais com esse ofício na rua descrita.

   d) O artigo indefinido **um** acompanha os substantivos **menininho** e **operário** porque eles não se conhecem; se se conhecessem, seria empregado o artigo definido **o**.

SEMÂNTICA E DISCURSO

Leia a tira e o anúncio publicitário a seguir e responda às questões de 1 a 3.

Fernando Gonsales

(*Folha de S. Paulo*, 18/4/2012.)

1. Observe o emprego dos artigos na tira.

a) Qual é o único artigo indefinido empregado na tira?

b) E quais são os artigos definidos?

c) Considerando quem são os interlocutores e o local onde eles estão, justifique: Por que houve vários empregos de artigos definidos e apenas um emprego de artigo indefinido?

2. Observe o anúncio.

Todos Pela Educação

(*Isto É*, 9/10/2013.)

a) Quem é o anunciante?

b) Considerando que o anúncio foi publicado em outubro, no dia 9 desse mês, responda: Qual é a sua finalidade?

c) Observe que, nos enunciados principais, foram empregados artigos definidos: "**o** professor", "**o** futuro", "**a** gente", "**na** sala de aula". O que justifica esse emprego?

3. Você aprendeu que os artigos definidos, **o(s)** e **a(s)**, são empregados quando nos referimos a um substantivo específico, definido e particular; e os artigos indefinidos, **um(uns)** e **uma(s)**, quando nos referimos a um substantivo de sentido genérico, indefinido. Compare:

- "**as** ferraduras, **as** selas e **a** alfafa"
- "Valorize **o** professor."

Troque ideias com os colegas e com o professor e responda:

a) Os substantivos **ferraduras**, **selas** e **alfafa**, acompanhados dos artigos definidos **as**, **as** e **a**, respectivamente, apresentam, na tira, um sentido particular e específico, ou um sentido genérico?

b) O substantivo **professor**, acompanhado do artigo definido **o**, apresenta, no anúncio, um sentido particular e específico ou um sentido genérico?

c) Como você justifica o sentido produzido na expressão "o professor", no anúncio? Dê outros exemplos em que isso também ocorre.

de OLHO na escrita

DIVISÃO SILÁBICA

1. Leia o texto:

Quais são as injeções que mais doem?

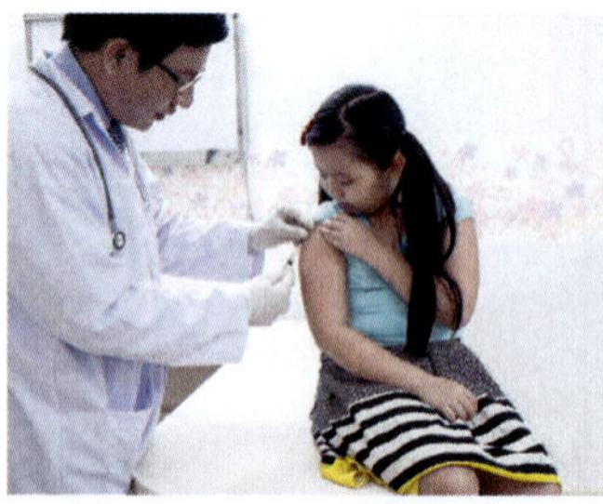

Thinkstock/Getty Images

A dor da picada depende de três fatores principais: o calibre da agulha, a profundidade em que a injeção é aplicada e a substância contida na seringa.

"Substâncias mais viscosas, por exemplo, são mais difíceis de dispersar pelo tecido e, portanto, podem doer mais", diz Marta Heloísa Lopes, médica da Faculdade de Medicina da USP.

Em relação à profundidade e ao calibre, a regra é clara: quanto mais profunda e mais grossa é a agulha, maior a dor. A temida Benzetacil combina com todos os fatores: é um medicamento viscoso, aplicado dentro do músculo e com uma agulha de calibre relativamente grosso. Ai!

(Gabriela Portilho. Revista *Mundo Estranho*, junho 2009.)

Por que as palavras **contida** e **dispensar** estão divididas da maneira como aparecem no texto?

2. Leia este poema, de Elias José:

Zigue-zague

A palavra ZIGUE-ZAGUE
se estica
se encolhe,
se mexe,
se acerta
se
en
tor
ta.
E remexe.
E parece que dança pagode
ou que é mesmo
uma roqueira.

Filipe Rocha

(*Pequeno dicionário poético-humorístico ilustrado*. São Paulo: Paulinas, 2006. p. 104.)

a) Qual é o assunto do poema?

b) O poema explica a palavra *zigue-zague* da mesma maneira que um dicionário?

c) Além de dispor os versos de um modo especial, o poema apresenta a palavra **entorta** separada em sílabas e cada sílaba formando um verso. O que o poeta quis mostrar com isso?

A separação de sílabas em textos, apesar de ter sido praticamente eliminada na editoração eletrônica, ainda é usual nas publicações impressas. Além disso, quando escrevemos um texto, é comum algumas palavras não caberem inteiras no espaço disponível na largura da folha. Quando isso ocorre, é preciso separar as palavras em sílabas, como acontece no primeiro texto da página anterior.

A divisão de palavras em sílabas, além de ser usada em final de linhas, pode também, em determinados contextos, criar efeitos de sentido, como ocorre no segundo texto.

Ao dividir uma palavra em sílabas, devemos nos lembrar de situações em que pode e em que não pode ocorrer separação.

Separam-se:

- os hiatos:

re - **al** - men - te   po - **lu** - **í** - do   **sa** - **í** - da   **ra** - **i** - nha   per - **do** - **o**

- os dígrafos **rr**, **ss**, **sc**, **sç**, **xc** e os encontros consonantais **cc** e **cç**:

a**r** - **r**a - sar   pa**s** - **s**a - do   flo - re**s** - **c**er   de**s** - **ç**a
e**x** - **c**e - ção   o**c** - **c**i - pi - tal   su**c** - **ç**ão

- as consoantes não seguidas de vogal: pa**c** - to   a**f** - ta

Nunca se separam:

- os ditongos e os tritongos: re - fú - **gio** Pa - ra - **guai**
- os dígrafos **lh**, **nh**, **ch**, **qu**, **gu**:

pa - **lha** - ço ri - so - **nho** **chu** - va co - **que** - lu - che **gue** - to

- os encontros consonantais constituídos de consoante + **r** e consoante + **l**:

pre - di - le - to a - **tlas**

EXERCÍCIOS

1. Leia esta tira, de Fernando Gonsales:

(*Folha de S. Paulo*, 1/6/2013.)

a) No 1º quadrinho da tira, a palavra **incríveis** aparece dividida em sílabas. Que efeito resulta dessa divisão da palavra?

b) Pelo contexto do 1º quadrinho, o leitor é levado a supor que a personagem tem qual profissão? Essa hipótese se confirma no 2º quadrinho?

2. Em cada grupo de palavras a seguir, há uma que apresenta separação silábica inadequada. Indique essa palavra e refaça sua separação silábica.

a) tá-bua – lo-u-sa – pá-tio – sé-rie

b) sa-í-da – sa-ú-de – voo – le-em

c) ap-to – psi-có-lo-go – im-pa-cto – ab-dô-men

d) sub-li-nhar – acla-rar – a-tro-pe-lar – flau-ta

e) car-re-ta – ex-ces-so – de-scer – te-lha-do

Divirta-se

carta de demissão

carta de apresentação

(Caulos. *Só dói quando eu respiro*. Porto Alegre: L&PM, 2001. p. 60.)

CAPÍTULO 3

O encantador de melros

Era uma vez um menino da cor da terra. Um menino que gostava de brincar, de desenhar e olhar a lua. Um dia esse menino cresceu, mas não deixou de ser criança. Pelo contrário, já grande, foi conhecer outros meninos do vasto continente americano: Peru, Bolívia, México, Guatemala...
E registrou, em livro, algumas das emoções da infância.

Ao retornar de uma viagem à Guatemala, o escritor e cartunista Ziraldo estava entusiasmado. Lá conhecera a poesia de Humberto Ak'abal e ficara especialmente comovido com os poemas dele que tratam da infância. Naquele país, Ziraldo ainda pôde conhecer de perto as crianças guatemaltecas e viu o quanto elas são parecidas com as crianças brasileiras.

Dessas experiências, nasceu o livro *Os meninos morenos — Com versos de Humberto Ak'abal*, que é uma história de Ziraldo acompanhada de poemas de Ak'abal. Afinal, "os dois falam da mesma coisa, de sua infância de menino cor da terra, um na Guatemala, outro no Brasil, dois países desse enorme continente de meninos morenos".

Os meninos morenos

Uma das recordações mais felizes da minha infância é a da sinfonia dos melros nas palmeiras. A gente chegava muito cedo para a primeira aula do Grupo Escolar que ficava na praça que era cercada de altas palmeiras.

Pois é: minha terra tinha palmeiras onde, em vez de sabiá, cantava o melro. E, como a gente chegava muito cedo para a aula, os melros ainda estavam cantando a sua canção matinal. Era como se estivessem saudando os meninos morenos, que também chegavam em bando para a escola.

Jarinho chegava para brincar com a gente e vinha com o melro no ombro. Se a brincadeira era contar história, brincar de gata-parida, berlinda, mamãe eu posso ir ou qualquer outra que não implicasse correr, o melro ficava ali, no ombro do Jarinho. Se, porém, a gente tinha que correr, se a brincadeira era de pique, de pular-carniça, soltar papagaio, jogar precipício, cobra-caninana, esconde-esconde ou mãos ao ar — que, em outras cidades, se chamava bandido e mocinho — o Jarinho botava o melro no galho de uma árvore ou no umbral de uma janela e dizia: "Fica aí, que eu já volto". E o melro ficava esperando seu dono voltar da brinca-

Ricardo Dantas

deira. A professora pedia ao Jarinho pra não levar o melro para a escola. Era para não tumultuar as aulas.

O Jarinho ficava muito triste de deixar seu amigo em casa.

Era agosto, mês das queimadas e das ventanias. Às vezes, a caminho da escola, na manhã ainda fria, a gente não enxergava um palmo diante do nariz, vivendo como se estivesse dentro de um fog londrino. Era a névoa seca das queimadas. Os olhos ficavam vermelhos e voltávamos da escola com a poeira das cinzas assentadinha nas dobras da camisa branca do uniforme. Quando não ventava muito, a gente podia ver um raminho de samambaia cinzenta vindo voando em nossa direção, levemente, como uma pena de ave flutuando no espaço. O raminho de samambaia tocava nossa roupa e se desfazia em cinzas. Eram as matas do rio Doce sendo dizimadas pelas queimadas dos derrubadores. Foi num mês de agosto, no dia seguinte de uma grande ventania, que o Jarinho não apareceu na escola.

Chovem os cantos

Chovem os cantos
dos melros
enamorados da chuva.

E o sol,
parado no meio do céu
sem guarda-chuva.

Na semana que se seguiu àquele dia, não só o Jarinho, mas todos os meninos da rua não fizeram outra coisa senão procurar o melro do Jarinho.

Ele o havia deixado num galho de árvore para fazer uma coisa qualquer (que era melhor fazer sem seu amigo). Foi quando começou o furacão. Foi de repente, eu me lembro.

Nunca havia ventado tanto na minha cidade. As pessoas se agarravam aos postes para não serem arrastadas, telhas voaram pelos ares, casebres ficaram sem teto, folhas das palmeiras imperiais da praça se desprenderam, voando a grandes alturas, ameaçadoras.

Todos os meninos da rua só faltaram morrer de tristeza, o Jarinho ficou de cama e não me lembro mais de voltar a vê-lo imitar seus passarinhos. Minha mãe, que era uma sábia, tentou explicar para os meninos da rua que era bom a gente prestar bastante atenção nas coisas boas, enquanto elas duram.

Ricardo Dantas

Muitos e muitos anos depois — agora, recentemente — reencontrei o Jarinho. Era um senhor gordinho com os cabelos — muito poucos — completamente brancos e os olhos pequenos mais sumidos do que nunca. [...] Perguntei-lhe se ele se lembrava, com a mesma intensidade que eu, dos velhos tempos da rua da nossa infância. E falei do melro no seu ombro e ele me disse: "Não me esqueço nunca. Ainda hoje, tantos anos depois, acordo no meio da noite e, dentro do meu quarto, escuto o meu melro cantando direitinho como se estivesse ali". Que bom! Jarinho acredita que existe fantasma de passarinho.

(Ziraldo. *Os meninos morenos – Com versos de Humberto Ak'abal*. São Paulo: Melhoramentos, 2004. p. 45-8.)

derrubador: aquele que derruba as árvores antes de pôr fogo na mata.

dizimado: diminuído, desfalcado, destruído.

***fog*:** nevoeiro espesso característico da cidade de Londres, Inglaterra.

melro: pássaro de plumagem negra, bico amarelo e canto melodioso.

sabiá: pássaro de um colorido simples, cinzento, às vezes avermelhado.

umbral: limiar, entrada.

Procure no dicionário outras palavras que você desconheça.

Estudo do texto

COMPREENSÃO E INTERPRETAÇÃO

1. O texto é a narrativa de uma recordação feliz da infância do autor: a sinfonia dos melros nas palmeiras da praça onde ficava a escola.

a) Os melros ainda estavam cantando quando os meninos chegavam para a aula. Que impressão os meninos tinham desse canto dos pássaros?

b) Leia o boxe "Canção do exílio" e relacione os versos de Gonçalves Dias ao episódio narrado no texto. Qual é a diferença entre o que dizem os versos de Gonçalves Dias e a situação retratada no texto?

c) Veja a descrição do melro no vocabulário. Que identificação podia haver entre os meninos e os melros?

"Canção do exílio"

O poeta maranhense Gonçalves Dias, em viagem à Europa, sentiu saudades do Brasil e escreveu o conhecido poema "Canção do exílio". Veja como é a primeira estrofe do poema:

Minha terra tem palmeiras
Onde canta o sabiá
As aves que aqui gorjeiam
Não gorjeiam como lá.

Almir Candido

2. Entre os meninos da história, Jarinho é o que o narrador destaca.

a) O que Jarinho tinha de especial?

b) O que mais impressionava o narrador quanto à relação entre Jarinho e o melro?

c) Por que a professora pedia a Jarinho que não levasse o melro para a escola?

Arquivo pessoal

Ziraldo com crianças guatemaltecas.

3. "Era agosto, mês das queimadas e das ventanias." No trecho que se inicia assim, o narrador apresenta um ambiente diferente do que é mostrado no início da história.

a) Como, então, ficava o caminho da escola?

b) O texto retrata um espaço rural ou urbano? Por quê?

c) Há, no texto, indícios de que, na época, já ocorriam agressões ao meio ambiente?

4. "Foi quando começou o furacão. Foi de repente, eu me lembro", diz o narrador no final do 7º parágrafo do texto.

a) Que fatos da lembrança do narrador comprovam que a ventania era mesmo um furacão?

b) Qual foi a consequência desse furacão para Jarinho e as outras crianças?

5. A mãe do narrador tentou ajudar os meninos da rua a tirar uma lição a propósito do desaparecimento do melro. Ela disse a eles que devemos "prestar bastante atenção nas coisas boas, enquanto elas duram". Na sua opinião, o que acontece quando prestamos bastante atenção nas coisas boas que vivemos, depois que elas se acabam?

6. Muitos anos depois, o narrador reencontrou Jarinho.

a) Pela descrição que o narrador faz, Jarinho estava diferente de como era na época da escola?

b) No final da história, o narrador diz: "Que bom! Jarinho acredita que existe fantasma de passarinho". Na sua opinião, por que ele acha bom que Jarinho acredite que existe fantasma de passarinho?

Brincadeiras infantis

Thinkstock/Getty Images

Você conhece as brincadeiras citadas por Ziraldo no texto? Veja como são algumas delas:

Berlinda: um dos participantes é alvo dos comentários dos demais e deve escolher, entre eles, o que mais lhe agradou.

Gata-parida: todos se sentam num banco e começam a comprimir-se uns aos outros, imitando miados de gato.

Cobra-caninana: são formadas duas fileiras de garotos; ao sinal, o primeiro de cada fileira corre para o final, mas ziguezagueando entre os colegas da retaguarda; vence a fileira que voltar primeiro à formação inicial.

Precipício: o escolhido fica de pé no centro de um círculo de crianças, fecha os olhos e, de corpo enrijecido, tomba o corpo, que deve ser sustentado pelos companheiros.

Pular-carniça: as crianças ficam alinhadas e, em rápido deslocamento, uma a uma, pulam por sobre as costas dos companheiros parados e curvados; pulada a última criança, o jogador corre e para adiante, esperando que os demais saltem sobre ele.

A LINGUAGEM DO TEXTO

1. Leia as seguintes passagens do texto, observando as expressões destacadas:

- "**A gente** chegava muito cedo"
- "Se, porém, **a gente** tinha que correr"
- "**a gente** não enxergava"
- "**a gente** podia ver"
- "era bom **a gente** prestar bastante atenção"

a) Em todos esses trechos, a expressão destacada está empregada no lugar de que outra palavra: **nós**, **ele**, **eu**, **você** ou **ela**?

b) Por que o narrador emprega a expressão **a gente**, em vez dessa outra palavra?

2. Releia este trecho do texto:

"A gente chegava muito cedo para a primeira aula do Grupo Escolar que ficava na praça que era cercada de altas palmeiras."

a) Reescreva o trecho, eliminando as expressões **que ficava** e **que era**.

b) O sentido se manteve? Qual forma está mais de acordo com a expressão oral e informal?

3. A partícula **-inho** forma palavras no diminutivo e quase sempre acrescenta às palavras o sentido de "pequeno". Compare estes trechos do texto:

- "a gente podia ver um **raminho** de samambaia cinzenta vindo voando em nossa direção"
- "**Jarinho** chegava para brincar com a gente."
- "escuto o meu melro cantando **direitinho** como se estivesse ali"

a) Em qual trecho a partícula **-inho** acrescenta à palavra a noção de "pequeno"?

b) Qual sentido a partícula **-inho** confere às palavras nos outros dois trechos?

Ricardo Dantas

LEITURA EXPRESSIVA DO TEXTO

Primeiramente, numere os parágrafos do texto. Depois, formem um grupo de onze integrantes e dividam as tarefas: distribuam os dez parágrafos do texto entre dez alunos, de modo que cada um leia um parágrafo, e escolham alguém para ler a estrofe da "Canção do exílio", de Gonçalves Dias, que está no boxe da página 189. Antes de iniciarem a leitura do segundo parágrafo, um aluno deve declamar os versos de Gonçalves Dias. Quem ler o parágrafo "O Jarinho ficava muito triste [...]" também lê o poema "Chovem os cantos", de Humberto Ak'abal, na lateral do texto.

Trocando ideias

1. Você deve ter muitos colegas na escola, na vizinhança, no bairro. E amigos? Você tem muitos? Entre eles, há algum que você admire por um motivo especial? Conte para os colegas.
2. O personagem Jarinho tinha um melro que ele estimava muito. E você? Tem ou já teve um animal de estimação? Qual a importância dele para você? Se você nunca teve, qual gostaria de ter?
3. Alguma vez você teve de lidar com a perda de um animal de estimação? Se sim, conte como foi.
4. Você concorda com o pensamento da mãe do narrador de que é bom a gente "prestar bastante atenção nas coisas boas, enquanto elas duram"? Por quê?

Produção de texto

OS GÊNEROS DIGITAIS: *E-MAIL*, *BLOG*, *TWITTER*, COMENTÁRIO

O *e-mail*

Você vai ler, a seguir, três *e-mails* trocados entre duas amigas, Manuela e Camila.

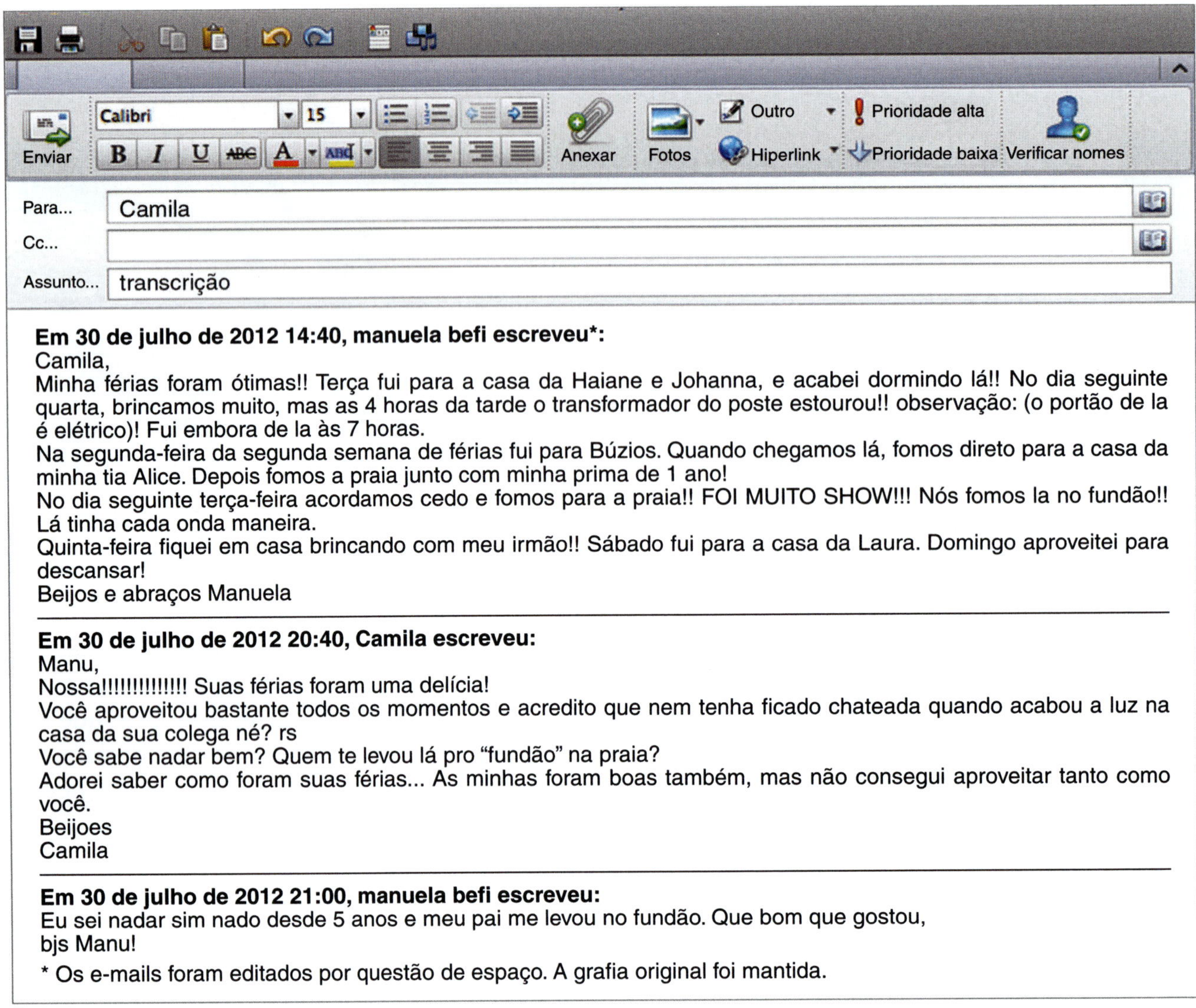

Para... Camila

Cc...

Assunto... transcrição

Em 30 de julho de 2012 14:40, manuela befi escreveu*:
Camila,
Minha férias foram ótimas!! Terça fui para a casa da Haiane e Johanna, e acabei dormindo lá!! No dia seguinte quarta, brincamos muito, mas as 4 horas da tarde o transformador do poste estourou!! observação: (o portão de la é elétrico)! Fui embora de la às 7 horas.
Na segunda-feira da segunda semana de férias fui para Búzios. Quando chegamos lá, fomos direto para a casa da minha tia Alice. Depois fomos a praia junto com minha prima de 1 ano!
No dia seguinte terça-feira acordamos cedo e fomos para a praia!! FOI MUITO SHOW!!! Nós fomos la no fundão!! Lá tinha cada onda maneira.
Quinta-feira fiquei em casa brincando com meu irmão!! Sábado fui para a casa da Laura. Domingo aproveitei para descansar!
Beijos e abraços Manuela

Em 30 de julho de 2012 20:40, Camila escreveu:
Manu,
Nossa!!!!!!!!!!!!! Suas férias foram uma delícia!
Você aproveitou bastante todos os momentos e acredito que nem tenha ficado chateada quando acabou a luz na casa da sua colega né? rs
Você sabe nadar bem? Quem te levou lá pro "fundão" na praia?
Adorei saber como foram suas férias... As minhas foram boas também, mas não consegui aproveitar tanto como você.
Beijoes
Camila

Em 30 de julho de 2012 21:00, manuela befi escreveu:
Eu sei nadar sim nado desde 5 anos e meu pai me levou no fundão. Que bom que gostou,
bjs Manu!

* Os e-mails foram editados por questão de espaço. A grafia original foi mantida.

(http://revistaescola.abril.com.br/fundamental-1/e-mail-mais-genero-ensinar-garotada-702972.shtml?page=2)

1. Os *e-mails* foram trocados entre duas amigas. Levante hipóteses: Que idade elas têm, aproximadamente? Justifique sua resposta com elementos do texto.

2. Os *e-mails* estão reproduzidos conforme foram escritos.

a) Juntamente com os colegas e o professor, faça um levantamento de situações do texto que fogem às regras da norma-padrão.

b) A linguagem mostra-se mais coloquial e informal, ou mais formal? Justifique sua resposta com exemplos do texto.

c) Levando em conta que os *e-mails* foram trocados entre duas amigas, você considera a linguagem adequada à situação, isto é, ao gênero e ao perfil dos interlocutores? Por quê?

O que significa a palavra *e-mail*?

A palavra **e-mail** designa duas coisas: a mensagem enviada através da Internet e o endereço para onde enviamos essa mensagem. Geralmente um endereço eletrônico, no Brasil, tem a seguinte estrutura: **nome@provedor.com.br.** O **nome** designa o usuário. O símbolo **@** (arroba) informa ao computador que esse conjunto é um endereço de *e-mail*. O **provedor** é a empresa que possibilita o acesso à Internet, geralmente mediante o pagamento de uma taxa. O termo **com** significa comercial e **br** é a sigla de Brasil.

3. Normalmente, há nos *e-mails* vocativo, expressão de despedida e assinatura.

a) Localize esses três elementos no primeiro *e-mail*.

b) O que justifica o fato de o terceiro *e-mail* não apresentar vocativo?

4. Existem *e-mails* pessoais e profissionais. Nos *e-mails* pessoais, o assunto geralmente diz respeito a situações cotidianas e familiares.

a) Qual é o assunto principal nos *e-mails* lidos?

b) Camila diz que suas férias foram boas, mas não tanto quanto as da amiga. Levante hipóteses: Por que ela fez esse comentário?

5. Embora as abreviaturas sejam mais comuns nas redes sociais, elas podem ser empregadas também em *e-mails*, dependendo do grau de intimidade e do grau de informalidade que há entre os interlocutores. Nos *e-mails* lidos, foram empregadas abreviaturas? Se sim, quais?

"Naum tow intndndu nd"

Para conversar pelo computador, os jovens inventaram uma linguagem, o internetês, cujo princípio é espremer o essencial de cada palavra. Vogais, por exemplo, são quase dispensáveis; acentos, raríssimos; duas consoantes normalmente viram uma, etc. Veja alguns vocábulos mais usados:

aham = sim
blz = beleza
fds = fim de semana
gnt = gente
naum = não
9dades = novidades
t+ = até mais
xops = *shopping*

O uso dessa linguagem é adequado apenas em certos gêneros da Internet, como no *e-mail*, no *blog* e em conversas nas salas de bate-papo quando há intimidade entre as pessoas. Em gêneros não digitais, o uso dessa linguagem é inadequado e, por isso, deve ser evitado.

6. Nos *e-mails* e nos gêneros textuais que circulam na Internet, a pontuação e o tipo de letra podem ter significados especiais.

a) O que justifica o emprego das letras maiúsculas em "FOI MUITO SHOW!!!"?

b) O que justifica o emprego de tantos pontos de exclamação nos dois primeiros e-*mails*?

7. Reúna-se com seus colegas de grupo e, juntos, concluam: Para que serve o *e-mail* e quais são suas características principais?

Emoções virtuais

A palavra *emoticons* vem do inglês *emotion icons* e significa "ícones de emoção". Eles são criados com letras e sinais do teclado do computador e, quando digitados em uma certa ordem, parecem carinhas com diferentes expressões e significados. Eles são geralmente usados em *e-mails* e em bate-papos virtuais.

Para ler *emoticons*, é necessário inclinar um pouco a cabeça para a esquerda. Veja alguns:

:-(— triste
>:(— raiva
;-) — piscada
:D — gargalhada
B-) — usar óculos
:'(— chorar
8-O — assustado
d:-) — de boné
:-& — zangado
:* — beijo
:# — guardar segredo
%- — confuso
X-(— chateado
[:) — ouvir

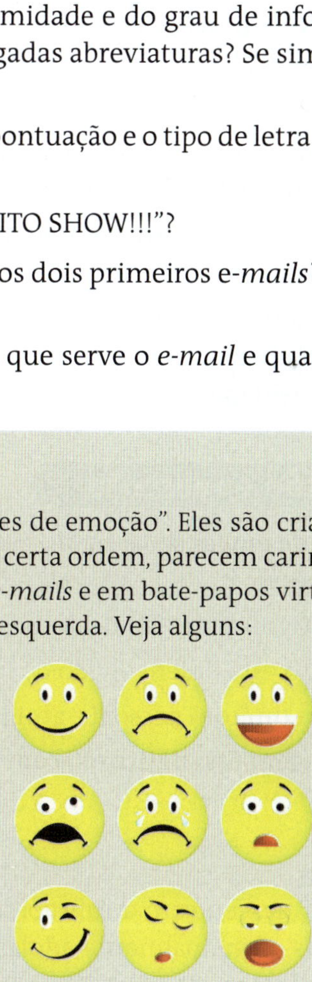
Jupiter Unlimited/Image Plus

AGORA É A **sua vez**

Se você ainda não tem um endereço eletrônico, é hora de passar a ter um. Com a ajuda do professor, cadastre-se em um dos provedores gratuitos da Internet. Depois crie um ou mais *e-mails* e envie-o(s) a um destinatário.

Os *e-mails* que você produzir e receber poderão fazer parte do livro ou do *blog* a ser montado no projeto do capítulo *Intervalo* desta unidade.

Planejamento do texto

- Peça ao professor o *e-mail* de seu correspondente. Procure ter algumas informações sobre ele, como o nome, a idade e o ano que está cursando.
- Escolha um dos assuntos sugeridos a seguir (ou outro de sua preferência):
  — redes sociais (participa de alguma?, gosta de participar?)
  — *games* (troca de informações sobre alguns)
  — esporte (participa de algum tipo?, gosta de participar?)
  — livros ou revistas em quadrinhos (troca de comentários sobre alguns)
  — filmes (indicação de alguns)
  — *hobbies*

Psonha

- Preencha os campos **Para** e **Assunto**.
- Ao escrever, leve em conta o perfil de seu destinatário. Procure ser simpático(a) e atrair a atenção dele para o tema que você escolheu.
- Lembre-se de que em um *e-mail* deve haver vocativo, assunto principal, expressão de despedida e assinatura.
- Procure adequar a linguagem ao interlocutor e ao gênero. Não mostre muita formalidade nem informalidade exagerada. Se quiser, empregue algumas abreviações, mas sem exageros. Escreva com espontaneidade.

Revisão e reescrita

Antes de enviar seu *e-mail*, reveja-o, verificando se ele apresenta os elementos próprios do gênero. Assim, observe:

- Há vocativo, expressão de despedida e assinatura?
- O assunto está desenvolvido de forma adequada?
- Você deu um tom pessoal e amigável ao texto, tornando-o, assim, atraente para o leitor?
- A linguagem está de acordo com o gênero e com o perfil de seu interlocutor?

O *blog*

O *blog* nasceu com a função de ser uma espécie de diário virtual, ou seja, um espaço que alguns internautas, principalmente adolescentes e jovens, utilizavam para relatar fatos do cotidiano, pensamentos, opiniões, etc.

Com o tempo, o *blog* foi se transformando e se tornou um espaço virtual mais complexo e diversificado, no qual podem ser encontrados desde relatos e fotos pessoais até notícias, opiniões, artigos, letras de música, curiosidades enciclopédicas, etc. Alguns profissionais de renome, inclusive, passaram a criar seus próprios *blogs*, que utilizam como forma de divulgar seu trabalho e sua agenda. Há também *blogs* comunitários, nos quais todos os membros de determinado grupo podem editar textos e participar como autores.

Enquanto montar um *site* exige conhecimentos de programação de computadores ou pagar por essa assessoria, criar uma página na rede é simples, rápido e quase sempre gratuito. Além disso, o *blog* normalmente é mais pessoal e revela mais intimidades do que o *site* e, dependendo do caso, pode atender melhor aos interesses de seu criador.

Ao desenvolver o projeto do capítulo **Intervalo** desta unidade, você terá a possibilidade de criar um *blog* pessoal ou participar de um *blog* comunitário.

Loucos por *blogs*

Para aqueles que são aficionados de *blogs*, existem vários livros sobre o assunto no mercado. Entre eles, sugerimos a leitura de *Biônicas*, de vários autores (Jaboticaba), e *Blog de papel*, também de vários autores (Gênese).

Blog e diário: qual a diferença?

O blog guarda grandes semelhanças com o velho diário de papel, com a diferença de que, em vez de lápis e folhas em branco, o usuário tem um computador, teclado, mouse, monitor e acesso à Internet. A contradição é que, ao mesmo tempo, o blog não será envolvido naquele famoso código de segredo absoluto: ele é publicado on line para quem quiser ler. Aliás, o fluxo constante de gente interessada em saber da vida de cicrano ou de fulano é o que mantém a página em andamento e dá graça à coisa toda, porque normalmente um diário eletrônico sem visitas é o mesmo que um livro parado na prateleira.

(*Aprenda sem professor – Crie seu blog*, nº 1.)

O *twitter*

Assim como o *myspace* e o *facebook*, o *twitter* é uma comunidade de amigos e pessoas desconhecidas e conhecidas que mandam mensagens a respeito do que estão fazendo, lendo, pensando naquele momento ou sobre o que pretendem fazer.

Quem participa do *twitter* pode ser um seguidor ou um seguido. Na condição de seguidor, você recebe mensagens do seu amigo (a pessoa a quem está ligado) com as informações que ele vai postando durante o dia. Na condição de seguido, você envia as mensagens, que podem ser, por exemplo, "no banho", ou "no cinema", ou "o livro que li", "a prova", etc.

Uma das principais características e desafios do *twitter* é o tamanho das mensagens. Elas só podem ter, no máximo, 140 caracteres, contando com a barra de espaços. Uma mensagem enviada pelo seguido alcança simultaneamente todos os seus seguidores. Vários artistas, atletas, jornalistas e profissionais de outras áreas têm utilizado o *twitter* como forma de fidelizar o público, divulgar seus novos trabalhos, fazer conhecer seu lado pessoal, etc.

Cadastrando-se no *twitter*

Para utilizar o *twitter*, você deve cadastrar-se no *site* http://twitter.com/, abrindo uma conta, em inglês. Depois, é só preencher no campo específico uma das quatro mensagens a seguir e atualizar.

1. O que você está fazendo.
2. Algo que você está vendo.
3. Algo que você quer fazer.
4. Algo que quer que os outros vejam.

WMO/Jupiter Image Plus

O comentário

Muitos *sites* e *blogs* disponibilizam um espaço e uma ferramenta para que seus leitores comentem os conteúdos ali publicados. As opiniões expressas nesse espaço são chamadas de **comentários**.

O comentário na Internet é um texto geralmente curto e com estrutura variável. Seu objetivo é adicionar informações, críticas, elogios, correções, ampliações ou sugestões ao texto comentado.

Dependendo do conteúdo do *site* ou do *blog*, do tema abordado e das pessoas envolvidas, os comentários podem ser menos ou mais polêmicos e ter menor ou maior profundidade. Quando o tema abordado é polêmico, os comentários podem assumir um caráter nitidamente argumentativo.

Os comentários abaixo, por exemplo, têm esse caráter. Eles circularam na Internet alguns dias depois que um grupo de pessoas, em 2013, invadiu um instituto que usava cães da raça *beagle* em pesquisa científica.

Os textos foram transcritos tal como circularam na Internet; por isso, há neles vários desvios em relação à norma-padrão, abreviações, etc. No lugar dos nomes dos participantes, constam apenas as iniciais, a fim de preservar sua identidade.

As redes sociais e os *beagles*

Em 18/10/2013, um grupo de pessoas invadiu o Instituto Royal, em São Roque, na grande São Paulo, e resgatou 178 cachorros da raça *beagle*, usados ali para experimentos científicos. As pesquisas, feitas de modo legal, tinham como objetivo desenvolver medicamentos anticancerígenos, anestésicos e cosméticos.

A movimentação ganhou corpo na véspera. Depois de ter sido postada a notícia de que 12 cachorros haviam sofrido eutanásia, centenas de pessoas se organizaram no *facebook* e resolveram invadir o instituto às 2 horas da madrugada. Levaram os cachorros e os coelhos, mas deixaram os ratos.

Getty Images

L. P. de C. Seguir Quem mais comentou Universidade Anhembi Morumbi

Pessoal acha que o mundo é preto e branco. Não é (só) ganancia que mantem esse habito vivo. Como o cara na entrevista disse e todos parecem adorar esquecer, "E sem esse dinheiro, carreiras e construção de infra-estrutura estariam em perigo.". Simplesmente parar com esses testes irá destruir todo o sistema dessas universidades. Pessoas perderiam seus empregos, cursos inteiros iriam à falencia. Não é tão simples assim, não é culpa da ganancia.

Responder Curtir Seguir publicação há 4 horas

H. A. Universidade Federal do Rio de Janeiro

Se fossemos pensar assim, de uma forma exagerada, os médicos de campos de concentração perderam seus empregos quando os campos foram fechados. E muitos avanços da Medicina, infelizmente, foram feitos ali. Se tirarmos o dinheiro dos corruptos, eles não terão mais seus empregos, nem como manter suas casas. Diversas universidades também, que possuem problemas legais, teriam as portas fechadas. E nem por isso é correto que isto continue. Poder ser uma comparação exagerada, mas é exatamente o que você diz.

Não é uma justificativa plausível afirmar que é correto continuar com algo por conta do emprego de alguém, ou curso, quando todo este esquema é corrupto. Eles ganham dinheiro público para fazer coisas cientificamente erradas, o qual poderia ser investido em coisas melhores para a população.

Responder 2 Curtir há 4 horas

L. M. da S. Santiago Do Boqueirão, Rio Grande Do Sul, Brazil

Meu Deus, se todo este crescimento, esta infraestrutura que vc fala terá que ser baseada em torturas contra animais, que voltemos à era da pedra. Graças a Deus a humanidade está se dando conta de tanta injustiça e os humanos conscientes darão voz a estas pobres criaturinhas que sofrem e sentem medo!!!! Existe sim a lei do retorno e um dia chega!!!!!

Zuma Press, Inc./Alamy/Glow Images

Responder 2 Curtir há 4 horas

[...]

N. C. O debate é sempre válido, acredito q pelo menos, no mínimo, no caso de cosméticos, produtos de higiene e limpeza, entre outros, isto seja uma grande verdade, porém os custos de se usar uma cobaia viva sejam mais em conta, o q justificaria as atrocidades cometidas por estes cientistas, "gente" do bem eles, hein...

(https://www.facebook.com/pages/Ajude-os-Beagles-do-Instituto-Royal/210030139178809?ref=ts&fref=ts)

1. Em relação aos comentários feitos no *facebook* a propósito dos experimentos científicos realizados com os *beagles*, responda:

a) Algum internauta manifestou-se a favor do uso desses animais em experiências científicas?

b) De modo geral, qual é o principal argumento utilizado pelos internautas para justificar seu ponto de vista?

2. Na ocasião, o tema foi amplamente debatido na Internet e na imprensa. Veja um ponto de vista diferente sobre o assunto, apresentado pelo jornalista João Pereira Coutinho:

> [...] os defensores da libertação animal preferem que sejam os homens a tomar o lugar dos bichos nos laboratórios?
>
> [...] talvez não fosse inútil convidar os militantes da "libertação animal" a recusarem daqui para a frente todos os tratamentos médicos que têm no seu historial o uso de animais em laboratório. Em nome da coerência.
>
> (*Folha de S. Paulo*, 22/10/2013.)

Qual é o principal argumento usado pelo jornalista para se contrapor ao ponto de vista dos defensores dos animais?

AGORA É A sua vez ▶

Reúna-se com seus colegas de grupo e, seguindo indicações do professor, escolham um ou mais *blogs* ou *sites* que apresentem a ferramenta **comentários** e produzam um ou mais comentários a propósito de um assunto do interesse de todos. Depois acessem o *blog* ou *site* e enviem o comentário.

Planejamento do texto

Thinkstock/Getty Images

- Discutam o texto do *blog* escolhido e o ponto de vista que ele apresenta sobre o assunto.
- Ao escrever, procurem manter uma relação direta com o texto original e situar com clareza o alvo do comentário.
- Fundamentem bem o ponto de vista do grupo, especialmente se ele for contrário ao ponto de vista apresentado no texto original.
- Expressem o ponto de vista de maneira resumida, uma vez que nesse gênero a síntese é desejável.

Revisão e reescrita

Antes de enviar o comentário, releiam-no, observando se:

- Ele consiste em um texto curto?
- O ponto de vista do grupo está bem-fundamentado, com base em dados e referências consistentes?

A língua em foco

O NUMERAL

CONSTRUINDO O CONCEITO

Leia as tiras a seguir, de Fernando Gonsales.

Fernando Gonsales

(*Folha de S. Paulo*, 28/7/2013.)

Fernando Gonsales

(*Folha de S. Paulo*, 11/7/2013.)

1. Na primeira tira, o ratinho pede à ratinha que o avalie.

a) Ele fica satisfeito com a avaliação?

b) No 2º quadrinho da tira, o ratinho estabelece uma escala para a avaliação. Qual é essa escala?

c) No 3º quadrinho, ele quer quantificar a avaliação. Por meio de qual tipo de medida?

d) Escreva por extenso o numeral que indica a avaliação feita pela ratinha.

2. A fala da ratinha no último quadrinho da tira é constituída por uma interjeição. Essa interjeição indica que a avaliação pode mudar para mais ou para menos?

3. Na segunda tira, o gênio da lâmpada diz ao garoto que ele tem direito a **um** desejo.

a) Na história tradicional, quantos são os desejos?

b) Então, pela ordem, qual seria o desejo formulado pelo garoto?

c) E os dois que ele faria em seguida?

4. A personagem concorda em formular um único desejo.

a) O desejo que ele expressa era previsto pelo gênio?

b) O que, no 3º quadrinho, mostra que o gênio se viu em dificuldade?

CONCEITUANDO

Como você pôde observar ao responder às questões anteriores, existem na língua portuguesa palavras que expressam a ideia de quantidade, como **um**, **dez**, **cinco**, **oitenta e três**, **mil**, etc., e a ideia de ordem, como **primeiro**, **segundo**, etc. Essas palavras são chamadas de **numerais**.

Numeral é a palavra que expressa a ideia de quantidade ou de posição numa determinada sequência.

Classificação dos numerais

Os numerais podem ser:

Fernando Gonsales

cardinais

São os que dão nome ao número de seres:

"Meu desejo é que você me conceda mais **mil** desejos."

ordinais

São os que indicam a posição de um ser em determinada sequência:

Aquele foi o seu **primeiro** desejo.

multiplicativos

São os que indicam o número de vezes pelo qual uma quantidade é multiplicada:

Tenho direito ao **triplo** dos desejos concedidos pelo gênio.

fracionários

São os que indicam o número de vezes pelo qual uma quantidade é dividida:

O gênio me concedeu apenas um **terço** dos desejos a que tenho direito.

Eis uma tabela de algarismos e numerais, para consulta:

ALGARISMOS		NUMERAIS	
Arábicos	Romanos	Cardinais	Ordinais
1	I	um	primeiro
2	II	dois	segundo
3	III	três	terceiro
4	IV	quatro	quarto
5	V	cinco	quinto
6	VI	seis	sexto
7	VII	sete	sétimo
8	VIII	oito	oitavo
9	IX	nove	nono
10	X	dez	décimo
11	XI	onze	décimo primeiro ou undécimo
12	XII	doze	décimo segundo ou duodécimo
13	XIII	treze	décimo terceiro
14	XIV	catorze ou quatorze	décimo quarto
15	XV	quinze	décimo quinto
16	XVI	dezesseis	décimo sexto
17	XVII	dezessete	décimo sétimo
18	XVIII	dezoito	décimo oitavo
19	XIX	dezenove	décimo nono

ALGARISMOS		NUMERAIS	
Arábicos	Romanos	Cardinais	Ordinais
20	XX	vinte	vigésimo
21	XXI	vinte e um	vigésimo primeiro
30	XXX	trinta	trigésimo
40	XL	quarenta	quadragésimo
50	L	cinquenta	quinquagésimo
60	LX	sessenta	sexagésimo
70	LXX	setenta	septuagésimo
80	LXXX	oitenta	octogésimo
90	XC	noventa	nonagésimo
100	C	cem	centésimo
200	CC	duzentos	ducentésimo
300	CCC	trezentos	tricentésimo
400	CD	quatrocentos	quadringentésimo
500	D	quinhentos	quingentésimo
600	DC	seiscentos	seiscentésimo ou sexcentésimo
700	DCC	setecentos	setingentésimo
800	DCCC	oitocentos	octingentésimo
900	CM	novecentos	noningentésimo ou nongentésimo
1 000	M	mil	milésimo

Flexão dos numerais

Gênero

Os numerais **um** e **dois** e os que indicam centenas, a partir de **duzentos**, apresentam também forma feminina. Os demais cardinais são invariáveis. Veja:

um jornal — **uma** revista
dois meninos — **duas** meninas
duzentos livros — **duzentas** fichas
cinco lençóis — **cinco** fronhas

Os dias do mês

Na indicação do primeiro dia do mês, deve-se empregar o ordinal: **primeiro** de maio, **primeiro** de setembro. Mas na indicação dos demais dias usa-se o cardinal: **dois** de maio, **vinte e dois** de setembro. Os nomes dos meses, como se vê, devem ser grafados sempre com letra minúscula.

Os numerais ordinais apresentam forma masculina e forma feminina:

> Júlia é a **primeira** da classe.
> Ana está no **oitavo** ano do ensino fundamental, e seu irmão, no **primeiro** ano de Odontologia.

Número

Numerais cardinais como **milhão**, **bilhão**, **trilhão**, etc. admitem o plural (**milhões**, **bilhões**, **trilhões**, etc.). Os demais cardinais são invariáveis.

EXERCÍCIOS

1. Leia esta tira, de Adão Iturrusgarai:

Adão Iturrusgarai

(*Folha de S. Paulo*, 12/7/2013.)

a) No último quadrinho da tira, que efeito de sentido produz o numeral empregado?

b) O que significam as abreviaturas **km/h** e **km/s**?

c) Ordene os elementos referidos nos quadrinhos de acordo com sua velocidade, da maior para a menor. Escreva por extenso as palavras correspondentes à classificação.

d) Escreva por extenso os numerais correspondentes às velocidades indicadas nos quadrinhos, com exceção do último.

e) Considerando-se a sequência **mil**, **milhão**, **bilhão**, **trilhão**, **quatrilhão**, **quintilhão** e **sextilhão**, como se diz o numeral do último quadrinho?

2. Escreva por extenso os numerais correspondentes aos algarismos. Consulte a tabela de algarismos e numerais, se necessário.

a) No último exame do Programa Internacional de Avaliação dos Alunos (Pisa), o Brasil ficou em 53º lugar, entre 65 países.

b) Em todo o mundo, comemora-se o 1º de Maio com manifestações políticas.

c) Aquele era um prédio antigo e, em sua fachada, se lia: MDCCCLXIX.

d) O professor pediu aos alunos que abrissem o livro no 33º capítulo, na página 262.

Alamy

O NUMERAL NA CONSTRUÇÃO DO TEXTO

Leia este poema, de Sebastião Nuvens:

Gato no mato

Um gato
foi passear no mato.
Quando chegou
no meio do mato encontrou
outro gato.

Os dois gatos
foram caçar patos.
Quando chegaram perto dos patos,
surgiram outros
dois gatos.
Os quatro gatos
foram procurar
ninho de carrapato.
Quando chegaram
perto dos chatos,
apareceram outros
quatro gatos.

Os oito gatos foram
brincar de dar saltos.
Enquanto davam
saltos muito altos,
se encontraram
com mais oito gatos.

Os dezesseis gatos
resolveram sair do mato.
Quando saíram do mato,
deram de cara com
outros dezesseis gatos.

Os trinta e dois gatos
decidiram caçar ratos.
Enquanto caçavam ratos,
apareceram outros
trinta e dois gatos.

Aí, os ratos gritaram:
— Assim, não!
Desse jeito é covardia!

Envergonhados,
os gatos foram saindo
de mansinho,
cada um para o seu lado.

E, como não tinha
nada para fazer,
um dos gatos resolveu
ir passear no mato.

Ricardo Dantas

(*Ciência Hoje das Crianças*, nº 128, p. 8.)

1. **Personificação** é um recurso de linguagem que consiste em atribuir qualidades humanas a seres não humanos ou inanimados. No poema, que ações ou atitudes dos gatos são exemplos de personificação?

2. A cada estrofe, o número de gatos dobra no poema.

Em quais estrofes isso não ocorre? Por quê?

3. Até a quinta estrofe do poema, há referência a um ou mais numerais.

a) Qual é a quantidade de gatos em cada estrofe, em relação à da estrofe anterior?

b) Qual é a quantidade de gatos em cada estrofe, em relação à da estrofe seguinte?

c) Qual é a maior quantidade a que chegam os gatos? Indique-a com algarismos.

d) Como se classificam os numerais **primeira**, **dobro**, **metade** e **trinta e dois**?

SEMÂNTICA E DISCURSO

1. O texto a seguir é um trecho do folheto de cordel *As proezas de João Grilo*, de João Ferreira de Lima. Nele, João Grilo responde à primeira de várias perguntas que lhe são feitas pelo sultão. Leia-o.

João Grilo disse: estou pronto
pode dizer a primeira,
se acaso eu sair-me bem
venha a segunda e a terceira
venha a quarta e a quinta
talvez o Grilo não minta
diga até a derradeira.

Perguntou: qual o animal
que mostra mais rapidez,
que anda de quatro pés
de manhã, por sua vez
ao meio-dia com dois
passando disto depois,
à tardinha anda com três?

O Grilo disse: é o homem
que se arrasta pelo chão
no tempo que engatinha,
depois toma posição
anda em pé e bem seguro,
mas quando fica maduro
faz três pés com o bastão.
[...]

Rafael Herrera

("As proezas de João Grilo". *Antologia de folhetos de cordel – Amor, história e luta.* São Paulo: Moderna, 2005. p.103-4.)

a) Que tipos de numerais foram empregados no texto?

b) O que os numerais da primeira estrofe indicam?

c) Na segunda estrofe, o que os numerais indicam?

d) A que fases da vida humana se referem, respectivamente, a manhã, o meio-dia e a tardinha?

2. Leia o anúncio:

Africazero

(*Veja São Paulo*, 9/10/2013.)

Um: artigo ou numeral?

Quando **um** é artigo, podemos colocar na frase a palavra **qualquer** após o substantivo que ele acompanha. Por exemplo:

Folheei **um** catálogo de remédios enquanto esperava o dentista. → **um** catálogo **qualquer**

Quando **um** é numeral, podemos colocar na frase, antes dele, as palavras **somente** ou **apenas**, sem modificar o sentido. Veja:

Comprei **um** livro de aventuras. → **somente um** livro de aventuras

Podemos também substituir **um** por **dois**, para ver se a palavra **um** expressa ou não a ideia de quantidade:

Comprei **um** livro/**dois** livros de aventura.

O anúncio cria propositalmente um jogo linguístico que envolve tanto a classe gramatical quanto o valor semântico da palavra **um**.

a) Inicialmente, quando lemos "Neste Dia das crianças, dê **um** presente", a palavra **um** parece ser artigo indefinido ou numeral? Justifique sua resposta.

b) Na continuação do enunciado, em "que vira mais de **um**", qual é a classe gramatical da palavra **um**: artigo indefinido ou numeral? Justifique sua resposta.

c) Ao lermos o enunciado todo, o sentido de **um** na expressão "um presente" se mantém? Por quê?

3. Você já sabe o que são coletivos. Há coletivos que indicam o número exato de seres que compõem uma coleção e outros que não. Por exemplo, **semana** indica um período de sete dias, enquanto **cardume** indica uma quantidade indefinida de peixes.

Indique o tipo e a quantidade, exata ou não, de seres a que cada coletivo a seguir se refere.

a) frota
b) dúzia
c) grosa
d) manada
e) quarentena
f) milênio
g) centena
h) coro
i) resma
j) sexteto

4. Com muita frequência, os números são empregados para qualificar objetos. Por exemplo:

carro 4 × 4: carro com tração nas quatro rodas

Troque ideias com os colegas e cite outras expressões em que um número qualifica um objeto.

de OLHO na escrita

SÍLABA TÔNICA E SÍLABA ÁTONA

Leia esta tira, de Adão Iturrusgarai:

Adão Iturrusgarai

(*Folha de S. Paulo*, 15/5/2012.)

1. Leia em voz alta estas palavras da tira: ridícula separado falei

a) Identifique em cada uma delas a sílaba que foi pronunciada de maneira mais forte.

b) Em cada uma dessas palavras, a sílaba que foi pronunciada de maneira mais forte é a última, a penúltima ou a antepenúltima?

2. A personagem da tira se revolta contra as normas ortográficas da língua portuguesa.

a) Troque ideias com os colegas: O que justifica a ortografia da língua?

b) De acordo com o ponto de vista da personagem, a palavra **palíndromo** deveria ser um palíndromo. Você sabe o que é um palíndromo? Dê um exemplo.

Ao ler as palavras **ridícula**, **separado** e **falei**, da tira, você deve ter pronunciado uma sílaba com mais força do que as outras. Isso ocorre em todas as palavras que têm mais de uma sílaba. De acordo com a maior ou menor intensidade com que são pronunciadas, as sílabas classificam-se em tônicas e átonas.

> **Sílaba tônica** é a pronunciada com mais intensidade.
> **Sílaba átona** é a pronunciada com menos intensidade.

PALAVRAS OXÍTONAS, PAROXÍTONAS E PROPAROXÍTONAS

Quanto à posição da sílaba tônica, as palavras de duas ou mais sílabas classificam-se em:

oxítonas

Quando a sílaba tônica é a **última** sílaba da palavra: vo**cê** a**qui** al**guém**

paroxítonas

Quando a sílaba tônica é a **penúltima** sílaba da palavra: **lín**gua sepa**ra**do deve**ri**a

proparoxítonas

Quando a sílaba tônica é a **antepenúltima** sílaba da palavra: **má**quina ri**dí**cula pa**lín**dromo

EXERCÍCIOS

Leia este texto:

Thinkstock/Getty Images

Seu corpo é uma máquina extremamente complexa e regulada com precisão. É necessário um bocado de atenção para que ele funcione sem problemas 24 horas por dia, 365 dias por ano, durante cerca de 70 anos (normalmente) sem parar! Dois terços do corpo são compostos de água. Esta é eliminada (alguns copos por dia) pelo suor e por idas ao banheiro, precisando ser reposta regularmente. Na realidade, é possível sobreviver sem comida por semanas, mas sem água você duraria apenas alguns dias. A água também colabora para que você tenha um aspecto saudável e é extremamente benéfica para o organismo, pois em sua passagem pelo corpo ela carrega todos os venenos (toxinas) consigo, que são eliminados com a água pelo suor e pela urina. Procure beber diversos copos de água por dia.

(Samanta Rugen. *Coisas que toda garota deve saber*. São Paulo: Melhoramentos, 2005. p. 8.)

1. Quais são os benefícios da água, segundo o texto?

2. Escreva em seu caderno as seguintes palavras do texto e destaque a sílaba tônica de cada uma.

a) organismo
b) água
c) também
d) copos
e) suor
f) máquina
g) benéfica
h) consigo
i) possível
j) semana
k) regularmente
l) passagem
m) sobreviver
n) toxinas
o) saudável

3. De acordo com a posição da sílaba tônica, classifique como oxítonas, paroxítonas ou proparoxítonas as palavras relacionadas no exercício anterior.

4. Na língua portuguesa, há preponderância de uma determinada acentuação na pronúncia das palavras. Com base na observação das palavras em estudo, qual acentuação é a mais comum?

Divirta-se

Mordillo

(Mordillo. *Mordillogolf*. Grenoble: Glénat, 1993.)

Passando a limpo ...

Leia o início do conto "Circo", de Luiz Vilela, e responda às questões de 1 a 3.

Eu estava no terreiro brincando quando escutei os foguetes e a voz do homem falando no alto-falante, e então fui correndo pra rua gritando: o circo chegou! o circo chegou! Ele já estava na esquina e eu trepei no muro pra ver ele passar e então ele veio passando com a perua de alto-falante na frente de tudo, depois o palhaço comprido de pernas de pau tocando um tamborzinho, pim pim pim, e o palhaço anãozinho tocando um tamborzão, pom pom pom, era engraçado, depois a moça bonita que era a moça do trapézio junto com o homem do trapézio no jipe enfeitado com fitas de muitas cores, depois a jaula com o leão desenhada com soldadinhos de cara gordinha, o leão deitado só olhando, era de fazer medo na gente, e depois atrás de tudo o elefante cor de barro andando pesadão, balançando a cabeça, e eu gritei: ô elefantão! e desci do muro e fui pro meio da meninada andar atrás dele, que parecia muito mansinho, e eu quis encostar a mão nele, mas não encostei de medo dele fazer alguma coisa [...].

(*Contos da infância e da adolescência.* São Paulo: Ática, 2008. p. 30.)

1. A chegada do circo é descrita pelo narrador-personagem:

a) na sequência em que ocorre o desfile das diversas atrações.

b) com um foco apenas nos sons e nas cores.

c) com um foco apenas nos animais.

d) com foco somente nos artistas.

2. A maneira como o narrador-personagem descreve a chegada do circo revela que o acontecimento despertava nele:

a) temor. b) entusiasmo. c) apreensão. d) frustração.

3. No texto, o emprego de termos nos graus aumentativo e diminutivo ajuda a caracterizar a experiência vivida pelo narrador na infância. Isso não é totalmente verdadeiro apenas em:

a) "tocando um tamborzinho, pim pim pim, e o palhaço anãozinho tocando um tamborzão, pom pom pom".

b) "desenhada com soldadinhos de cara gordinha".

c) "e eu gritei: ô elefantão!".

d) "parecia muito mansinho".

Leia a tira abaixo, de Fernando Gonsales, e responda às questões 4 e 5.

(*Folha de S. Paulo*, 14/11/2013.)

4. No 2º quadrinho, há o emprego do verbo **morder**. Nesse contexto e pelo fato de aparecer na fala de um pescador, o leitor é levado a atribuir ao verbo o significado de:

a) picar com o ferrão.
b) mordiscar a pele.
c) apertar os dentes na fruta.
d) beliscar a isca.

5. O último quadrinho leva a uma mudança no significado do verbo **morder** empregado no 2º quadrinho. A separação das sílabas no último quadrinho sugere que o pescador:

a) foi surpreendido pelas picadas dos insetos.
b) descobriu que poderia fisgar insetos.
c) alegrou-se por descobrir um novo tipo de pesca.
d) espantou-se ao constatar que formigas mordem a isca.

O texto a seguir é um trecho de um romance no qual as personagens principais são autores de *blogs*. Leia-o e responda às questões 6 e 7.

15/03
SILÊNCIO
[...] Nessa mesma noite, do alto da escada, vi quando meu pai deu um forte abraço na minha mãe e foi embora carregando uma mala. Minha mãe e eu ficamos em casa e, com a gente, um silêncio inédito. Um silêncio que, pela primeira vez, foi de dor.
Acho que o que mais me dói é pensar que talvez os amores verdadeiros e que são para toda a vida, como o amor de Ariza e Fermina em *O amor nos tempos do cólera*, só existam nos livros. Mas não vou perder minhas esperanças, afinal o que mais quero é poder viver um amor de verdade.

Comentários (2)
16/3 – **Cinderela Virtual**
É tarde, já passa da meia-noite. Estou aqui lendo seu blog e não consigo conter as lágrimas. Entendo a dor do silêncio e tenho medo que meus pais sigam o mesmo caminho que os seus. Adoro sua maneira de escrever, mas não me sinto capaz de ajudar você a sofrer menos.
Como você, também acredito nos amores de verdade. Acabei de terminar o livro e realmente é maravilhoso. Espero um dia poder viver algo parecido.
Kisses
[...]

(Vinicius Campos. *O amor nos tempos do blog*. São Paulo: Companhia das Letras, 2012. p.18-9.)

6. Nesse *blog*, seu autor, uma personagem adolescente, relata dúvidas, desejos e desilusões. Pelos comentários da leitora virtual que ele posta, é possível perceber que eles têm em comum o desejo de:

a) reaproximar os pais, impedindo que eles se separem.
b) viver um amor verdadeiro.
c) superar a dor do silêncio.
d) ajudar um ao outro.

7. A propósito das expressões "**os** amores verdadeiros" e "**um** amor de verdade", presentes no último parágrafo do *blog*, qual afirmação é **correta**, considerando-se o emprego dos artigos **os** e **um**?

a) As duas expressões têm o mesmo sentido.
b) A primeira expressão se refere ao amor em sentido impreciso, e a segunda, ao amor em sentido bem-definido.
c) A primeira expressão se refere ao amor em geral, abstrato, e a segunda, a um amor particular, concreto.
d) As duas expressões fazem referência a um sentimento indefinido.

Leia a tira a seguir, de Pedro Cobiaco, e responda às questões 8 e 9.

(*Folha de S. Paulo*, 30/3/2013.)

8. As reflexões da personagem da tira, Eric, dão ideia de que:

a) as crianças estão ficando mais inteligentes.

b) em razão da pouca idade, crianças não têm senso crítico.

c) crianças que seguem as regras sociais são infelizes.

d) os adultos ignoram que crianças são seres inteligentes.

9. Há um termo da linguagem informal em:

a) "Cara, eu me pergunto coisas muito complicadas."

b) "Às vezes me pergunto por que as pessoas implicam tanto com a vida das outras."

c) "Por que elas se incomodam com o jeito como eu me visto?"

d) "a maioria das pessoas se importa com o que essas pessoas pensam."

10. Leia o poema, de Ulisses Tavares:

Mano velho

1,75 m de não faça isso,
65 kg de não faça aquilo,
é dose:
meu irmão já nasceu
adulto precoce.

(Ulisses Tavares. *Aos poucos fico louco*. São Paulo: Scipione, 2004. p. 24.)

A propósito dos numerais empregados no poema, qual afirmação é **incorreta**?

a) Eles descrevem a altura do irmão mais velho e quanto ele pesa.

b) Eles sugerem o grau de preguiça do irmão mais velho.

c) Eles sugerem que o tamanho faz o irmão mais velho se sentir no direito de dar ordens ao irmão mais novo.

d) Eles sugerem que a altura e o peso fazem o irmão mais velho, embora sendo jovem, comportar-se como adulto.

·· INTERVALO ··

Thinstock/ Getty Images

Em cada um dos capítulos desta unidade, você produziu textos a respeito de si mesmo(a). Neste ***Intervalo****, você vai produzir mais alguns textos e vai também pedir a amigos e familiares que escrevam sobre você, a fim de completar a sua história. Ao final deste trabalho, propomos que você monte um livro ou um* ***blog*** *com os textos para apreciação e leitura de outras pessoas.*

Projeto ·· *Eu também faço história*

Produzindo novos textos

Jótah

1. Eu, por mim mesmo

De onde vem meu nome

Escreva um relato contando a história de seu nome: quem o escolheu, por que, qual é o significado dele, se há outras pessoas na família com o mesmo nome, se isso causa (ou já causou) algum tipo de confusão, se você tem apelido, qual, por que, etc.

Moon Jimin & Lee Hyerim/TongRo

Eu e os meus

Faça um relato da história de seus antepassados: qual é a origem deles, se vieram de outra cidade ou de outro país, por quais dificuldades passaram, que episódios marcantes viveram em suas vidas, em que trabalharam, quantos filhos tiveram, etc.

O que eu mudaria no mundo, se pudesse

Mostre um pouco mais de você mesmo(a), dando sua opinião: o que está errado no mundo em que vivemos? Se você pudesse, o que faria para mudar essa realidade?

2. Eu, pelo olhar dos outros

Agora, quem vai escrever são os outros. E o assunto é você, claro!

Peça a seus pais que escrevam um pequeno relato de como é a experiência de serem pais de uma pessoa como você. Se eles quiserem, poderão falar sobre a gravidez de sua mãe, de sua infância e até contar coisas que você ainda não sabe.

Jótah

Peça também a seus avós, a um irmão ou irmã, se tiver, e a um(a) amigo(a) que façam um relato sobre você. Todos devem relatar como começou a relação entre vocês e como é ser seu parente ou seu amigo.

Divulgando os trabalhos

Decida juntamente com o professor e com os colegas a melhor forma de reunir e divulgar os trabalhos produzidos nesta unidade. Os trabalhos podem ser reunidos em livro ou em *blog*.

1. Produção e divulgação do livro

Reunindo o material

Ilustrações: Jótah

Reúna toda a sua produção textual desta unidade: o relato pessoal, a página de diário, o *e-mail* e o comentário da Internet. Depois, reúna também os relatos que acabou de escrever sobre seu nome e sobre seus familiares, o texto em que você expõe o que você gostaria de mudar no mundo, bem como os relatos de seus pais, de seus avós, irmão(ã) e amigo(a). Pense na melhor sequência para apresentar esse material. Por exemplo, você pode começar com os relatos de seus pais sobre você, ou com seu próprio relato de como surgiu o seu nome.

Faça uma revisão do material e decida se vai inserir fotos ou ilustrações. Você poderá, por exemplo, inserir fotos suas (antigas e atuais) e das pessoas que escreveram sobre você.

Montando o livro

- Monte o livro com folhas de papel sulfite. Basta dobrar as folhas uma a uma ao meio e cortá-las nas dobras.
- Os textos devem ser transcritos ou colados nessas folhas. Eles devem ter título e podem ser ilustrados ou acompanhados de fotos.
- Produza uma capa para o livro. Ela pode ser feita com papel colorido ou cartolina, deve conter o título do livro e o nome do autor ou dos autores. E, de preferência, ser ilustrada.
- Grampeie as folhas junto com a capa.

Expondo os livros

Prepare com os colegas a exposição dos livros. Estendam um varal na sala e, com prendedores de roupa, prendam neles os livros. Deem um nome à exposição, que pode ser **Eu também faço história** ou outro que a classe escolher. Convidem colegas de outras classes para visitar a exposição. Depois tirem cópias dos livros e presenteiem com elas seus amigos ou seus pais.

2. Criação do *blog*

Crie com os colegas um *blog* da classe.

Existem vários *sites* e provedores da Internet que orientam, passo a passo, como montar um *blog*. Eis duas sugestões:

- blogger.com
- www.blog.com.br

Decidam sobre a organização interna do *blog*, a ordem e os critérios de publicação, o uso de imagens, etc. Por fim, publiquem os textos que produziram nesta unidade e os relatos feitos por familiares e amigos. Se possível, adicionem fotos pessoais e familiares ou ilustrações que enriqueçam visualmente o *blog*. Depois deem o endereço do *blog* ao maior número possível de amigos e familiares.

Tim Gainey / Alamy / Glow Images

Verde, adoro ver-te

Ricardo Dantas

Desejos

Bom mesmo é ser
anjo,
pássaro,
avião,
pipa,
borboleta,
inseto
ou qualquer coisa
que voa
e revoa.

Qualquer coisa
que pode pôr
os pés no chão
e todo o corpo
envolto em nuvens.

Mais do que anjo,
eu queria ser pipa.

Mais do que anjo,
eu queria ser pássaro.

(Elias José. *Alice no país da poesia.*
São Paulo: Peirópolis, 2009. p. 8.)

UNIDADE 4

Fique ligado! Pesquise!

Daniel Munduruku. Uma aventura na Amazônia.

LIVROS

Uma aventura na Amazônia, de Daniel Munduruku (Saraiva); *George e o segredo do universo*, de Stephen e Lucy Hawking (Ediouro); *A floresta dos pigmeus*, *O reino do dragão de ouro* e *A cidade das feras*, de Isabel Allende (Bertrand Brasil); *De repente, nas profundezas do bosque*, de Amós Oz (Cia. das Letras); *A universidade das crianças — Cientistas explicam os enigmas do mundo*, de Ulrich Janben e Ulla Steuernagel (Planeta); *Bem-te-vi* e *Fora da gaiola*, de Lalau e Laurabeatriz (Companhia das Letrinhas); *O jardim de todos*, de Carlos Rodrigues Brandão (Autores Associados); *Arca dos bichos*, de Marcelo Duarte (Companhia das Letrinhas); *Saguairu*, de Júlio Emílio Braz (Atual); *Lição de coisas*, de Darcy Ribeiro (FTD); *Florestas e árvores*, *A água — Da nascente ao oceano* e *O planeta das plantas*, da coleção As Origens do Saber (Melhoramentos).

Rio. Direção: Carlos Saldanha. Twentieth Century Fox Animation. 2011. 96 min.

FILMES

Rio, de Carlos Saldanha; *Os sem-floresta*, de Tim Johnson e Karey Kirkpatrick; *A era do gelo 1* e *2*, de Carlos Saldanha; *A menina e o porquinho*, de Gary Winick; *Uma aventura na América selvagem*, de William Dear; *Armas secretas — O surpreendente sistema de defesa dos animais* (National Geographic); *Seabiscuit — Alma de herói*, de Gary Ross; *Lugar nenhum na África*, de Caroline Link; *Tainá 2 — A aventura continua*, de Mauro Lima.

SITES

www.ibama.gov.br
www.biodiversitas.org.br/
www.renctas.org.br/pt/home
www.sosmataatlantica.org.br
www2.uol.com.br/ecokids

INTERVALO

Projeto

Se é meio ambiente, estou no meio

Mostra de cartazes, de textos de opinião e de outros textos relacionados com o meio ambiente.

de OLHO na imagem

Leia esta imagem, do cartunista Márcio Costa:

Márcio Costa

1. Você sabe o que é uma natureza-morta? É um tipo de pintura em que se retratam coisas ou seres inanimados. Observe e compare as três naturezas-mortas a seguir.

Game, vegetables, fruit, cockatoo. Adriaen van Utrecht, 1650.

Still Life Flowers in a Vase. Paul Cézanne, 1888.

Still Life with Oranges. Raphaelle Peale, 1818.

a) Com base na observação que você fez, conclua: Quais elementos normalmente fazem parte desse tipo de pintura?

b) Quais desses elementos estão presentes na imagem de Márcio Costa?

c) As frutas da imagem de Márcio Costa são reais ou artificiais? Justifique sua resposta.

d) Que elemento "intruso" se observa na natureza-morta do artista brasileiro?

2. O mapa que aparece no trabalho de Márcio Costa é um **infográfico** (representação gráfico-visual) do meio ambiente da Amazônia.

a) Considerando que as áreas de cor verde significam floresta e as de cor laranja ou vermelho significam desmatamento, qual é a situação da Amazônia brasileira quanto à conservação da vegetação natural, segundo o infográfico?

b) Do ponto de vista do meio ambiente, o que representa a Amazônia para o Brasil e o para o mundo?

c) Que efeito de sentido é criado com a inclusão de um infográfico da Amazônia em uma natureza-morta?

3. O texto de Márcio Costa é um cartum, mas construído a partir de outros gêneros e linguagens.

a) O que é um cartum? Onde esse gênero costuma ser veiculado?

b) Que outras linguagens, além do cartum, o autor utilizou?

Márcio Costa

4. Não é comum haver título em cartuns. Apesar disso, o autor deu a esse cartum o título "Um quadro de natureza morta". Observe que a expressão "natureza morta", por estar grafada sem hífen, confere ambiguidade ao título.

a) Quais são os possíveis sentidos do título?

b) Que tipo de crítica e ironia o cartum faz?

5. Muitas são as discussões a respeito do papel da arte e do artista na sociedade. Algumas pessoas entendem que a arte e o artista podem e devem denunciar os problemas existentes na vida social.

a) Você acha que o trabalho de Márcio Costa revela um compromisso do autor com a sociedade brasileira? Por quê?

b) Na sua opinião, os artistas devem ter esse tipo de compromisso? Por quê?

CAPÍTULO 1

Asas da liberdade?

Nosso amor pelos animais costuma ser grande e, às vezes, não sabemos como expressar nosso sentimento sem interferir demais na vida deles. Será possível o ser humano conviver com os animais sem prejudicá-los?

Tuim criado no dedo

João-de-barro é um bicho bobo que ninguém pega, embora goste de ficar perto da gente, mas de dentro daquela casa de joão-de-barro vinha uma espécie de choro, um chorinho fazendo tuim, tuim, tuim...

A casa estava num galho alto, mas um menino subiu até perto, depois com uma vara de bambu conseguiu tirar a casa sem quebrar e veio baixando até o outro menino apanhar. Dentro, naquele quartinho que fica bem escondido depois do corredor de entrada para o vento não incomodar, havia três filhotes, não de joão-de-barro, mas de tuim.

De todos esses periquitinhos que tem no Brasil, tuim é capaz de ser menor. Tem bico redondo, rabo curto e é todo verde, mas o macho tem umas penas azuis para enfeitar. Três filhotes, um mais feio que o outro, ainda sem penas, os três chorando. O menino levou-os para casa, inventou comidinhas para eles, um morreu, outro morreu, ficou um.

Em geral a gente cria em casa é casal de tuim, especialmente para se apreciar o namorinho deles. Mas aquele tuim macho foi criado sozinho e, como se diz na roça, criado no dedo. Passava o dia solto, esvoaçando em volta da casa da fazenda, comendo sementinhas de imbaúba. Se aparecia uma visita fazia-se aquela demonstração: era o menino chegar na varanda e gritar para o arvoredo: tuim, tuim, tuim! Às vezes demorava, então a visita achava que aquilo era brincadeira do menino, de repente surgia a ave, vinha certinho pousar no dedo do garoto.

Mas o pai disse: "Menino, você está criando muito amor a esse bicho, quero avisar: tuim é acostumado a viver em bando. Esse bichinho se acostuma assim, toda tarde vem procurar sua gaiola para dormir, mas no dia que passar pela fazenda um bando de tuins, adeus. Ou você prende o tuim ou ele vai embora com os outros, mesmo ele estando preso e ouvindo o bando passar, está arriscado ele morrer de tristeza."

E o menino vivia de ouvido no ar, com medo de ouvir bando de tuim.

Foi de manhã, ele estava catando minhoca para pescar, quando viu o bando chegar, não tinha engano: era tuim, tuim, tuim... Todos desceram ali mesmo em mangueiras, mamonas e num bambuzal,

Ricardo Dantas

dividido em partes. E o seu? Já tinha sumido, estava no meio deles, logo depois todos sumiram para uma roça de arroz, o menino gritava com o dedinho esticado para o tuim voltar, mas nada dele vir.

Só parou de chorar quando o pai chegou a cavalo, soube da coisa e disse: "Venha cá." E disse: "O senhor é um homem, estava avisado do que ia acontecer, portanto, não chore mais."

O menino parou de chorar, porque seu pai o havia consolado, mas como doía seu coração! De repente, olhe o tuim na varanda! Foi uma alegria na casa que foi uma beleza, até o pai confessou que ele também estivera muito infeliz com o sumiço do tuim.

Houve quase um conselho de família, quando acabaram as férias: deixar o tuim, levar o tuim para São Paulo? Voltaram para a cidade com o tuim, o menino toda hora dando comidinha a ele na viagem. O pai avisou: "Aqui na cidade ele não pode andar solto, é um bicho da roça e se perde, o senhor está avisado."

Aquilo encheu de medo o coração do menino. Fechava as janelas para soltar o tuim dentro de casa, andava com ele no dedo, ele voava pela sala, a mãe e a irmã não aprovavam, o tuim sujava dentro de casa.

Soltar um pouquinho no quintal não devia ser perigo, desde que ficasse perto, se ele quisesse voar para longe era só chamar que voltava, mas uma vez não voltou.

De casa em casa, o menino foi indagando pelo tuim: "Que é tuim?" – perguntavam pessoas ignorantes. "Tuim?"

Que raiva! Pedia licença para olhar no quintal de cada casa, perdeu a hora de almoçar e ir para a escola, foi para outra rua, para outra.

Teve uma ideia, foi ao armazém de "seu" Perrota: "Tem gaiola para vender?" Disseram que tinha. "Venderam alguma gaiola hoje?" Tinham vendido uma para uma casa ali perto.

Foi lá, chorando, disse ao dono da casa: "Se não prenderam o meu tuim então por que o senhor comprou gaiola hoje?"

O homem acabou confessando que tinha aparecido um periquitinho verde sim, de rabo curto, não sabia que chamava tuim. Ofereceu comprar, o filho dele gostara tanto, ia ficar desapontado quando voltasse da escola e não achasse mais o bichinho. "Não senhor, o tuim é meu, foi criado por mim."

Voltou para casa com o tuim no dedo.

Pegou uma tesoura: era triste, era uma judiação, mas era preciso, cortou as asinhas, assim o bichinho poderia andar solto no quintal, e nunca mais fugiria.

Depois foi dentro de casa para fazer uma coisa que estava precisando fazer, e, quando voltou para dar comida a seu tuim, viu só algumas penas verdes e as manchas de sangue no cimento. Subiu num caixote para olhar por cima do muro, e ainda viu o vulto de um gato ruivo que sumia.

(Rubem Braga. *Os melhores contos de Rubem Braga.* Seleção de Davi Arrigucci Júnior. São Paulo: Global, 1998. p. 31.)

brio: sentimento de dignidade pessoal, orgulho.

imbaúba: árvore de tronco oco, folhas grandes e ásperas e frutos em forma de noz; também chamada embaúba.

Procure no dicionário outras palavras que você desconheça.

Ricardo Dantas

Estudo do texto

COMPREENSÃO E INTERPRETAÇÃO

1. Passando férias na fazenda da família, o menino encontra três filhotes de tuim e os leva para casa.

a) Onde esses filhotes estavam?

b) Como eram os três filhotes?

c) Na sua opinião, por que dois dos filhotes morreram?

2. O filhote de tuim que sobreviveu foi criado de um modo incomum. O narrador diz: "aquele tuim macho foi criado sozinho e, como se diz na roça, criado no dedo". No contexto, o que significa um pássaro ser "criado no dedo"?

3. O pai adverte o menino de que um dia o tuim poderia ir embora para sempre com um bando de tuins que passasse pela fazenda.

a) Que conselho o pai deu ao menino para impedir que tal fato acontecesse?

b) O menino acatou o conselho do pai? Que fatos do texto comprovam sua resposta?

c) Em sua opinião, o que levou o menino a não acatar o conselho do pai?

Quem é Rubem Braga?

Alexandre Sassaki/Veja/Conteúdo Expresso

O jornalista e escritor Rubem Braga (1913-1990) nasceu em Cachoeiro de Itapemirim, no Espírito Santo. Formou-se em Direito em Belo Horizonte, mas nunca advogou. Ainda estudante, iniciou-se no jornalismo, assinando uma crônica diária no *Diário da Tarde*, jornal da capital mineira. Trabalhou como cronista, comentarista político e repórter em diversos jornais, revistas e emissoras de rádio de Belo Horizonte, Recife, São Paulo, Porto Alegre e Rio de Janeiro.

O escritor inovou a crônica brasileira, sendo um dos responsáveis pelo florescimento do gênero no país. Sua prosa, elaborada com precisão e simplicidade, comunica uma visão essencialmente lírica e reveladora de acontecimentos triviais da vida.

4. Acabam as férias e, quando a família volta para São Paulo, o menino leva o tuim com ele para a cidade.

a) Antes da volta para a cidade, qual nova advertência o pai fez ao menino?

b) Amedrontado pela advertência do pai, que cuidados para proteger o tuim o menino começou a ter?

5. Um dia o tuim voa e não volta mais.

a) Na procura pelo pássaro, que estratégia o menino utilizou para tentar descobrir onde ele estava?

b) Quando propôs a compra do tuim, que argumento o homem que prendera o pássaro utilizou para tentar convencer o menino a vendê-lo?

c) Como o menino convenceu o homem a devolver-lhe o tuim?

6. Para manter o tuim solto no quintal e eliminar o risco de que ele fugisse novamente, o menino tomou uma decisão.

a) Qual foi essa decisão?

b) Qual foi a consequência do que o menino fez?

7. O título do texto é "Tuim criado no dedo". Para você, o fato de o tuim ter sido criado "no dedo" garantiu bem-estar ao pássaro ou proporcionou alegria ao menino?

8. O texto lido é uma crônica. A crônica é um gênero textual que, com base em um fato do cotidiano, faz uma crítica ou provoca no leitor uma reflexão sobre o mundo em que vivemos. Na sua opinião, o texto de Rubem Braga provoca reflexões? Justifique sua resposta.

A LINGUAGEM DO TEXTO

1. Observe a expressão em destaque neste trecho do texto:

> "João-de-barro é um bicho bobo que ninguém pega, embora goste de ficar perto da gente; mas de dentro daquela casa de joão-de-barro vinha uma espécie de choro, um chorinho fazendo **tuim, tuim, tuim...**"

No contexto, a expressão **tuim, tuim, tuim** reproduz o chorinho das aves que estavam dentro da casa de joão-de-barro. As palavras ou expressões que imitam aproximadamente, na escrita, sons e ruídos são chamadas de **onomatopeias**.

Nos textos a seguir, identifique as onomatopeias e indique o que imitam.

a) "Vamos ver quem é que sabe
soltar fogos de S. João?
Foguetes, bombas, chuvinhas,
chios, chuveiros, chiando,
chiando,
chovendo
chuvas de fogo!
Chá-bum!"

(Jorge de Lima. *Antologia poética*. 2. ed. Rio de Janeiro: José Olympio, 1974.)

b) "Em cima do meu telhado,
Pirulin lulin lulin,
Um anjo, todo molhado,
Soluça no seu flautim".

(Mário Quintana. *Poesia completa*. Organização de Tania Franco Carvalhal. Rio de Janeiro: Nova Aguilar, 2005. p. 134.)

Psonha

2. As palavras no diminutivo terminadas em **-inho(a)** podem apresentar mais de um sentido. Observe estes trechos do texto lido:

- "Pegou uma tesoura: era triste, uma judiação, mas era preciso, cortou as **asinhas**"
- "Ofereceu comprar, o filho dele gostara tanto, ia ficar desapontado quando voltasse da escola e não achasse mais o **bichinho**."
- "Às vezes demorava, então a visita achava que aquilo era brincadeira do menino, de repente surgia a ave, vinha **certinho** pousar no dedo do garoto."

Em qual trecho o diminutivo:

a) indica tamanho reduzido e, ao mesmo tempo, afetividade?

b) dá à palavra o sentido de "perfeitamente", "corretamente"?

c) indica tamanho reduzido e, ao mesmo tempo, pena, dó?

3. Releia o trecho:

> "Em geral **a gente** cria em casa **é** casal de tuim, especialmente para se apreciar o namorinho deles. Mas aquele tuim macho foi criado sozinho"

a) A expressão **a gente**, na língua coloquial, pode apresentar dois sentidos diferentes. Pode ter um sentido equivalente a **nós** e pode também apresentar um sentido mais geral, equivalente a **todo mundo**. No contexto, qual é o sentido da expressão **a gente**?

b) A palavra **é**, no trecho, é necessária? Qual sentido ela acrescenta?

c) O emprego da expressão **a gente** e da palavra **é** confere ao trecho um tom mais formal ou mais informal? Justifique sua resposta.

Trocando ideias

1. No texto lido, o menino retira os filhotes de seu ambiente natural para criá-los como animais de estimação. Você concorda com essa atitude? Por quê?

2. O menino desenvolve um grande amor pelo tuim que sobreviveu. Na sua opinião, de que modo o ser humano pode manifestar carinho pelos animais sem prejudicá-los?

Age Fotostock/Keystone Brasil
Casal de tuins.

Produção de texto

O ARTIGO DE OPINIÃO

Em diferentes situações do cotidiano, expressamos nossa opinião a respeito do mundo que nos cerca. Opinamos sobre a melhor revista em quadrinhos, o ator ou a atriz mais competente, o professor mais atencioso, o programa de TV mais divertido, o melhor presidente do país, o livro mais bonito que já lemos, e assim por diante.

Opinar é, enfim, tomar uma posição diante das coisas que existem ou acontecem no mundo, seja para apoiá-las, seja para rejeitá-las. Opinar é não só um direito de cada cidadão, mas também um dever: o dever de transformar o mundo e torná-lo melhor para todos.

Antes de iniciar esta atividade, assista, com a orientação do professor e junto com a classe, às **opiniões orais** apresentadas no DVD que acompanha esta coleção. Depois, leia o seguinte artigo de opinião.

Apocalipse Ambiental

A ameaça humana

Intervenções do homem nos ecossistemas estão devastando cadeias alimentares e provocando extinção em massa de espécies. Poderia esse processo culminar com nosso próprio fim?

por Hemerson Brandão

Esqueça a colisão inesperada de asteroides, erupções vulcânicas globais ou alterações no campo magnético da Terra. Um vilão muito mais perigoso está nesse momento promovendo uma silenciosa extinção em massa de espécies. É, você adivinhou: o ser humano.

Nosso planeta presenciou 5 grandes extinções em massa nos últimos 500 milhões de anos. Dentre elas, a dos dinossauros é a mais famosa. E, ao que tudo indica, o homem iniciou a sexta grande matança há milhares de anos, quando adquiriu inteligência suficiente para manipular os ecossistemas a seu bel-prazer. E hoje estamos presenciando a maior extinção em massa de plantas e animais já vista na história da Terra.

Hoje, nosso planeta possui cerca de 2 milhões de espécies identificadas. Nos próximos 100 anos, metade delas estará extinta! É o que afirma Edward Wilson, famoso biólogo americano, no livro *O Futuro da Vida*. E o culpado é quem ele chama de "o assassino planetário". "No mundo inteiro, sempre que humanos penetram em um novo ambiente, a maior parte da megafauna desaparece", diz. Os animais grandes, lentos e saborosos são sempre os primeiros dizimados. Quando o homem extermina a fauna de uma região, muda-se para outra, onde a destruição continua.

No curto período de tempo em que o homem está sobre a Terra, já poluiu o ar, o solo e o mar, promoveu o desmatamento descontrolado, a caça e a pesca predatórias e explorou recursos naturais ao extremo. Agora ele está até mesmo alterando o clima do planeta inteiro pela emissão de combustíveis fósseis. Diversas espécies de mamíferos, pássaros, répteis, peixes, insetos e até vegetais já foram extintas. Muitas delas são extintas antes mesmo de serem descobertas.

Colocar a natureza em risco também coloca em perigo a humanidade. "Os serviços e o valor econômico proporcionado pelas espécies são insubstituíveis e essenciais ao nosso bem-estar", diz Jon Paul Rodríguez, vice-presidente da Comissão de Sobrevivência das Espécies da IUCN (União Internacional pela Conservação da Natureza, na sigla em inglês). Aí entram medicamentos extraídos da biodiversidade, recursos naturais para alimentar a população humana e até mesmo a matéria-prima para a produção dos bens de consumo mais supérfluos. O que antes estava disponível quase de graça na natureza terá de ser recriado artificialmente, custando muito caro. Será que dá pé?

No ritmo atual de destruição, num futuro próximo até os zoológicos serão coisas do passado. Sobrará apenas o lamento humano do progresso conquistado à custa de uma rica biodiversidade. Se tanto. Caso a famosa hipótese Gaia esteja correta (sugerindo que a vida na Terra faz a regulação do ambiente planetário, inclusive domando aquecimentos e resfriamentos globais, como se o planeta inteiro fosse uma única criatura gigante), talvez sua morte leve à nossa também.

Há, contudo, quem afirme que a sobrevivência dos seres vivos na Terra tem solução, e o desaparecimento de animais e vegetais pode ser evitado com a extinção de uma única espécie: nós.

Convenhamos, pode até ser uma solução. Mas é decepcionante pensar que somos incapazes de coexistir pacificamente com a natureza, ainda mais levando em conta todo o conhecimento que adquirimos dela nas últimas décadas. Parte dele sugere que simplesmente não podemos viabilizar nossa própria existência se destruirmos o resto da biosfera, de onde tiramos nosso sustento. E o consenso é que dá para fazer melhor.

(Hemerson Brandão. *Superinteressante*, nov. 2012. Abril Comunicações S/A.)

1. Nos dois primeiros parágrafos do texto, o autor apresenta o ser humano como o principal responsável pela extinção de espécies animais e vegetais que vem ocorrendo no planeta. Quando começou a atuação do ser humano que tem tido essa consequência?

2. Leia o boxe "A opinião e os argumentos". Uma das maneiras de fundamentar uma opinião é recorrer ao conhecimento de autoridades no assunto abordado. Isso ocorre no texto lido?

3. A partir das informações dos especialistas, o autor do texto apresenta duas conclusões principais. Quais são essas conclusões?

A opinião e os argumentos

Quando produzimos um texto de opinião, temos em vista a finalidade de **convencer** os nossos interlocutores. Para alcançar esse objetivo, precisamos fundamentar nosso ponto de vista com bons argumentos, isto é, com motivos, razões e explicações que o esclareçam e o justifiquem. Assim, quanto mais polêmico é o tema, mais precisamos nos esforçar para reunir uma argumentação clara e consistente.

4. Que ações ou consequências de ações humanas, mencionadas no quarto parágrafo, têm relação com a extinção de espécies animais e vegetais prevista por estudiosos?

5. Fazendo uso de ironia, o autor apresenta a extinção da espécie humana como solução para a sobrevivência de espécies vegetais e animais. Apesar disso, menciona a ideia de que o conhecimento que temos atualmente sobre a natureza pode nos levar a uma mudança de comportamento. O que uma parte desse conhecimento sugere?

6. Nos artigos de opinião, a linguagem empregada geralmente é direta e clara e de acordo com a norma-padrão. Às vezes, dependendo do veículo de comunicação e do perfil do público que o autor pretende atingir, a variedade linguística pode ser informal. Observe a linguagem do texto lido.

   a) De qual tipo de veículo de comunicação foi extraído o texto?

   b) Que tipo de variedade linguística foi empregada: uma variedade de acordo com a norma-padrão ou não? Formal ou informal? Justifique sua resposta.

   c) Considerando o perfil dos leitores que se interessam por esse tipo de assunto e o veículo em que o texto foi publicado, você acha que a linguagem empregada pelo autor está adequada? Justifique a sua resposta.

7. O artigo de opinião expressa o ponto de vista de seu autor. Por isso, é comum haver nele expressões como **Eu penso que**, **Eu acho que**, **No meu ponto de vista**, **Na minha opinião**, **A meu ver**, **Precisamos fazer isso**, etc. Transcreva do texto duas expressões desse tipo.

8. Reúna-se com seus colegas de grupo e, com base em suas respostas anteriores, concluam: Quais são as principais características do artigo de opinião?

AGORA É A **sua vez** ▶

Há, a seguir, duas propostas para a produção de um artigo de opinião. Com a orientação do professor, escolha uma delas e discuta-a com os colegas para, em seguida, produzir seu texto por escrito.

1. Segundo o autor do texto lido, "num futuro próximo, até os zoológicos serão coisas do passado". Você concorda com essa afirmação? Se sim, apresente argumentos para fundamentar sua opinião. Se não, o que precisa mudar para que a destruição de ecossistemas seja evitada?

2. Hoje já há várias espécies animais extintas. O ser humano pode vir a estar entre elas? O que você e os jovens de sua geração podem fazer para impedir que isso aconteça?

Planejamento do texto

- Decida com os colegas e com o professor em que suporte os textos de opinião irão circular. Vocês podem, por exemplo, publicá-los em um *blog* coletivo da classe ou enviá-los a um fórum de debates na Internet. Se quiserem, poderão também expô-los para a escola toda, em um mural.
- Decidido o suporte, pense no perfil do seu leitor: você vai escrever para jovens como você e para adultos. A linguagem deve estar, portanto, adequada ao gênero e ao perfil desse público leitor.
- Anote as ideias e os argumentos do texto lido que podem ser úteis para fundamentar o ponto de vista que você pretende desenvolver.
- Pense em um enunciado (uma ou mais frases) que possa cumprir o papel de introduzir o texto e, ao mesmo tempo, expressar a ideia principal (a síntese de seu ponto de vista) que pretende defender e anote-o.

- Entre os argumentos que anotou, escolha aqueles que podem fundamentar de modo mais consistente a ideia principal do texto. Em vez de quantidade, dê preferência à qualidade e à profundidade dos argumentos. Se achar conveniente, acrescente novos argumentos.
- Pense na melhor forma de concluir seu texto: ou retomando o que foi exposto, ou confirmando a ideia principal, ou fazendo uma citação de algum escritor ou de alguém importante na área relativa ao tema.
- Dê ao texto um título que desperte a curiosidade do leitor.
- Lembre-se de que o artigo de opinião tem uma estrutura convencional e linguagem objetiva e de acordo com a norma-padrão.
- Se digitar o texto, formate-o em colunas.

Revisão e reescrita

Antes de fazer a versão final do seu texto, releia-o, observando:

- se você se posiciona claramente sobre o tema;
- se o texto apresenta uma ideia principal que resume seu ponto de vista;
- se a ideia principal é fundamentada com argumentos claros e consistentes;
- se os argumentos são bem desenvolvidos;
- se a conclusão retoma e confirma o ponto de vista defendido;
- se o título dado ao texto é, além de atraente, também coerente com as ideias desenvolvidas;
- se o texto como um todo é persuasivo;
- se a linguagem está de acordo com a norma-padrão da língua e com um grau de formalidade adequado ao público-alvo.

A língua em foco

O PRONOME

CONSTRUINDO O CONCEITO

Leia esta fábula chinesa:

Diomedia/Glasshouseimages RM

A conclusão do príncipe de Wu

O príncipe de Wu anunciou que iria invadir Chu e ameaçou matar quem fosse contra seus planos.

Uma tarde, andando por uma estrada, viu Wang Zhenmao contar uma história. Nessa história, havia uma cigarra, numa árvore, bebendo o orvalho da manhã, sem perceber que atrás dela um louva-deus aproximava-se para agarrá-la. O louva-deus, pronto para pegar a cigarra, ignorava que atrás dele acabava de pousar um pardal, querendo levá-lo de almoço para seus filhotes. O pardal, alongando o pescoço e abrindo o bico, não sabia que mais embaixo um menino mirava sua cabeça com um estilingue, a fim de matá-lo.

O príncipe de Wu pensou durante algum tempo e decidiu suspender o ataque contra Chu.

(Liu Xiang. *Fábulas chinesas*. Tradução de Sérgio Capparelli e Márcia Schmaltz. Porto Alegre: L&PM, 2012. p. 14.)

1. No trecho "ameaçou matar quem fosse contra seus planos", que sentido a palavra **seus** acrescenta à palavra **planos**?

2. Considere esta afirmação:

> "Uma tarde, andando por uma estrada, viu Wang Zhenmao contar uma história."

a) A quem a afirmação se refere?

b) Que palavra está subentendida antes da forma verbal **viu**?

3. Nas expressões **atrás dela** e **atrás dele**, a palavra **dela** corresponde a **de** + **ela**, e a palavra **dele**, a **de** + **ele**. No texto, quais são os nomes que **ela** e **ele** substituem?

4. Em "Um louva-deus aproximava-se para agarrá-la" e "a fim de matá-lo", as palavras **la** e **lo** referem-se a que termos, citados anteriormente?

5. Qual das frases a seguir pode servir de moral da fábula em estudo? Indique-a.

a) Quem hoje é pedra, amanhã será vidraça.

b) É burrice tentar ser uma coisa que não se é.

c) Nada elimina o que a natureza determina.

d) Devagar e sempre, se chega na frente.

CONCEITUANDO

Releia este trecho da fábula:

> "O pardal, alongando o pescoço e abrindo o bico, não sabia que mais embaixo um menino mirava **sua** cabeça com um estilingue, a fim de matá-**lo**."

Observe que a palavra **lo** se refere ao **pardal**, mencionado anteriormente, e substitui essa palavra; a palavra **sua** não substitui **cabeça**, mas acompanha essa palavra, indicando de quem é a cabeça (do pardal).

Palavras como essas, que substituem ou acompanham um nome, são chamadas **pronomes**.

> **Pronomes** são palavras que substituem ou acompanham um nome, principalmente o substantivo.

Quando os pronomes são empregados no lugar de substantivos citados anteriormente no enunciado ou implícitos na situação, dizemos que eles são **pronomes substantivos**. Por exemplo, na frase "Se você não prender o tuim, **ele** vai embora", a palavra **ele** é pronome substantivo, porque está no lugar de **tuim**.

Na frase "O pardal não sabia que um menino mirava **sua** cabeça", a palavra **sua**, pelo fato de acompanhar o substantivo **cabeça**, é **pronome adjetivo**. Os pronomes adjetivos transmitem a noção de posse, de quantidade indeterminada, de localização espacial ou temporal, entre outras.

Os pronomes e a coesão textual

Os pronomes contribuem decisivamente para a construção da coesão textual, isto é, para a existência das conexões gramaticais que interligam as partes de um texto, fazendo com que este não seja um punhado de palavras e frases soltas. Leia esta frase do texto lido:

> "**Nessa** história, havia uma cigarra, numa árvore, bebendo o orvalho da manhã, sem perceber que atrás **dela** um louva-deus aproximava-se para agarrá-**la**."

Observe que os pronomes destacados na frase se referem a palavras citadas anteriormente. **Nessa** se refere à história que Wang Zhenmao contava, enquanto **dela** e **la** referem-se à cigarra. O emprego deles evita a repetição de palavras.

Os pronomes têm, portanto, a função de retomar ou fazer referência a termos já citados em um texto ou em um enunciado, realizando as ligações gramaticais que chamamos de **coesão textual**.

EXERCÍCIOS

1. Leia esta piada:

Joãozinho chega em casa e fala para o pai:

— Hoje eu aprendi qual é o braço esquerdo.

— Qual é, meu filho?

— Este aqui.

— Acertou! E qual é o direito, meu filho?

— Ah, pai, isso eu só vou aprender amanhã.

(*Recreio*, nº 625, p. 6.)

a) Em "Este aqui", a que o pronome **este** se refere? E o pronome **isso**, em "**isso** eu só vou aprender amanhã"?

b) Em "meu filho", **meu** é pronome substantivo ou pronome adjetivo?

2. Leia o texto a seguir, observando as palavras destacadas. Em seguida, para evitar repetição, substitua-as por pronomes, procurando manter o sentido das frases.

[...]

Corisco não foi mesmo embora, e com sete meses já estava grande e bonito, o pelo pretinho de alumiar e as patas brancas, e, era engraçado, parecia que **Corisco** tinha medo de sair pra longe, porque ficava o tempo todo em frente ao alpendre, espichado com a cabeça entre as patas e as orelhonas arrastando no chão, dormindo ou espiando com preguiça os currais, não levantando pra nada, nem mesmo quando Papai voltava de tardinha do serviço e, em vez de tocar **Corisco** dali, passava por cima, nem olhando, como se **Corisco** não existisse, pois era assim, parecia que **Corisco** não existia pra Papai, nunca falava nele, nem mesmo quando **Corisco** pegou aquela mania de acompanhar **ele** ao retiro.

[...]

(Adaptado de: Luiz Vilela. "Corisco". *Contos da infância e da adolescência*. São Paulo: Ática, 2008. p. 10.)

Classificação dos pronomes

Existem seis tipos de pronomes: os pessoais, os possessivos, os demonstrativos, os indefinidos, os interrogativos e os relativos. Neste capítulo, trataremos dos cinco primeiros.

Pronomes pessoais

Em toda situação de comunicação, há três pessoas envolvidas, chamadas **pessoas do discurso**. São elas:

- **o locutor** (quem fala): 1ª pessoa: **eu** (singular) ou **nós** (plural);

- **o locutário** (com quem se fala): 2ª pessoa: **tu** (singular) ou **vós** (plural);
- **o assunto** (de quem ou do que se fala): 3ª pessoa: **ele** (singular) ou **eles** (plural).

Para indicar essas três pessoas que participam das situações de comunicação, empregamos os **pronomes pessoais**.

Observe a presença de pronomes neste poema:

Eu ia trabalhar

Eu ia fazer meu trabalho, hoje cedo,
Mas um passarinho cantou no arvoredo,
E as borboletas no campo esvoaçavam,
E as verdes folhagens todas me acenavam
E a brisa soprava suave no prado,
Balançando a relva, prum lado e outro lado,
E o lindo arco-íris a mão me estendeu:
Como resistir-lhes? Sorri — e lá fui eu!

(Richard le Gallienne. In: Tatiana Belinky, org. *Um caldeirão de poemas*. São Paulo: Companhia das Letrinhas, 2003. p. 29.)

Filipe Rocha

Note que, no poema, os pronomes **eu** e **me** dizem respeito à pessoa que fala, ao locutor; por isso, são pronomes de 1ª pessoa. O pronome **lhes** diz respeito ao assunto de que o locutor fala, isto é, aos elementos da natureza (passarinho, borboletas, folhagens, brisa, relva e arco-íris), e, por isso, é um pronome de 3ª pessoa.

Eis os pronomes pessoais de nossa língua:

PRONOMES PESSOAIS		
	Retos	**Oblíquos**
1ª pessoa do singular	eu	me, mim, comigo
2ª pessoa do singular	tu	te, ti, contigo
3ª pessoa do singular	ele(a)	o, a, lhe, se, si, consigo
1ª pessoa do plural	nós	nos, conosco
2ª pessoa do plural	vós	vos, convosco
3ª pessoa do plural	eles(as)	os, as, lhes, se, si, consigo

Os pronomes oblíquos **o**, **a**, **os**, **as** assumem as formas **lo**, **la**, **los**, **las** quando são empregados após formas verbais terminadas em **r**, **s** ou **z** e as formas **no**, **na**, **nos**, **nas** quando são empregados após fonemas nasais (**am**, **em**, **õe**, etc.). Observe:

Vamos enviar os postais agora? → Vamos enviá-**los** agora?
Eles mandaram a conta pela Internet. → Eles mandaram-**na** pela Internet.

Contraponto

Atualmente, alguns especialistas defendem a inclusão de **você**, **vocês** e da expressão **a gente** entre os pronomes pessoais, pelo fato de essas palavras, cada dia mais, estarem sendo utilizadas, respectivamente, em lugar de **tu**, **vós** e **nós**.

No passado, o pronome pessoal **vós**, por exemplo, era empregado com maior frequência do que hoje e servia para alguém se dirigir de modo cerimonioso tanto a uma única pessoa quanto a um conjunto de pessoas. Nos dias de hoje, seu uso se restringe a situações muito formais, como em textos jurídicos, bíblicos e políticos. No lugar dele, emprega-se o pronome de tratamento **você** ou **vocês**.

> **Vós sabeis** como sinto **vossa** falta.
> **Vocês sabem** como sinto **sua** falta.

Nas últimas três décadas, o uso do pronome **tu** também entrou em declínio por influência da televisão, que geralmente prefere a forma **você** a **tu**.

> **Tu sabes** como sinto **tua** falta.
> **Você sabe** como sinto **sua** falta.

Na sua opinião, **você** e **a gente** deveriam figurar entre os pronomes pessoais?

Pronomes de tratamento

Toda vez que interagimos com outras pessoas por meio da linguagem, esta varia de acordo com a situação. E nem sempre temos consciência disso. Se nosso interlocutor é, por exemplo, um amigo íntimo, de nossa idade, temos uma forma de tratá-lo; se é uma pessoa mais velha, temos outra; se é um desconhecido ou uma autoridade, temos outra ainda.

Essas diferenças manifestam-se de várias formas: no vocabulário, na entonação da fala, na altura da voz, nas formas como nos dirigimos ao interlocutor, etc.

Para tratarmos nosso interlocutor com respeito, com cerimônia ou com informalidade, empregamos **pronomes de tratamento**, que são palavras e expressões como **senhor**, **senhora**, **Vossa Senhoria**, **Vossa Excelência** e **você**, entre outras.

Você é Vossa Mercê?

A língua sempre tende à economia e à simplificação. Antigamente, empregava-se **Vossa Mercê** como forma de demonstrar respeito ao interlocutor. Com o tempo, o pronome popularmente se transformou em **vosmecê**, posteriormente em **vancê**, até chegar à forma atual: **você**. E hoje já se começa a ouvir a forma simplificada **cê**. Em filmes e novelas que retratam o século XVI ou XVII, como *Desmundo*, dirigido por Alain Fresnot, é frequente as pessoas se tratarem por **vosmecê**.

Direção: Alain Fresnot. A.F. Cinema. 2002. 101 min.

Apesar de serem empregados para designar o interlocutor (a 2ª pessoa da situação de comunicação), os pronomes de tratamento são, gramaticalmente, pronomes de 3ª pessoa, e não de 2ª pessoa. Veja:

> **Você se** dirigiu à pessoa errada. (3ª pessoa do singular)
> **Tu te** dirigiste à pessoa errada. (2ª pessoa do singular)

Vossa Excelência ou *Sua Excelência*?

Existem as duas formas. Empregamos **Vossa** antes do título (Excelência, Majestade, Santidade, etc.) quando nos dirigimos diretamente à pessoa a quem se refere o pronome. Por exemplo: "**Vossa Excelência** deseja o carro agora?". Mas quando falamos dessa pessoa a alguém, então empregamos **Sua** no lugar de **Vossa**. Por exemplo: "Rafael, **Sua Excelência** pediu o carro. Vá buscá-lo, por favor".

Veja no quadro a seguir o pronome de tratamento mais adequado a cada tipo de interlocutor.

PRONOMES DE TRATAMENTO		
	Abreviatura	**Usado para**
você	v.	pessoas com quem temos intimidade
Vossa Alteza	V.A.	príncipes, duques
Vossa Excelência	V.Exª	altas autoridades do governo e das forças armadas
Vossa Majestade	V.M.	reis, imperadores
Vossa Santidade	V.S.	papas
Vossa Senhoria	V.Sa.	autoridades em geral: chefes, diretores e pessoas a quem se quer falar com distanciamento e respeito
senhor, senhora	Sr., Srª	geralmente, pessoas mais velhas que nós, ou a quem queremos tratar com distanciamento e respeito; a forma **senhorita**, já caindo em desuso, é empregada para moças solteiras

Devemos empregar *tu* ou *você*?

Tanto faz. As duas formas são válidas. Embora muitas pessoas atualmente empreguem **você** para se dirigir ao interlocutor, em algumas cidades e Estados brasileiros predomina o emprego do pronome reto **tu**. Também é comum haver a mistura das duas formas de tratamento, como, por exemplo, na frase: "Não **te** convidei porque **você** não poderia ir". Se, entretanto, o locutor pretende usar a língua de acordo com a norma-padrão, deve optar por uma das formas de tratamento: "Não te convidei porque tu não poderias ir" ou "Não o convidei porque você não poderia ir".

EXERCÍCIO

Leia este texto:

Sexta-feira, 20 de março. 14:12 – Sol

Pode ter o sol do mundo todo que não vai adiantar. Tenho uma parte das três mil folhas de sulfite para fazer uma redação, tema "Você está contente ☐ mesmo?". Claro! ☐ acho o máximo, só tiro 10, os professores ☐ amam, as meninas ☐ matam por ☐, meus pais nem querem outros filhos para não ☐ decepcionarem. Sou todo músculos, faço mil esportes, meu cabelo é liso, meus olhos, azuis. Que mais posso querer?

Gastei trinta folhas das três mil. Conversei um pouco com o meu ☐-espelho. Levei as folhas ao banheiro e comecei a escrever o que penso de ☐. Ficou, resumindo, mais ou menos assim: "A única coisa que eu não mudaria em ☐ é o nome – Pedro, que quer dizer rocha. Preferia ser alto, forte e bonito, ter um QI 2 000, casa na montanha, na praia, tocar num conjunto de rock. Como não dá, continuo baixinho, forte e feio, cheio de espinhas, QI 30". Pensando bem, se ☐ ☐ chamasse Felipe, talvez as coisas fossem diferentes.

(Telma Guimarães Castro Andrade. *O diário (nem sempre) secreto de Pedro*. São Paulo: Atual, 2004. p. 13.)

Todos os pronomes pessoais do texto foram eliminados. Que pronomes pessoais você supõe que façam parte do texto original?

Pronomes possessivos

Leia a tira:

(Laerte. *Classificados*. São Paulo: Devir, 2004. v. 3. p. 22.)

Observe, na fala do balão, a oposição que há entre os pronomes **meu** e **seu**. Ambos os pronomes transmitem a noção de posse, ou seja, cada um dos interlocutores tem um *personal trainer*. Para referir-se ao seu próprio *personal trainer*, a personagem que fala emprega o pronome **meu** (1ª pessoa); para referir-se ao *personal trainer* de seu interlocutor, emprega o pronome **seu** (3ª pessoa). Esses pronomes são chamados de **pronomes possessivos**.

Os pronomes possessivos variam de acordo com as três pessoas do discurso (o possuidor) e concordam em gênero e número com a coisa possuída. Assim, o emprego, na tira, de **meu** e **seu**, no masculino, deve-se ao fato de que os *personal trainers* são homens. Caso se tratasse de mulheres, a personagem teria dito "**minha** personal trainer é melhor que a **sua**".

Pronomes possessivos são aqueles que indicam relações de posse referentes às três pessoas do discurso.

São estes os pronomes possessivos de nossa língua, referentes às três pessoas do discurso:

PRONOMES PESSOAIS RETOS	PRONOMES PESSOAIS POSSESSIVOS
eu	meu, meus, minha, minhas
tu	teu, teus, tua, tuas
ele	seu, seus, sua, suas
nós	nosso, nossos, nossa, nossas
vós	vosso, vossos, vossa, vossas
eles	seu, seus, sua, suas

Pronomes demonstrativos

Leia esta tira, de Laerte:

No 1º quadrinho, um dos piratas diz: "De quem é este olho aqui?". O emprego de **este** ocorre porque o pirata que está falando (1ª pessoa do discurso) tem o olho de vidro nas mãos.

No 2º quadrinho, outro pirata responde: "**Esse** aí é o meu!!". O emprego de **esse** acontece porque o pirata se refere ao olho que está nas mãos de seu interlocutor (2ª pessoa do discurso).

No 3º quadrinho, outro pirata explica: "O seu é **aquele** lá". Note que, nessa situação, o olho não está próximo nem do pirata que falou inicialmente, nem do segundo; ele está próximo do papagaio-pirata, que voa com o olho no bico. Por isso, o pronome empregado na frase foi **aquele**.

Palavras como **este**, **esse** e **aquele** são **pronomes demonstrativos**. Esses pronomes indicam a posição da pessoa ou coisa demonstrada em relação às três pessoas do discurso.

Pronomes demonstrativos são aqueles que situam os seres, no espaço, no tempo ou no próprio texto, em relação às três pessoas do discurso.

São estes os pronomes demonstrativos, referentes às três pessoas do discurso:

PRONOMES DEMONSTRATIVOS			
	Masculino	**Feminino**	**Neutro**
1ª pessoa	este, estes	esta, estas	isto
2ª pessoa	esse, esses	essa, essas	isso
3ª pessoa	aquele, aqueles	aquela, aquelas	aquilo

Observação

Os pronomes demonstrativos também podem se unir a outras palavras, gerando formas mistas como **nessa** (em + essa), **desta** (de + esta), **daquela** (de + aquela), etc.

Demonstrativos: sistema ternário ou binário?

Segundo os linguistas, o sistema ternário (de três pessoas) dos pronomes demonstrativos da nossa língua (este, esse, aquele) está aos poucos se transformando em um sistema binário. Isso porque muitos falantes já não fazem distinção entre a 1ª e a 2ª pessoa (**este** pão, **esse** pão, por exemplo).

Apesar disso, em situações formais de fala e escrita, recomenda-se o uso dos pronomes demonstrativos conforme a distinção feita pela gramática normativa.

EXERCÍCIOS

Você conhece o preguiçoso gato Garfield? Leia a seguinte tira com a personagem.

1. No 1º quadrinho, a personagem utiliza quatro pronomes.

a) Quais são eles? Como se classificam?

b) O que o emprego de **senhor** revela quanto ao tratamento e ao relacionamento dos interlocutores?

c) A quem se refere a palavra **nos**?

2. Observe, no 1º quadrinho, o emprego do pronome demonstrativo **essa**, presente em **dessa** (de + essa).

a) A que se refere esse pronome?

b) Caso a personagem quisesse falar rigorosamente de acordo com a norma-padrão, esse emprego estaria adequado? Por quê?

3. Observe o 3º quadrinho.

a) Pelo desfecho da tira, o que você imagina que tenha acontecido na situação anterior à do 1º quadrinho?

b) O que significa a afirmação de Jon de que a casa "não é lá essas coisas"?

c) O pronome possessivo **nosso** estabelece uma relação de posse. Na expressão "nosso lar", na tira, quem é o possuidor? Qual é o objeto possuído?

d) O que a frase "O que tem pro jantar?" sugere em relação à solução do problema inicial?

Pronomes indefinidos

Leia a tira, de Laerte:

Laerte

(*Classificados*. São Paulo: Devir, 2004. v. 3. p. 9.)

1. Como a palavra **qualquer** faz referência a **criança**: de modo preciso ou de modo impreciso?

2. Por que a tira é engraçada?

Como você viu, a palavra **qualquer** se refere a um ser (3ª pessoa), de modo impreciso e genérico, indefinindo-o. A palavra **qualquer** e outras como **algum**, **alguém**, **tudo**, **nada**, etc. são **pronomes indefinidos**.

Pronomes indefinidos são aqueles que se referem a um ser (3ª pessoa) de modo impreciso ou genérico.

Alguns pronomes indefinidos são variáveis, isto é, sofrem flexão de gênero e número; outros são invariáveis.

São pronomes indefinidos:

- **variáveis:** algum, nenhum, todo, outro, certo, bastante, qualquer, quanto, qual, etc.
- **invariáveis:** alguém, ninguém, tudo, nada, algo, cada, quem, que, etc.

Como a maior parte dos pronomes, os indefinidos também podem ser pronomes substantivos ou pronomes adjetivos. Veja:

Algumas pessoas ficaram ofendidas, mas **ninguém** reclamou.

Algumas — pronome indefinido adjetivo; ninguém — pronome indefinido substantivo

Quando temos um grupo de palavras com valor de pronome indefinido, nós o chamamos de **locução pronominal indefinida**. Veja:

Cada um dos convidados deverá trazer um prato.
Quem quer que vá ao baile, deverá usar traje a rigor.

Outras locuções: qualquer um, cada qual, seja qual for, seja quem for, todo o mundo, todo aquele que.

Quaisquer: plural por dentro?

Sim. **Qualquer** é a única palavra de nossa língua que forma o plural a partir de modificações internas: a sílaba **qual** passa a **quais**, formando **quaisquer**.

Qualquer candidato deverá chegar na hora, **quaisquer** que sejam suas dificuldades.

Pronomes interrogativos

Leia o texto:

Quem inventou o relógio de pulso?

Getty Images/iStockphoto

O inventor do relógio de pulso foi o mesmo do avião: o brasileiro Santos Dumont. O "pai da aviação" pretendia cronometrar o tempo de voo de seus aviões durante as experiências. Naquele tempo, os relógios ficavam nos bolsos, presos a uma corrente. Como Santos Dumont não podia tirar as mãos do manche para pegar o relógio, encomendou ao joalheiro Cartier um modelo que ficasse fixo no braço e facilitasse o controle das horas.

(http://www.solbrilhando.com.br/Curiosidades/Arquivos/guia_dos_curiosos.pdf)

Observe que a palavra **quem** do título do texto se refere a alguém de forma indefinida, imprecisa. Sua função, contudo, é interrogar, perguntar sobre a identidade do ser ao qual ela se refere (o inventor do relógio de pulso). A palavra **quem** é, nesse caso, um **pronome interrogativo**.

Pronomes interrogativos são os pronomes indefinidos **quem**, **quanto**, **qual** e **(o) que** quando empregados em frases interrogativas.

Veja outros exemplos de emprego de pronomes interrogativos:

Qual é o edifício mais alto do mundo?
Quantas vezes o Brasil ganhou a Copa do Mundo?
Que animal tem oito patas?
O que a formiga disse para a cigarra?

EXERCÍCIOS

Leia a seguinte história da tradição popular e responda às questões de 1 a 4.

Todo mundo, alguém, qualquer um e ninguém

Esta é uma história de quatro pessoas: TODO MUNDO, ALGUÉM, QUALQUER UM e NINGUÉM.

Havia um trabalho importante a ser feito e TODO MUNDO tinha certeza de que ALGUÉM o faria.

QUALQUER UM poderia tê-lo feito, mas NINGUÉM o fez.

ALGUÉM zangou-se porque era um trabalho de TODO MUNDO.

TODO MUNDO pensou que QUALQUER UM poderia fazê-lo, mas NINGUÉM imaginou que TODO MUNDO deixasse de fazê-lo.

Ao final, TODO MUNDO culpou ALGUÉM quando NINGUÉM fez o que QUALQUER UM poderia ter feito.

(Autor desconhecido.)

Filipe Rocha

1. As palavras **todo**, **alguém** e **ninguém** e a expressão **qualquer um** normalmente pertencem a uma determinada classe gramatical.

a) Qual é ela?

b) No texto, contudo, elas apresentam outro papel gramatical. Qual é ele? Justifique sua resposta.

2. Compare os enunciados a seguir e indique a diferença de sentido entre eles.

- "TODO MUNDO culpou ALGUÉM"
- Todo o mundo culpou alguém.

3. Passe para o plural a frase "Qualquer um poderia ter feito", substituindo a palavra **um** por **pessoas** e fazendo as adaptações necessárias.

4. Brincando com palavras e sentidos, o texto faz uma crítica a determinadas pessoas. O que ele critica nessas pessoas?

O PRONOME NA CONSTRUÇÃO DO TEXTO

Leia o anúncio publicitário:

WMcCann

(http://marcelolobo20.wordpress.com/2012/12/31)

1. Observe estes enunciados do anúncio:

> "Quando alguém chega ao Rio, vai direto para o Pão de Açúcar."
> "Nós viemos para um lugar diferente."

a) Há nos enunciados dois pronomes. Quais são eles? De que tipo são?

b) De que pessoa do discurso é cada um desses pronomes?

2. Em relação à imagem do anúncio, onde estão situados os dois pronomes?

3. Leia agora o texto que está na parte de baixo do anúncio:

> Hoje estamos comemorando a retirada dos primeiros barris de petróleo da Plataforma Peregrino, localizada na costa brasileira. Uma oportunidade de colocar em prática nossos 40 anos de experiência, nossa tecnologia de ponta e a vontade de trabalhar em grandes desafios, para extrairmos petróleo das áreas mais profundas do subsolo marinho. E isso é apenas o começo. Afinal, para nós é um orgulho contribuir para realizar o sonho de todo brasileiro: ver seu país crescer cada vez mais.
> Vá mais fundo em: goodideas.statoil.com

Para que servem os pronomes?

Pronomes são palavras que exercem papel fundamental nas interações verbais. São eles que indicam as pessoas do discurso, expressam formas sociais de tratamento e substituem, acompanham ou retomam palavras e orações já expressas. Contribuem, assim, para garantir a clareza, a coerência e a coesão dos textos.

a) A quem corresponde o pronome **nós** do enunciado acima desse texto?

b) Que pronomes desse texto fazem referência ao anunciante?

c) Qual é o "lugar diferente" a que o anunciante foi?

4. Os pronomes **alguém** (do enunciado da parte de cima do anúncio) e **todo** (do trecho "o sonho de **todo** brasileiro") são indefinidos. No contexto:

a) Qual deles tem o sentido de "uma pessoa"?

b) Qual deles se refere a todas as pessoas?

5. Nos enunciados "Quando alguém chega ao Rio, vai direto para o Pão de Açúcar" e "Nós viemos para um lugar diferente", do anúncio, os pronomes **alguém** e **nós** referem-se a dois tipos de agentes, que atuam de formas diferentes no espaço geográfico do Rio de Janeiro.

a) O que busca o agente representado pelo pronome **alguém**?

b) O que busca o agente representado pelo pronome **nós**?

SEMÂNTICA E DISCURSO

1. As frases a seguir apresentam ambiguidade, isto é, duplo sentido, em razão do emprego inadequado de pronomes. Indique ao menos dois sentidos para cada enunciado e reescreva as frases, deixando-as com um único sentido.

a) Vi o ladrão que roubou a minha bolsa no ônibus.

b) Flávia, eu vi o João na escola com a sua mãe.

c) Os canavieiros se cortaram com a faca.

2. Nas frases a seguir, alguns pronomes estão empregados em desacordo com as regras da norma-padrão. Reescreva as frases, empregando tais pronomes de acordo com a norma-padrão.

a) O livro não está comigo. Emprestei ele para minha prima.

b) A vovó trouxe um pedaço de bolo para eu e uns salgadinhos para você.

c) A vovó trouxe um pedaço de bolo para mim experimentar.

d) Você não vai acreditar no que aconteceu! Mas prometo te contar tudo com detalhes.

e) Eu não vi elas na festa. Será que elas não foram convidadas?

f) Preciso falar consigo ainda hoje.

Leia a tira a seguir e responda às questões 3 e 4.

Fernando Gonsales

(Fernando Gonsales. *Níquel Náusea — Nem tudo que balança cai!*. São Paulo: Devir, 2003. p. 39.)

3. Troque ideias com os colegas e tente responder: Quem foi Drummond?

4. Em busca de uma rima perfeita para a palavra **paixão**, a personagem rompe com um princípio da língua portuguesa relativo aos pronomes e, com isso, cria humor.

a) Que princípio é esse?

b) Em que consiste o humor resultante desse procedimento?

5. O indefinido **nada** significa "nenhuma coisa". Entretanto, em qual das frases a seguir o pronome ganha o sentido de "alguma coisa"?

a) Você não tem nada para me dizer sobre isso?

b) Ele não estuda nada, não sabe nada.

c) Eles não entenderam nada do livro.

6. Há diferenças de sentido no emprego do indefinido **todo** e de **todo o**. **Todo** é o mesmo que "qualquer, qualquer um, cada um", enquanto **todo o** significa "inteiro". Veja:

> Os garotos picham **toda** parede que veem pela frente. (qualquer parede)
> Os garotos picharam **toda a** parede daquele prédio novo. (a parede inteira)

Com base nessa diferença, reescreva as frases a seguir, completando-as com **todo** ou **todo o**, no masculino ou no feminino.

a) ☐ casa da cidade será visitada pelos agentes de combate à dengue.

b) ☐ país lamentou a morte de seu presidente.

c) ☐ família compareceu à formatura da menina.

d) Depois da enchente, ☐ família desabrigada recebeu roupas, alimentos e remédios.

e) Visito meus avós ☐ dia depois da aula.

de OLHO na escrita — ACENTUAÇÃO (I)

Leia a fábula a seguir e responda às questões de 1 a 3.

O Vento e o Sol

O Vento e o Sol discutiam para ver quem era o mais forte. Ficou estabelecido que ganharia aquele que conseguisse arrancar o casaco de um viajante. O Vento começou: pôs-se a soprar violentamente e, como o homem segurasse o casaco com força, ele redobrou os ataques. Transido de frio, o viajante pôs um segundo casaco, de modo que o Vento, desencorajado, deu a vez ao Sol. Este a princípio brilhou moderadamente e o homem tirou o segundo casaco. O Sol lançou então seus raios mais fortes e, assim, sem suportar mais o calor, o viajante tirou toda a roupa e se jogou num rio próximo.

Conseguirás o que queres pela persuasão, não pela violência.

Lelis

persuasão: arte de convencer; dom de fazer alguém acreditar em algo.

(*Fábulas de Esopo*. Porto Alegre: L&PM, 2012. p. 79-80.)

1. Nas fábulas, a moral é a frase que finaliza o texto e resume suas ideias principais.

a) Na fábula lida, a que correspondem, respectivamente, a persuasão e a violência a que a moral faz referência?

b) Dê sua opinião: Em que situações da vida, a moral dessa fábula pode ser válida?

2. Leia estas palavras do texto:

vento	princípio	conseguirás	suportar	casaco
violência	força	começou	calor	assim

a) Identifique a sílaba tônica de cada palavra e indique quais palavras são oxítonas e quais são paroxítonas.

b) Todas as sílabas tônicas dessas palavras apresentam acento gráfico?

c) Qual palavra oxítona apresenta acento gráfico?

d) Quais palavras paroxítonas apresentam acento gráfico?

3. Observe agora a acentuação destas palavras:

pôs Sol vez num de que

a) Desses monossílabos, quais são tônicos? Quais são átonos?

b) Apenas um dos monossílabos tônicos recebe acento gráfico. Qual é a terminação dessa palavra?

4. Leia as palavras, observando a sílaba tônica destacada em cada uma:

fábula **pró**ximo **rá**pido At**lân**tico

a) Como se classificam essas palavras quanto à posição da sílaba tônica?

b) O que se pode concluir em relação à acentuação desse tipo de palavras?

Por que algumas palavras são acentuadas graficamente e outras não?

O **acento gráfico** existe para evitar dificuldades na leitura e no entendimento de certas palavras escritas. Veja a confusão que a frase a seguir pode causar se seu autor não souber acentuar corretamente:

> Informei à secretaria que Luís não pode entregar os documentos.

A quem foi dada a informação: à **secretária** ou à **secretaria**? Luís não **pode** (no presente) ou não **pôde** (no passado) entregar os documentos?

Ao responder às questões anteriores, você observou que algumas palavras recebem acento gráfico e outras não. Conheça algumas regras de acentuação gráfica de acordo com a norma-padrão escrita.

Acentuação das oxítonas e dos monossílabos tônicos

A acentuação das palavras oxítonas e dos monossílabos tônicos depende da terminação.

> São acentuados os monossílabos tônicos e as palavras oxítonas terminados em **-a**, **-e**, **-o** e nos ditongos abertos **éi**, **éu** e **ói**, seguidos ou não de **-s**.

Veja os exemplos:

babás dendê avós papéis céus dói

Os monossílabos e as palavras oxítonas terminados em **-em** seguem regras diferentes.

> As palavras oxítonas terminadas em **-em**(**ens**) são acentuadas; porém os monossílabos terminados em **-em**(**ens**) não são acentuados.

Veja os exemplos:

quem	tem	bem
também	ninguém	parabéns

Importante

1. Verbos como **conter**, **deter**, **manter** e **reter** apresentam formas oxítonas e acentuadas nas 3.ªs pessoas do presente: acento agudo no singular e acento circunflexo no plural. Observe:

ele contém	ele detém	ele mantém	ele retém
eles contêm	eles detêm	eles mantêm	eles retêm

2. Os verbos **ter** e **vir**, nas 3.ªs pessoas do presente do indicativo, são monossílabos tônicos terminados em **-em**. Pela regra de acentuação dos monossílabos, não deveriam ser acentuados. Entretanto, acentua-se a forma da 3.ª pessoa do plural, para diferenciá-la da forma do singular. Observe:

ele tem	ele vem
eles têm	eles vêm

Acentuação das proparoxítonas

Ao responder à questão 4 desta seção, você pôde constatar qual é a regra de acentuação das palavras proparoxítonas.

Assim:

Todas as palavras proparoxítonas são acentuadas.

EXERCÍCIOS

1. Leia a tira:

(Dik Browne. *Folha de S. Paulo*, 11/11/2012.)

Observe as palavras **têm** e **vem**, empregadas na tira.

a) Justifique o acento da palavra **têm**, do 1º quadrinho.

b) Por que a palavra vem, do 2º quadrinho, não é acentuada?

2. Complete cada frase com a forma adequada do verbo entre parênteses, mantendo sempre o presente do indicativo.

a) Aquele palácio (conter) uma fortuna em ouro.

b) Diante do perigo, os comandados de Hagar (manter) a calma.

c) Com muita coragem, o *viking* (deter) o avanço inimigo.

d) Os arqueiros (reter) o inimigo no desfiladeiro.

3. Você sabe de onde é originária a mandioca? Leia o texto:

Mandioca

Edson Grandisoli/Pulsar Imagens

Quando Pedro Alvares Cabral chegou ao Brasil, a mandioca ja era um dos principais alimentos de nossos índios. Ela e originária do Nordeste e das regiões centrais do país. O Brasil e o maior produtor mundial de mandioca.

Existem 2 tipos:

- A mandioca-doce, tambem chamada de aipim ou macaxeira, e usada na alimentação. Depois de cozida em água e sal, ela esta pronta para ser consumida. [...] Sua farinha e insubstituível em receitas tipicas brasileiras, como o Tutu à Mineira e os pirões de peixe. [...]
- A mandioca-brava ou amarga e usada na produção de polvilho ou de farinha. Ela tem uma quantidade maior de acido cianidrico, um veneno, que a mandioca-doce. Provaca náuseas, vomitos e sonolência. [...]

(Marcelo Duarte. *O guia dos curiosos — Brasil*. São Paulo: Panda, 2011. p. 405.)

No texto, foram propositalmente eliminados os acentos gráficos das palavras que são monossílabos tônicos e das oxítonas e proparoxítonas. Identifique essas palavras e reescreva-as em seu caderno, acentuando-as, devidamente.

Divirta-se

Você consegue ver o rosto de uma mulher na figura abaixo?

(J. S. Carneiro, org. *Enigmas visuais*. Rio de Janeiro: Frente, 2004. p. 50.)

CAPÍTULO 2

A natureza pede socorro

Existem listas e listas. Em lista de premiados, todo o mundo quer ter o nome; já em lista de quem ficou em recuperação, por exemplo, ninguém quer entrar. Uma das listas existentes é a dos animais em extinção. Nela estão os bichos que, por motivos diversos, correm o risco de desaparecer, como aconteceu com os dinossauros.

Universal Images Group/Latinstock

Tartaruga-de-pente, espécie classificada como em perigo na lista de animais ameaçados de extinção.

A longa lista dos condenados

A extinção de animais faz parte da evolução da vida na Terra, mas, desde que o bicho homem resolveu dar sua contribuição a esse processo, o desaparecimento de espécies tem se acelerado de forma preocupante. Na semana passada, foi divulgado o mais completo estudo sobre a situação dos mamíferos no planeta. O quadro que emerge da pesquisa é o mais sombrio desenhado sobre essa classe de animais. Um quarto das 5 487 espécies de mamíferos classificadas pela ciência se encontra em risco de desaparecer. Isso significa 1 141 espécies, quinze vezes mais do que o número de mamíferos extintos nos últimos cinco séculos. O estudo foi realizado pela União Internacional para a Conservação da Natureza (IUCN), uma instituição composta de 11 000 cientistas de 160 países. Alguns dos animais relacionados estão ameaçados de desaparecer por causas naturais. É o caso do diabo-da-tasmânia, um marsupial carnívoro que lembra um urso pequeno, que desenvolveu um tipo de câncer fatal que contagia os exemplares da espécie através do contato físico. Segundo os cientistas, porém, a grande maioria dos animais ameaçados é vítima da ação humana. "O perigo de extinção das espécies, hoje, decorre quase exclusivamente do desmatamento, que destrói os hábitats, e da caça", disse a VEJA o biólogo sul-africano Mike Hoffmann, do departamento de biodiversidade da IUCN.

Calcula-se que o desmatamento atinja 40% dos mamíferos do mundo. As florestas são destruídas para dar lugar à expansão urbana e à agricultura, o que explica os altos índices de animais sob risco no sul e no sudeste da Ásia, onde as populações crescem em ritmo acelerado. Nessas regiões, 80% dos primatas podem desaparecer. A população de orangotangos-de-bornéu que habitam florestas da Malásia e da Indonésia resume-se a 14% da existente em meados do século XX. A outra grande ameaça às espécies, a caça indiscriminada, frequentemente é praticada por total desconhecimento da importância da preservação desses animais. "Moradores de regiões remotas, que matam primatas e cervos para comê-los, não fazem ideia de que estão caçando espécies ameaçadas de extinção", explica a primatóloga inglesa Liza Veiga, que vive em Belém e participou do estudo da IUCN fornecendo informações sobre animais da Amazônia. "O cuxiú-preto, um macaco já próximo de desaparecer, é caçado para que seu pelo seja usado na fabricação de espanadores", ela relata. [...]

Os mamíferos aquáticos encontram-se em situação ainda mais grave do que os terrestres: 35% das espécies correm perigo. [...] Os principais fatores que levam os mamíferos aquáticos à morte são os acidentes ocasionados durante a pesca de outras espécies – eles são capturados e feridos nas redes – e a poluição das águas, geralmente causada pelo crescimento das cidades nas regiões costeiras. [...]

(*Veja*, nº 2082.)

Quais são os animais ameaçados de extinção no Brasil

Atualmente, 627 espécies brasileiras estão ameaçadas. Confira algumas das que enfrentam maior risco

Que o Brasil é um dos países com maior biodiversidade, com uma grande quantidade de espécies de fauna e flora, não é novidade para ninguém. Que alguns desses animais correm sério risco de extinção, devido a uma série de fatores como desmatamento, caça ilegal, poluição, também não. Mas quais são, afinal, as espécies brasileiras ameaçadas?

A resposta está no *Livro Vermelho das Espécies Ameaçadas*, produzido pelo Instituto Chico Mendes, do Ministério do Meio Ambiente, e pela organização internacional IUCN, com base nos estudos de uma série de pesquisadores. Atualmente, 627 espécies estão na lista de ameaçadas de extinção, em diferentes categorias de risco. Metade dessas espécies está protegida em unidades de conservação, e o governo aprovou planos de ação para cerca de 33% das espécies.

A lista divide os animais de acordo com o estado de conservação de cada espécie. Essas categorias vão desde Vulnerável até Extinta, além das espécies classificadas como Quase ameaçadas ou Pouco preocupante. Confira alguns animais de cada categoria.

Extintas

Essa é a categoria mais dramática: sete espécies brasileiras são consideradas Extintas (EX), e as sete eram encontradas na Mata Atlântica – o bioma mais devastado do Brasil. São espécies como a perereca *Phrynomedusa fimbriata* ou a arara *Anodorhynchus glaucus*, além de quatro invertebrados terrestres, como a minhoca-branca e uma espécie de minhocuçu.

Extintas na natureza

Duas espécies estão listadas como Extintas na Natureza (EW). São duas aves que não são encontradas mais em seus hábitats naturais, e existem apenas em cativeiro. O **mutum-de-alagoas** é uma ave que antes era encontrada na Mata Atlântica, mas desde 1999 acredita-se que esteja extinta na natureza: há cerca de 120 indívíduos vivendo em cativeiro. Já a **ararinha-azul** é uma ave de plumagem azul e cinza que vivia na caatinga. O último indivíduo desapareceu na natureza em outubro de 2000, mas cerca de 60 indivíduos vivem em cativeiro. A ararinha-azul é conhecida do grande público: é a espécie que inspirou o filme *Rio.* [...]

Fabio Colombini

Mutum-de-alagoas, espécie brasileira que foi extinta da natureza.

Criticamente em perigo

DIOMEDIA / Biosphoto / J.-L. Kle

O peixe-boi (*Trichechus manatus*), espécie classificada como "Criticamente em Perigo" na lista de animais ameaçados de extinção.

São considerados Criticamente em Perigo (CR) as espécies de animais que tiveram grande declínio de população e vivem em apenas algumas áreas – a destruição dessas áreas coloca em risco a existência desses animais. Atualmente, há 125 espécies brasileiras classificadas nessa categoria, como o **peixe-boi-marinho**, que sofre principalmente por causa da caça e de capturas acidentais, e o **mico-leão-da-cara-preta**, o mais ameaçado dos mico-leões da Mata Atlântica.

Em perigo

São 163 espécies classificadas como Em Perigo (EN). Elas também enfrentam alto risco de extinção, mas a situação não é tão crítica como a categoria CR. A **tartaruga-de-pente** é um exemplo de animal em perigo. Essa tartaruga vive no litoral da Bahia, e tem esse nome porque, antigamente, o seu casco era usado para fazer pentes. Hoje, o que mais ameaça a espécie é a poluição marinha.

Vulneráveis

A maior parte dos animais da lista encontra-se nessa categoria: são 330 espécies brasileiras consideradas Vulneráveis (VU), em praticamente todos os biomas do país. É o caso dos principais felinos brasileiros, as **onças**. As três espécies de onça do país estão vulneráveis e enfrentam ameaças como a destruição de seus hábitats com o avanço do desmatamento, além da caça. Os animais vulneráveis também correm grande risco, mas muitos já estão sendo atendidos por planos de ação de conservação. O **lobo-guará**, por exemplo, outra espécie considerada vulnerável, tem 19 metas e 25 ações para reverter o declínio populacional da espécie.

Fabio Colombini

Onça-parda (*Puma concolor capricornensis*), espécie classificada como "Vulnerável" na lista de animais ameaçados de extinção.

(*Época*, 16/5/2012.)

Estudo dos textos

COMPREENSÃO E INTERPRETAÇÃO

1. Observe no final dos textos lidos a indicação de sua fonte, isto é, o nome do livro, jornal ou revista onde eles foram publicados originalmente. Qual é a fonte de cada texto?

2. Veja agora as fotos dos animais que acompanham os textos.

a) Qual é o papel delas?

b) O que esses animais tão diferentes têm em comum, segundo o texto?

c) Os textos abaixo das fotos chamam-se **legendas**. Que papel elas têm no texto?

3. Levante hipóteses e troque ideias com os colegas: De que gênero textual são os textos lidos: notícia, entrevista ou reportagem?

4. As revistas em que os textos foram publicados têm alcance nacional. Considerando esse fato e o assunto abordado, indique, entre os itens a seguir, aquele que melhor resume a finalidade principal do texto.

a) Conscientizar os leitores de que a urbanização acelerada e as causas naturais são responsáveis pela redução das espécies animais.

b) Estimular os leitores a combater a caça e a pesca dos animais em extinção.

c) Informar os leitores quanto à participação do homem no processo de extinção de espécies animais e sobre a atual situação dessas espécies no Brasil.

5. De acordo com os textos, estudos dos cientistas mostram a interferência humana no processo de extinção de espécies animais. Quais são as principais ações humanas relacionadas com o desaparecimento de espécies animais?

Qual a situação atual das tartarugas marinhas?

A boa notícia é que a situação [das tartarugas] tem melhorado, segundo a bióloga do Projeto Tamar em Ubatuba, Suami Macedo. "Nesses quase 30 anos de trabalho do Tamar, começamos agora a comemorar alguns sinais de recuperação graças à conscientização principalmente dos pescadores", explica. Com a atuação da ONG, houve um aumento gradual do número de filhotes liberados ao mar, totalizando, até 2007, mais de 8 milhões. Mais uma boa novidade: cerca de 70% dos ninhos permanecem *in situ*, ou seja, são mantidos nos locais originais de postura.

Uma das principais ameaças contra a vida das tartarugas marinhas são as redes de pesca, pois, quando se enroscam nelas, não conseguem subir à superfície para respirar. Acabam morrendo sem ar. Outros grandes problemas que as tartarugas enfrentam no litoral brasileiro são a ingestão de lixo, que provoca doenças, o sufocamento por sacolas plásticas jogadas no mar e traumas provocados por embarcações de lazer, como iates e jet skis.

(Renata Costa. *Nova Escola*, out. 2009. Abril Comunicações S/A.)

6. A lista das espécies ameaçadas de extinção no Brasil classifica os animais em cinco grupos: extintas, extintas na natureza, criticamente em perigo, em perigo e vulneráveis.

a) Desses grupos, qual é o que apresenta uma situação irreversível?

b) Qual é a diferença entre as espécies extintas e as espécies extintas na natureza?

7. O Brasil tem grande extensão territorial, parte dela ainda coberta por florestas. Segundo os dados apresentados pelo segundo texto, o país tem cuidado bem de seus animais?

Fabio Colombini

8. Releia o boxe "Qual a situação atual das tartarugas marinhas?". É possível ter esperança quanto à sobrevivência de muitas espécies?

A LINGUAGEM DOS TEXTOS

1. Ao longo do primeiro texto, são apresentados depoimentos de alguns cientistas.

a) Como são marcados graficamente esses depoimentos?

b) Com que objetivo esses depoimentos são inseridos no texto?

2. Releia este trecho do texto "A longa lista dos condenados":

> "Um quarto das 5487 espécies de mamíferos classificadas pela ciência se encontra em risco de desaparecer. Isso significa 1141 espécies [...]"

a) Por que a forma verbal **encontra** está no singular?

b) Como ficaria o enunciado caso se tratasse de $\frac{2}{4}$ das espécies, em vez de $\frac{1}{4}$?

c) Escreva por extenso os algarismos **5487** e **1141**, considerando o contexto.

3. **Sigla** é uma sequência formada pelas letras ou sílabas iniciais de palavras que constituem uma expressão correspondente ao nome de instituições, empresas, etc.

a) Que siglas aparecem nos textos lidos? O que elas significam?

b) Crie uma sigla para **Centro de Reabilitação de Tartarugas Marinhas**.

4. Observe a grafia das palavras **extinção** e **extintas**, usadas várias vezes nos textos. Elas derivam do verbo **extinguir**. Veja:

> **extinguir** → extinção, extintas

Tendo como exemplo essa derivação, escreva duas palavras que se originam do verbo **distinguir**.

Cruzando linguagens

Leia este anúncio:

Renctas

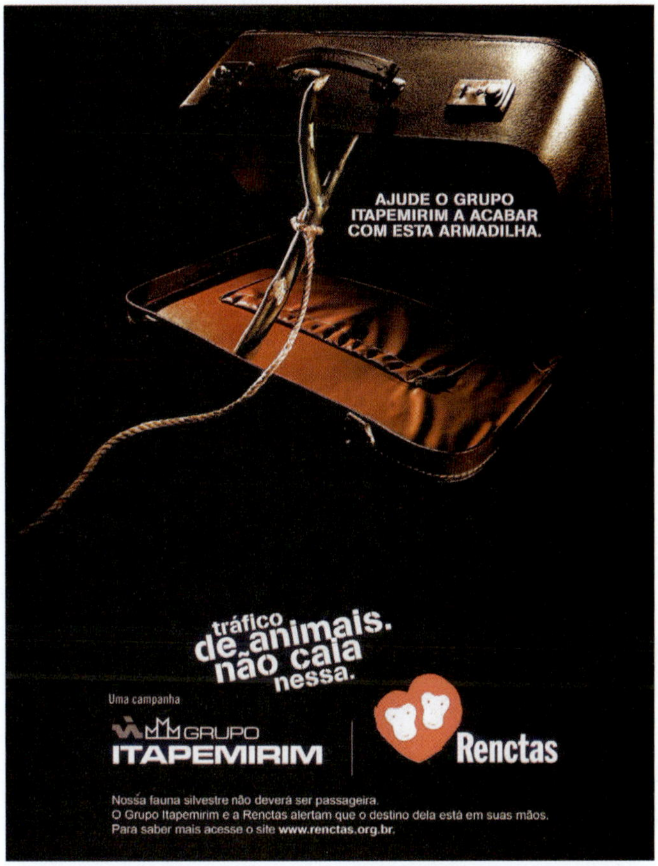

(*Terra da gente* – Animais nº 11.)

1. Observe a imagem principal do anúncio. Nela, há uma mala, uma forquilha de galho de árvore e uma corda. Juntos, esses elementos se parecem com outro objeto.

a) Qual é esse objeto e para que ele serve?

b) Se você conhece esse objeto, explique para os colegas como ele funciona.

2. Considerando que o anúncio faz parte de uma campanha, leia o enunciado verbal que aparece sobre a mala.

a) A que armadilha se refere o enunciado?

b) Levante hipóteses: Quem está na outra ponta da corda?

c) Deduza: Por que o anunciante utilizou a imagem da mala?

d) A mala encontra-se na sombra, com alguns reflexos de luz. Interprete: O que representa a sombra?

3. Relacione esse anúncio com o texto "A longa lista dos condenados", lido anteriormente, e responda: O tráfico de animais colabora para que certas espécies venham a ter o nome incluído na lista? Por quê?

4. Na parte inferior do anúncio, lemos: "Nossa fauna silvestre não deverá ser passageira". Essa frase, no contexto, assume dois sentidos. Quais são eles?

5. A Renctas (Rede Nacional contra o Tráfico de Animais Silvestres) é uma organização não governamental, sem fins lucrativos, criada com a finalidade de combater o tráfico de animais silvestres, e o Grupo Itapemirim é uma empresa de transportes.
Observe a fonte do anúncio, isto é, a publicação em que o anúncio foi divulgado, e levante hipóteses: Na sua opinião, o que o Grupo Itapemirim ganha em apoiar essa campanha?

Trocando ideias

1. Às vezes, é grande o esforço dos cientistas para evitar a extinção de determinado animal. Foi o que aconteceu, por exemplo, com relação à ararinha-azul. O empenho em sua preservação envolveu durante dez anos muitas pesquisas e verbas, e mesmo assim ela acabou desaparecendo da natureza.

Na sua opinião, as pesquisas relacionadas com animais em risco de extinção devem continuar, apesar de isso custar muito dinheiro e esforço à sociedade? Por quê?

Consultando a lista

A lista de animais em risco de extinção é atualizada periodicamente. Caso você queira saber se um bicho está incluído nela, consulte os *sites*:

- www.biodiversitas.org.br/
- www.ibama.gov.br

2. Você sabia que existe uma Declaração Universal dos Direitos dos Animais? Ela foi criada em 1978, pela Unesco (Organização das Nações Unidas para a Educação, a Ciência e a Cultura), entidade que se empenha em promover a paz entre os seres humanos. Conheça alguns trechos dessa declaração:

ARTIGO I

Todos os animais nascem iguais diante da vida e têm o mesmo direito à existência.

Author's Images / Keystone Brasil

ARTIGO II

a) Cada animal tem direito ao respeito.
b) O homem, enquanto espécie animal, não pode atribuir-se o direito de exterminar outros animais ou explorá-los, violando esse direito. Ele tem o dever de colocar sua consciência a serviço de outros animais.
c) Cada animal tem direito à cura e à proteção do homem.

ARTIGO III

a) Nenhum animal será submetido a maus-tratos e atos cruéis.
b) Se a morte de um animal é necessária, deve ser instantânea, sem dor nem angústia.

ARTIGO IV

a) Cada animal que pertence a uma espécie selvagem tem o direito de viver livre no seu ambiente natural terrestre, aéreo ou aquático e tem o direito de reproduzir-se.
b) A privação da liberdade, ainda que para fins educativos, é contrária a esse direito.
[...]

Os direitos dos animais

Conheça na íntegra a Declaração dos Direitos dos Animais acessando o *site*: www.apasfa.org/leis/declaracao.shtml

(*Ciência Hoje das Crianças*, março 2003.)

Na sua opinião, esses direitos dos animais vêm sendo respeitados? Por quê?

Produção de texto

A fim de colher elementos para a produção de um artigo de opinião, leia os textos a seguir. O primeiro é uma tabela que mostra os animais mais utilizados em laboratórios e as pesquisas realizadas com eles a partir de 1950; o segundo relata como são feitos os testes de laboratório em animais; o terceiro apresenta a posição de um cientista sobre a utilização de animais em pesquisas científicas.

TEXTO 1

Época	Animais	Utilização
1950-1960		Desenvolvimento da quimioterapia para o tratamento do câncer
		Descoberta do DNA
1960-1970		Desenvolvimento de drogas antidepressivas
		Interpretação do código genético e seu papel na síntese de proteínas
1970-1980		Tratamento da lepra
		Desenvolvimento da tomografia computadorizada
1980-1990		Desenvolvimento de anticorpos monoclonais
		Desenvolvimento de terapia genética

Ilustrações: Estúdio BR

(http://www.fiocruz.br/biosseguranca/Bis/infantil/animaislaboratorio.htm)

TEXTO 2

Como são feitos os testes de laboratório em animais?

por Yuri Vasconcelos

Animais servem de cobaias para testes de medicamentos, vacinas, cosméticos e até produtos de limpeza [...]. Porquinhos-da-índia, camundongos, coelhos e macacos são os animais mais utilizados pelos cientistas, mas, em alguns casos, também se recorre a cães, porcos e até baratas. Os bichos que participam das experiências são criados em viveiros chamados biotérios e geralmente são sacrificados após o estudo. Os defensores dos direitos dos animais repudiam esses testes, afirmando que são cruéis e inúteis, mas os cientistas argumentam que, sem eles, os avanços da medicina seriam fortemente prejudicados.

[...]

ROEDORES DOPADOS *Novos medicamentos são desenvolvidos com base em testes em animais*

1 O novo remédio é testado em laboratório. No caso de uma droga contra o câncer, por exemplo, o pesquisador testa a sua eficácia numa cultura de células cancerígenas num frasco.

2 Quando os resultados são promissores, passa-se à segunda fase: o estudo em animais. Camundongos, por terem um ciclo de vida curto e fácil reprodução, são utilizados nos experimentos.

3 Antes de tudo, é preciso "infectar" o roedor com a doença. No caso de uma nova droga contra o câncer, isso significa fazer crescer um tumor, similar à cultura de células estudada em laboratório.

4 A nova droga é aplicada para comprovar a sua eficácia e toxicidade. Um estudo analisa como ela é processada pelo organismo – sacrificando o animal – e se tem efeitos na reprodução.

5 Dependendo dos resultados, o desenvolvimento da droga é descartado. Se o teste for bem-sucedido, o produto segue para a última etapa, quando será testado por pacientes.

[...]

FONTE Pessoas pelo Tratamento Ético aos Animais (Peta), bióloga Paula Jimenez, Associação Brasileira dos Portadores da Síndrome da Talidomida (ABPST)

(Yuri Vasconcelos/Abril Comunicações S/A. http://mundoestranho.abril.com.br/materia/como-sao-feitos-os-testes-de-laboratorio-em-animais)

TEXTO 3

Nossa eterna gratidão

Natália Cuminale

[...]

Dadas as conquistas médicas proporcionadas pelo sacrifício de animais, soa descabido o ataque de ativistas ao Instituto Royal, nas cercanias de São Paulo. As investigações sobre possíveis maus-tratos em cães da raça beagle e coelhos ainda não terminaram, mas soa incoerente a grita contra o uso de animais em estudos científicos. Ressalve-se que bichos são utilizados também em pesquisas veterinárias. Aquele remedinho que o totó toma em casa só existe graças aos testes com outros animais nos centros de pesquisa.

Nas últimas duas décadas, com o avanço de avaliações de hipóteses científicas por meio de modelos computacionais, o número de bichos usados em pesquisas médicas caiu à metade. Hoje, apenas 10% de todas as experiências recorrem a animais – o que representa cerca de 60 milhões de cobaias, anualmente, no mundo todo. A ideia é, sempre que possível, dispensar os bichos. Nas grandes empresas de cosméticos, eles foram completamente abolidos graças à produção de peles artificiais, que proporcionam resultados semelhantes aos obtidos com coelhos. No desenvolvimento de novos tratamentos médicos, contudo, o animal é indispensável. Diz Freddy Eliaschewitz, diretor do Centro de Pesquisas Clínicas (CPClin), de São Paulo: "Nenhuma máquina ou modelo de computador consegue simular a complexidade de um organismo vivo". Um remédio contra a asma pode até nascer de um programa de computador. Mas não há como testar, em máquinas, sua segurança no cérebro, nos intestinos, no fígado e nos rins. Isso só é garantido inicialmente com testes em animais e, depois, nos próprios seres humanos. Além disso, é filosofia dos pesquisadores mais sérios e cuidadosos sempre reduzir a amostra de cobaias e, na medida do possível, substituí-las por espécies inferiores. Os ratos hoje estão presentes em 75% das experiências. Os cachorros, em especial os beagles, em menos de 1% delas. Uma das espécies que mais têm sumido dos experimentos são os primatas. Ainda assim, seu uso é essencial para as pesquisas de doenças neurodegenerativas e imunológicas. Não fossem os macacos, o neurocientista Miguel Nicolelis, da Universidade Duke, nos Estados Unidos, jamais teria avançado em seus hoje reputadíssimos estudos sobre neurofisiologia, em busca de próteses neurais para pacientes vítimas de paralisia.

[...]

(*Veja*, 30/10/2013.)

AGORA É A **sua vez**

Há, a seguir, duas propostas para a produção de um artigo de opinião. Leia-as e escolha uma delas.

1. De acordo com o artigo III da Declaração dos Direitos dos Animais, nenhum animal deve ser submetido a maus-tratos e atos cruéis; se sua morte é necessária, deve ser instantânea, sem dor nem angústia. Na sua opinião, é possível conciliar as experiências científicas com o que recomenda esse artigo? O que precisaria ser feito para isso?

2. Estudos voltados à substituição de animais nos testes de laboratório estão em andamento. Enquanto essa substituição não ocorre, as pesquisas atuais direcionadas à saúde humana deveriam ser abandondas? Qual é a sua opinião sobre isso?

Depois de escolher uma das propostas, tome uma posição a respeito do assunto e prepare-se para redigir seu texto. Ele será lido por colegas da sua classe e de outros anos, por familiares, amigos e visitantes da mostra **Se é meio ambiente estou no meio**, proposta no capítulo **Intervalo** desta unidade.

Se quiser, envie seu texto a um jornal da cidade ou a um fórum de debates de um dos provedores da Internet. Ou, ainda, hospede-o em um *blog* da classe.

Planejamento e revisão do texto

Para produzir o seu artigo de opinião e revisá-lo, leve em conta as orientações de planejamento e revisão que constam no capítulo 1 desta unidade, nas páginas 222 e 223.

Para escrever com coerência e coesão

A COERÊNCIA E A COESÃO TEXTUAIS

A coerência textual

Leia este cartum, de Quino:

Joaquín Salvador Lavado (Quino)

(*Gente*. Lisboa: Dom Quixote, 1991.)

1. O cartum retrata inicialmente um diálogo entre duas pessoas.
   a) O que o homem de terno preto foi fazer nesse lugar?
   b) Ele atingiu seu objetivo?

2. Repare nas perguntas feitas pelo entrevistador e nas respostas dadas pelo entrevistado.
   a) O que chama a atenção nesse diálogo?
   b) Como o entrevistador reage diante das respostas do entrevistado?

3. Observe a última cena do cartum.
   a) Que tipo de lugar você imagina que seja esse? Por quê?
   b) Para que tipo de cargo o homem foi contratado?
   c) Você acha que ele está preparado para ocupar esse cargo? Por quê?

4. Quino, o autor do cartum, é argentino. Seu cartum faz uma crítica.
   a) Qual é o alvo da crítica?
   b) Você acha que esse cartum também se adequaria à realidade brasileira? Por quê?

O humor do cartum de Quino é construído a partir de situações absurdas. No diálogo do entrevistador e do entrevistado, não há conexão entre as ideias, o que cria um texto aparentemente incoerente.

Coerência textual são as conexões de ideias que conferem sentido a um texto.

Contudo, se considerarmos que a finalidade do cartum é construir humor e fazer uma crítica social, pode-se dizer que, apesar das incoerências presentes nas situações, o texto é coerente. Isso porque a coerência de um texto diz respeito à situação em que ele é produzido, ou seja, quem produz, para quem, com que finalidade, etc.

No caso do cartum de Quino, a incoerência foi utilizada propositalmente para criar humor. Na maior parte dos textos que produzimos no dia a dia, entretanto, a coerência é necessária.

A coesão textual

Você já ouviu falar de plantas carnívoras? Leia este texto:

Nhaaac!!!

As plantas carnívoras têm este nome porque capturam e digerem seres vivos. Mas você não precisa ter medo. Elas são tão pequenas e delicadas que não oferecem perigo para nós.

Existem cerca de 550 espécies dessas plantas no mundo. Os cientistas acham que as primeiras surgiram na Terra há uns 65 milhões de anos, na época dos dinossauros! A maioria se alimenta apenas de animais minúsculos, mas algumas podem capturar pequenos pássaros e roedores.

Armadilha

As plantas carnívoras atraem bichinhos com suas cores e perfume, mas cada espécie tem um jeito de prendê-los. Algumas se fecham, aprisionando o inseto quando ele se aproxima. Outras capturam a presa com seus pelos pegajosos. E há ainda as que têm folhas colantes. É só um bicho pousar nelas e não consegue mais sair! [...]

(*Recreio*, nº 2.)

Diomedia/Bilderberg/Reinhard

1. O texto lido apresenta coerência, isto é, conexão de ideias? Por quê?

2. A coerência textual está diretamente ligada à coesão textual, isto é, à conexão entre palavras e partes do texto. Observe o 1º parágrafo do texto.

a) A que palavra ou expressão empregada anteriormente se referem a expressão **este nome** e a palavra **elas**?

b) A palavra **mas** liga duas ideias do texto: o fato de as plantas digerirem seres vivos e a possibilidade de o leitor ter medo das plantas. Que sentido a palavra **mas** expressa nesse contexto? Indique a melhor opção:

- adição
- oposição
- causa
- consequência

3. No 2º parágrafo do texto, as expressões **dessas plantas**, **as primeiras**, **a maioria** e a palavra **algumas** retomam uma expressão do 1º parágrafo. Qual é ela?

4. Observe o 3º parágrafo. A que palavra ou expressão se refere:

a) a palavra **suas**?

b) a palavra **los**, em "prendê-los"?

c) as palavras **algumas** e **outras**?

Você notou que as palavras do texto "Nhaaac!!!" não estão soltas. Elas se referem, se retomam e se ligam umas às outras, formando uma espécie de tecido textual, ou seja, formando o **texto**. Essas conexões são chamadas de **coesão textual**.

> **Coesão textual** são as conexões gramaticais existentes entre palavras, frases, parágrafos e partes maiores de um texto.

Para que um texto seja um todo significativo, e não um amontoado de frases soltas, sem conexão, é necessário que ele tenha **textualidade**. A **coerência** e a **coesão textuais** são dois dos elementos fundamentais que conferem textualidade a um texto.

EXERCÍCIOS

Leia a tira a seguir, de Angeli, e responda às questões de 1 a 6.

Angeli

(*Ozzy. Família? Pra que serve isso?* São Paulo: Cia. das Letras, 2006. p. 18.)

1. A mãe de Ozzy deixa por escrito uma série de recomendações ao filho. Por essas recomendações, como você acha que Ozzy é?

2. Observe o enunciado do 2º quadrinho: “Fui trabalhar, mas deixo algumas tarefas e quero que você as cumpra”.

a) As palavras **mas** e **e** estabelecem conexões entre partes do enunciado. Que ideias elas introduzem: de conclusão, de oposição ou de adição?

b) O pronome oblíquo **as** retoma uma palavra mencionada anteriormente. Qual é ela?

Angeli

3. A partir do 3º quadrinho é feita uma enumeração de ações que têm uma relação de coesão e coerência com uma palavra ou uma ideia expressa anteriormente. Qual é essa palavra ou ideia?

4. Observe o emprego dos pronomes demonstrativos no 4º e no 5º quadrinhos.

a) Ao empregar as expressões “**essa** bermuda imunda”, “**essa** camiseta fedida” e “**esse** tênis velho e fedorento”, o que a mãe tem em mente sobre a roupa que o filho estará vestindo nesse dia?

b) Por que a mãe emprega os demonstrativos **essa** e **esse** no 4º quadrinho e **aquela** no 5º quadrinho?

5. As letras **PS** ou **P.S.** são uma abreviação da expressão latina *post scriptum* e são usadas para indicar o acréscimo, em um texto, de alguma coisa que merece ser lembrada. Na tira, por que, na sua opinião, a mãe de Ozzy preferiu colocar essa tarefa como **PS**, em vez de enumerá-la com as demais tarefas?

6. Que relação há, na tira, entre as orientações da mãe e as mudanças da fisionomia de Ozzy?

7. Complete o texto que segue, procurando dar a ele coerência e coesão.

Por que sentimos vontade de urinar ao ver água corrente?

☐ os 2 anos de idade, os bebês não têm o menor controle sobre a micção. Basta a bexiga encher um pouco ☐ já começam a urinar. ☐ certa idade, as crianças passam a ser, digamos, "programadas" a inibir ☐ atitude. ☐ não acontecesse, estariam condenadas a fazer xixi na cama ☐ a usar fraldas pelo resto da vida. Com o passar dos anos, ☐ domínio é incorporado inconscientemente. Adultos só sentem vontade de fazer xixi ao lavar as mãos, tomar banho ☐ ver água corrente ☐ a natureza "avisa" que, bem, a bexiga está quase cheia.

"☐ o órgão atinge a capacidade máxima de 500 ml, a pessoa não pode se distrair ☐ um pouquinho ☐ já urina. Lavar as mãos ou ver água corrente, por exemplo, são reflexos condicionados ☐ induzem o indivíduo a liberar a urina represada", diz o urologista Homero Bruschini, da Sociedade Brasileira de Urologia. A neurocientista Suzana Herculano-Houzel, do Instituto de Ciências Biomédicas da UFRJ, vai além: "Só o fato de pensar em fazer xixi já é suficiente ☐ dar aquela vontade...".

Thinkstock/Getty Images

(Revista *Galileu*, nº 213.)

A língua em foco

O VERBO (I)

CONSTRUINDO O CONCEITO

Leia esta história em quadrinhos:

Ziraldo

1. Nos três primeiros quadrinhos, o Menino Maluquinho dá uma série de ordens ao cãozinho.

a) Que palavras traduzem essas ordens?

b) Qual foi a reação do cão?

2. Para construir o humor da história, o autor dá uma informação importante apenas no último quadrinho. Qual é ela?

3. As ordens que o Menino Maluquinho dá indicam **ações** que o cão poderia praticar. Que outras palavras da tira também indicam ação?

4. Observe esta frase:

"O cachorro **é** só suporte!"

A palavra **é** indica ação ou estado?

CONCEITUANDO

Você observou que o Menino Maluquinho, para mostrar que treinou a pulga, dá a ela uma série de ordens. Palavras como **pula**, **rola**, **deita**, **senta** e **pega**, que exprimem ações, são chamadas de **verbos**.

Além de ações, os verbos também designam estado, mudança de estado e fenômenos meteorológicos. Veja:

"O cachorro **é** só suporte!" (estado)
A água **virou** colírio. (mudança de estado)
Choveu toda a noite. (fenômeno meteorológico)

Verbos são palavras que exprimem ação, estado, mudança de estado e fenômenos meteorológicos, sempre em relação a determinado tempo.

Dois ou mais verbos com valor de um formam uma **locução verbal**. Por exemplo: **vai ficar**, **está falando**, **deve sair**. Observe a correspondência:

O Menino Maluquinho **vai treinar** a pulga.
locução verbal

O Menino Maluquinho **treinará** a pulga.
verbo

EXERCÍCIOS

1. Leia o texto:

Por que os beija-flores voam tão rápido?

Isso acontece porque as asas **são** adaptadas para fazer movimentos em forma de 8. Algumas espécies **batem** as asas 28 vezes em um só segundo! Eles conseguem rodopiar, voar para trás, fazer curvas rápidas e até parar no ar. Por **serem** tão velozes, **gastam** muita energia e precisam comer bastante. Esses pássaros se **alimentam** de néctar das flores e insetos, alguns chegam a comer 10 vezes o peso do corpo por dia – como se uma criança de 40 quilos **comesse** 400 quilos de alimento em um só dia!

(*Recreio*, nº 655, p. 5.)

Minden Pictures/Latinstock

a) Das formas verbais destacadas no texto, quais indicam:

- estado?
- ação?

b) Reescreva a terceira frase do texto, substituindo cada uma das quatro locuções verbais pela forma simples do verbo principal.

2. Observe a tira a seguir, de Glauco. Depois, escreva um pequeno texto, empregando verbos de ação para contar o que as personagens estão fazendo.

Glauco

(*Folha de S. Paulo*, 5/5/2007. Folhinha.)

Conjugações

Todos os verbos existentes na língua portuguesa pertencem a apenas três grandes grupos, ou conjugações:

- **1ª conjugação:** os verbos terminados em **-ar**
- **2ª conjugação:** os verbos terminados em **-er**
- **3ª conjugação:** os verbos terminados em **-ir**

Observação

Todos os verbos terminados em **-or**, como **repor**, **supor**, **antepor**, **depor**, etc., são derivados de **pôr**. No passado, o verbo **pôr** era **poer**, que historicamente perdeu a vogal **e**. Por isso, **pôr** e seus derivados pertencem à 2ª conjugação.

Os verbos que terminam em **-ar**, **-er**, **-ir** e **-or** estão em uma forma que chamamos de **infinitivo**. Essa é a forma como o verbo se apresenta quando ainda não foi flexionado nas diferentes pessoas, tempos e modos verbais.

Para encontrar um verbo no dicionário, é preciso sempre procurar o seu infinitivo. Por exemplo: oprimi → **oprimir**; amei → **amar**; escrevi → **escrever**.

Flexão dos verbos

As flexões dos verbos, isto é, as variações que eles apresentam, são indicativas de número, pessoa, modo, tempo e voz. Você vai conhecer algumas delas a seguir.

Flexão de número e pessoa

As três pessoas do verbo são as mesmas do discurso, ou seja, as mesmas que envolvem qualquer ato de comunicação, e podem estar no singular ou no plural:

- 1ª pessoa (aquele que fala): eu, nós
- 2ª pessoa (aquele com quem se fala): tu, vós, você, vocês
- 3ª pessoa (aquele ou aquilo de que se fala): ele, ela, eles, elas

Assim, se tomarmos o verbo **amar** no passado, notaremos as variações de pessoa e número:

(Eu) amei: 1ª pessoa do singular
(Tu) amaste: 2ª pessoa do singular
(Ele, você) amou: 3ª pessoa do singular
(Nós) amamos: 1ª pessoa do plural
(Vós) amastes: 2ª pessoa do plural
(Eles, vocês) amaram: 3ª pessoa do plural

Observação

Conforme vimos anteriormente, em várias regiões do país o pronome de tratamento **você** vem sendo empregado no lugar do pronome reto **tu**. Assim, embora **você** desempenhe o papel de 2ª pessoa do discurso, ou seja, aquele com quem se fala, gramaticalmente exige o verbo em 3ª pessoa. Veja:

Tu sempre amaste a pessoa errada. (2ª pessoa)
Você sempre amou a pessoa errada. (3ª pessoa)

Flexão de modo

Leia esta tira, de Gilmar:

(www.gilmar.zipnet.com.br)

Imagine que, no último quadrinho da tira, o anjo dissesse à outra personagem: "**Mande**-me um e-mail!". A forma verbal **mande** exprimiria a intenção do anjo de dar uma **ordem**, pois indicaria uma exigência feita por ele.

Já no enunciado: "Quando **precisar** de ajuda, me manda um e-mail!", a forma verbal destacada indica que o anjo considera como **possibilidade** ou **dúvida** a ocorrência da ação de **precisar**.

No 2º quadrinho, nos enunciados: "Você **é** meu anjo da guarda!" e "**Acertou**!", as formas verbais **é** e **acertou** revelam a intenção das personagens de mostrar **certeza** em relação ao que mencionam.

Como você pode observar, as formas verbais **mande**, **precisar**, **é** e **acertou** exprimem intenções diferentes por parte de quem fala. Nos enunciados vistos, **mande** revela um pedido ou uma ordem; **precisar**, uma dúvida ou possibilidade; **é** e **acertou**, uma certeza. Essas diferentes maneiras de expressar intenções por meio dos verbos são chamadas de **modos**.

Assim, são três os modos verbais: **indicativo**, **subjuntivo** e **imperativo**.

Indicativo

É o modo da certeza, empregado para indicar que algo seguramente acontece, aconteceu ou acontecerá: "Você **é** meu anjo da guarda!".

Subjuntivo

É o modo da hipótese ou da possibilidade, utilizado para indicar que algo pode vir a acontecer: "Quando **precisar** de ajuda, me manda um e-mail".

Normalmente é empregado depois de verbos que dão ideia de ordem, proibição, desejo, vontade, pedido, condição, hipótese. Veja:

Quero que esse plano **seja** infalível.
Pediu-me que **lesse** uma história para ele.
Desejo que você **faça** uma boa viagem.
Imagine se você **fosse** o Homem-Aranha!

Imperativo

É o modo pelo qual se expressa uma ordem, um pedido, um conselho ou uma orientação: "**Mande**-me um e-mail!".

O imperativo pode ser afirmativo e negativo. O negativo é sempre precedido de uma palavra negativa:

Não arrisque sua saúde!

Frases imperativas

As frases imperativas são formadas geralmente a partir do emprego do modo imperativo. Às vezes, contudo, prevalece uma intencionalidade imperativa em frases que apresentam verbos em outros modos, como nesta frase: "Você poderia falar mais baixo?". Observe que essa frase tem uma clara intencionalidade imperativa, pois corresponde a dizer: "Fale mais baixo!".

EXERCÍCIOS

Leia esta receita:

Biscoito de chocolate e nozes

Thinkstock/Getty Images

Ingredientes

- 1 xícara (chá) de margarina
- 4 colheres (sopa) de açúcar
- 1 1/2 xícara (chá) de farinha de trigo
- 2 colheres (sopa) de amido de milho
- 3 colheres (sopa) de chocolate em pó
- 50 g de nozes trituradas

Modo de preparo

- Em um recipiente, **misture** a margarina e o açúcar.
- Depois, **junte** a farinha de trigo, o amido de milho e o chocolate.
- Com as mãos, **sove** a massa até **ficar** uniforme.
- Em seguida, **modele** o formato desejado.
- Se **quiser**, **abra** a massa com o auxílio de um rolo e **corte**-a com moldes de desenhos.
- **Coloque**-as em uma assadeira.
- **Leve** ao forno e deixe assar por 15 minutos, na temperatura de 180°, ou até **dourar**.

Dica

- **Acrescente** as nozes na hora em que for sovar a massa.

(Silvia Martins. http://www.comidaereceitas.com.br/biscoitos-e-bolachas/biscoito-de-chocolate-e-nozes.html#ixzz2aBR20Hyv)

1. Identifique o modo em que estão as formas verbais destacadas no texto.

2. As formas **deixe assar** e **for sovar** são locuções verbais e podem ser substituídas por formas verbais simples, isto é, por uma única palavra.

a) Quais são essas formas verbais?

b) Em que modo verbal elas estão?

3. Considerando que as receitas culinárias orientam as pessoas sobre como preparar determinados pratos, responda: Por que predomina nesse tipo de texto o modo imperativo?

Flexão de tempo

Leia esta tira, de Nik:

(*Gaturro*. Cotia-SP: Vergara & Riba, 2008, v. 2, p. 52.)

As personagens da tira empregam vários verbos em suas falas. Veja:

"**Tenho** uma vontade de ferro!!"
"O que **aconteceu**?"
"**Vou ficar** aqui até você me dar bola, Ágata!!"

Observe que, na primeira frase, a forma verbal **tenho** se refere a algo que acontece no **presente**, isto é, no momento em que as personagens falam. Na segunda frase, a forma verbal **aconteceu** se refere a um fato **passado**, isto é, a algo ocorrido antes do momento em que as personagens conversam. Na terceira frase, a locução verbal **vou ficar** (= **ficarei**) se refere ao **futuro**, isto é, a algo que ainda ocorrerá.

Assim, são três os tempos verbais básicos da língua portuguesa: presente, pretérito (passado) e futuro. Compare:

Presente (hoje): **tenho** Pretérito (ontem): **aconteceu** Futuro (amanhã): **ficarei**

EXERCÍCIOS

1. Identifique o tempo (presente, pretérito ou futuro) em que estão as formas verbais destacadas neste texto:

Saiba mais sobre o mico-leão-dourado, um macaco que só existe no Brasil

Thinkstock/Getty Images

É fácil saber por que o mico-leão-dourado **ganhou** esse nome: seus pelos **formam** uma juba cabeluda, dourada e brilhante, como a dos leões.

Esse animal só **existe** na Mata Atlântica brasileira e **esteve** ameaçado de desaparecer do planeta. Muita gente **lutou** para preservar essa espécie e hoje a população de micos-leões-dourados **está** crescendo.

Os micos **passam** o dia entre as árvores, procurando frutos, insetos e animais pequenos para comer. À noite, eles se **escondem** em ocos de árvores e **vão dormir** tranquilos.

Se **percebe** a aproximação de uma cobra, uma jaguatirica ou um gavião, o líder do bando dos micos **dá** um assobio forte. Aí todos se escondem rapidinho entre os galhos.

(Maria Carolina Cristianini. *Recreio*, nº 462, p. 26.)

2. Suponha que você precise procurar no dicionário o significado do verbo a que pertence cada uma das formas verbais abaixo. No dicionário, os verbos aparecem apenas no infinitivo. Que palavras você buscaria no dicionário?

a) eu trouxe
b) ela coube
c) quando ele vier
d) eles viram
e) eu pus
f) eu visto
g) ele diria

Leia a tira a seguir, de Fernando Gonsales, e responda às questões de 3 a 5.

Fernando Gonsales

(*Folha de S. Paulo*, 14/7/2013.)

3. Observe os balões dos dois primeiros quadrinhos.

a) Qual é a intenção do Grilo Falante expressa nos enunciados desses balões: aconselhar, ordenar ou coagir?

b) Que modo verbal a personagem emprega na sua fala do 3º balão?

c) Na frase "Fumar é um péssimo hábito!", do 2º balão, está implícita a ideia de imperativo. Explique em que consiste essa ideia.

4. Observe o 3º quadrinho.

a) O que a interjeição da personagem feminina exprime?

b) No alto do quadrinho, há uma legenda. De quem é o comentário que aparece nela?

5. O humor da tira reside na ironia que o autor faz em relação ao comportamento da personagem. Explique essa afirmação.

6. Complete as frases, empregando nas formas adequadas ao contexto, de acordo com a norma-padrão, os verbos destacados:

a) O Grilo Falante não **sabe** conversar com as meninas; quando ele □, será bem-aceito.

b) O Grilo Falante não **fez** bom uso da linguagem; quando ele □, poderá ter sucesso.

c) A menina lhe **dará** um sorriso quando ele lhe □ bom-dia.

d) O garoto lhe **trará** flores quando ela □ boas notícias.

e) O narrador não **põe** fé em conselhos; quando ele □, criará outra história.

O VERBO NA CONSTRUÇÃO DO TEXTO

Leia a letra de uma canção de Lenine e Ivan Santos:

Do it

Tá cansada, senta
Se acredita, tenta
Se tá frio, esquenta
Se tá fora, entra
Se pediu, aguenta
Se pediu, aguenta...

Se sujou, cai fora
Se dá pé, namora
Tá doendo, chora
Tá caindo, escora
Não tá bom, melhora
Não tá bom, melhora...

Se aperta, grite
Se tá chato, agite
Se não tem, credite
Se foi falta, apite
Se não é, imite...

Se é do mato, amanse
Trabalhou, descanse
Se tem festa, dance
Se tá longe, alcance
Use sua chance
Use sua chance...

[...]

Se perdeu, procure
Se é seu, segure
Se tá mal, se cure
Se é verdade, jure
Quer saber, apure
Quer saber, apure...

Se sobrou, congele
Se não vai, cancele
Se é inocente, apele
Escravo, se rebele
Nunca se atropele...

Se escreveu, remeta
Engrossou, se meta
E quer dever, prometa
Pra moldar, derreta
Não se submeta
Não se submeta...

[...]

Ricardo Dantas

(http://www.vagalume.com.br/lenine/do-it.html)

1. Observe a estrutura frasal destes versos da letra da canção:

Se aperta, grite
Se tá chato, agite
Se não tem, credite
Se foi falta, apite
Se não é, imite...

Note que em cada verso há duas partes e em cada parte, um verbo:

Se **aperta,** | **grite**

a) Em que tempo e modo estão os verbos da primeira parte, de cada verso?

b) E os verbos da segunda parte de cada verso?

c) Que noção a palavra **se**, que introduz os versos, expressa: comparação, condição ou causa?

2. Na canção, o eu lírico (a voz que fala no texto) se dirige a alguém, fazendo uso de verbos no imperativo.

a) Levante hipóteses: A quem o eu lírico se dirige?

b) Essas formas verbais expressam um tipo de posicionamento do eu lírico diante da vida. Esse posicionamento é conformista e derrotista ou otimista e transformador?

c) Logo, entre os sentidos mais comuns do modo imperativo – ordem, conselho, dica, súplica, sugestão ou pedido –, qual está mais de acordo com a finalidade do texto?

3. Algumas das expressões verbais usadas na letra da canção têm na linguagem coloquial sentido diferente do sentido literal.

a) Dê o sentido que têm, no texto, as expressões:

- sujou (v. 7)
- cai fora (v. 7)
- dá pé (v. 8)
- engrossou (v. 36)

b) A palavra **tá**, empregada várias vezes no texto, é redução de qual forma verbal?

Ricardo Dantas

4. Como os poemas, as letras de canção geralmente exploram o ritmo e a sonoridade das palavras. Quanto à sonoridade, que efeito resulta do emprego de formas verbais no imperativo no final dos versos, na canção "Do it"?

5. Os verbos têm um papel destacado na letra de canção. Considerando que o título dela, "Do it", em inglês, significa "Faça isso", responda: Por que os verbos são fundamentais na construção desse texto?

SEMÂNTICA E DISCURSO

Leia o anúncio publicitário:

São Paulo Convention & Visitors Bureau/ McCann

(*Ícaro Brasil*, nº 242.)

1. O objetivo do anúncio é estimular os leitores a fazer uma visita turística à cidade de São Paulo.

a) Leia o enunciado verbal em destaque no anúncio. Qual é o principal argumento utilizado pelo anunciante?

b) Em que modo estão as formas verbais **venha** e **volte**?

c) O emprego dessas formas verbais é compatível com a finalidade do anúncio? Justifique sua resposta.

2. O texto foi publicado em uma revista que é ofertada aos passageiros de uma companhia aérea.

a) O veículo de divulgação do anúncio atende aos interesses do anunciante? Por quê?

b) Sabendo que cada passageiro tem um limite de peso para a bagagem, explique o jogo linguístico criado com a expressão "volte com excesso de bagagem cultural".

3. Na parte superior do anúncio, vê-se uma imagem do Teatro Municipal de São Paulo. Relacione a imagem ao enunciado verbal em destaque e conclua: Qual é a função dessa imagem na construção do texto?

4. Observe o texto que aparece na parte de baixo do anúncio, em letras menores:

> "A vida cultural de São Paulo **é** incrível. Nenhuma outra cidade da América Latina é tão rica em teatros, cinemas, museus e galerias. Mas, além disso, São Paulo também **oferece** a maior diversidade em parques, restaurantes, casas noturnas e passeios. Aqui você tem atividade em todos os sentidos. Para o corpo e para a alma. Se você **anda** meio sem assunto, **passe** uma temporada em São Paulo."

a) Qual é a finalidade desse texto?

b) Em que modo está a forma verbal **passe**?

c) Em que tempo e modo estão todas as outras formas verbais?

d) Por que há predominância desse tempo e desse modo, considerando-se a finalidade do texto?

Leia a tira a seguir e responda às questões de 5 a 10.

(http://marcosnoelcartoons.com/blog/tirinhas/tira.html#86)

5. Leia e compare estas duas frases:

> "É uma pena ver os seres humanos se **tornarem** tão egoístas!"
> É uma pena ver que os seres humanos se **tornaram** tão egoístas!

Os modos verbais empregados nas frases estabelecem uma diferença de sentido entre elas. Qual é essa diferença?

6. Nas duas frases a seguir, o verbo **pensar** está empregado no presente do modo indicativo. Apesar disso, há uma diferença entre o sentido que ele tem em uma frase e o que tem na outra. Observe:

> Eles **pensam** só neles.
> Eles **pensam** na *pizza* que está sobre a mesa.

a) Em qual das frases a ação de pensar tem o sentido de um processo que perdura?

b) Em qual das frases a ação de pensar tem o sentido de algo que não tem continuidade?

7. No 2º quadrinho, uma personagem que não aparece na cena diz: "A pizza chegou!". Entre as seguintes possíveis reações do interlocutor, qual não é esperada?

Marcos Noel

a) Pegar a *pizza* com o entregador.
b) Aproximar-se da mesa de jantar.
c) Preparar a mesa.
d) Entrar no banho.
e) Servir a todos.

8. Em qual das frases abaixo o pedido, ou a ordem, tem a forma mais autoritária?

a) Por favor, sirva também o Bonifácio e o Mostarda.
b) Sirva também o Bonifácio e o Mostarda!
c) Sirva também o Bonifácio e o Mostarda, já!

9. A frase "Eles estão com fome" indica uma certeza. O mesmo ocorre na frase "Eles devem estar com fome"?

10. Observe o 3º quadrinho da tira. A expressão das personagens corresponde à opinião que elas manifestaram sobre os homens no 1º quadrinho?

Divirta-se

Um texto sem a letra a?

Desafiado por um professor a escrever em 2005 um texto que não tivesse a letra **a**, o auxiliar financeiro Magno Alves de Araújo produziu a seguinte peça:

Ivan Coutinho

"Tudo requer muito equilíbrio psicológico, pois o nosso viver, o nosso mundo, tudo que se move, se bebe, que se come e dorme requer o devido equilíbrio. E equilíbrio é sempre um jeito de ser. Um pensamento moderno deste novo século é o de que é preciso "ser". Eu me pergunto: "Eu sou? Estou? Eu existo? Eu quero? Eu vivo?".

— Sim! Eu vivo! — É só o que sinto. Vivo num mundo sofrido, pobre de espírito, poderoso, sem motivos nem objetivos. Pode ser novo ou velho, rico ou pobre, solteiro ou viúvo, feliz ou triste. Vivemos sós e nenhum de nós persiste muito em viver, em querer, no nosso compromisso um com o outro, no motivo... que motivos temos em nosso mundo com gente morrendo de fome, de sede, com suicídios, enfim, mortes e mortes e mortes.

Entendeu? Nem eu."

(*Revista Língua Portuguesa*, nº 23, p. 66.)

E então, você acha que o autor conseguiu criar um texto sem a letra **a**?

CAPÍTULO 3

O ser-coisa

Quando nos perguntam se nos preocupamos com a preservação da natureza, se tratamos bem os animais, se respeitamos o meio ambiente,quase sempre respondemos que sim. Mas e a vida, nós respeitamos?

Leia esta crônica, de Carlos Drummond de Andrade:

O pintinho

Foi talvez de um filme de Walt Disney que nasceu a moda de enfeitar com pintinhos vivos as mesas de aniversário infantil. Era uma excelente ideia, no mundo ideal do desenho animado; conduzida para o mundo concreto dos apartamentos, também alcançou êxito absoluto. Muitos garotos e garotas jamais tinham visto um pinto de verdade, e queriam comê-lo, assim como estava, imaginando ser uma espécie de doce mecânico, mais saboroso. Houve que contê-los e ensinar-lhes noções urgentes de biologia. As senhoras e moças deliciaram-se com a surpresa e gula dos meninos, e foram unânimes em achar os pintos uns amorecos. Mas estes, encurralados num centro de mesa, entre flores que não lhes diziam nada ao paladar, e atarantados por aquele rumor festivo e suspeito, deviam sentir-se absolutamente desgraçados.

Como a celebração do aniversário terminasse, e ninguém sabia o que fazer com os pintos, pareceu à dona da casa que seria gentil e cômodo oferecer um a cada criança, transferindo assim às mães o problema do destino a dar-lhes. O único inconveniente da solução era que havia mais guris do que pintos, e não foi simples convencer aos não contemplados que aquilo era brincadeira para guris ainda bobinhos, e que mocinhas e rapazinhos de nível mental superior não se preocupam com essas frioleiras.

Os pintos, em consequência, espalharam-se pela cidade, cada qual com seu infortúnio e seu proprietário exultante. O interesse das primeiras horas continuava a revestir-se de feição ameaçadora para a integridade física dos recém-nascidos (se é que pinto produzido em incubadora realmente nasce). Um deles foi parar num apartamento refrigerado, e posto a um canto da copa, sobre uma caixinha de papelão forrada de flanela. Semeou-se em redor o farelinho malcheiroso que o gerente do armazém recomendara como alimento insubstituível para pintos tenros, e que (o pai leu na enciclopédia) devia ser, teoricamente, farinha de baleia. A ideia da baleia

Ivan Coutinho

alimentando o pinto encheu o garotinho de assombro, e pela primeira vez o mundo lhe apareceu como um sistema.

O pinto sentia um frio horroroso, mas desprezava a flanela, e a todo instante se descobria, tentando fugir. Procurava algo que ele mesmo não sabia se era calor da galinha ou da criadeira. À falta de experiência, dirigiu seus passinhos na direção das saias que circulavam pela copa. As saias nada podiam fazer por ele, senão recolocá-lo em seu ninho, mas o pinto procurava sempre, e piava.

O garoto queria carregá-lo, inventava comidas que talvez interessassem àquele paladar em formação. Não senhor — explicou-lhe a mãe:

— Não se pode pegar, não se pode brincar, não se pode dar nada, a não ser farelo e água.

— Nem carinho?

— Meu amor, carinho de gente é perigoso para bicho pequeno.

Mas o pinto, mesmo sem saber, estava querendo era um palmo sujo de terra, com insetos e plantas comestíveis, o raio de sol batendo na poça d'água caída do céu, e companhia à sua altura e feição, e, numa casa assim tão bonita e confortável, esses bens não existiam. E piava.

A situação começou a preocupar a dona da casa, que telefonou à amiga doadora do pinto: que fazer com ele?

— Querida, procure criá-lo com paciência, e no fim de três meses bote na panela, antes que vire galo. É o jeito.

Não virou galo, nem caiu na panela. No fim de três dias, piando sempre e sentindo frio, o pinto morreu. Foi sua primeira e única manifestação de vida, propriamente dita.

O menino queria guardá-lo consigo, supondo que, inanimado, o pinto se transformaria em brinquedo, manuseável. Foi chamado para dentro, e quando voltou o corpinho havia desaparecido na lixeira.

(In: *Para gostar de ler – Crônica*. São Paulo: Ática, 2007. v. 1, p. 25-27.)

Ivan Coutinho

atarantado: atrapalhado, desnorteado.
celebração: comemoração, festividade.
êxito: sucesso, triunfo.
exultante: alegre, entusiasmado.
feição: aspecto, aparência, maneira.
frioleira: ninharia, insignificância.
inanimado: sem vida, desacordado, inerte.
inconveniente: inadequado, impróprio, inoportuno.
incubadora: chocadeira.
sistema: estrutura, conjunto de elementos dependentes entre si.
tenro: de pouca idade.
unânime: de concordância geral.

Quem é Carlos Drummond de Andrade?

O escritor Carlos Drummond de Andrade (1902-1987) nasceu em Itabira, Minas Gerais, e viveu a maior parte de sua vida no Rio de Janeiro.

Ricardo Chaves/Editora Abril/Conteúdo Expresso

Produziu poesia, crônicas e contos e é considerado um dos maiores poetas brasileiros de todos os tempos. Entre outras obras, escreveu *A rosa do povo* e *Fala amendoeira*.

Saiba mais sobre ele, acessando os *sites*:
www.carlosdrummond.com.br e
www.espalhedrummond.com.br

Estudo do texto

COMPREENSÃO E INTERPRETAÇÃO

1. O narrador refere-se a uma nova moda na decoração das mesas em festas de aniversário infantil.

a) Na festa que ele retrata, o aniversariante é destacado como a figura principal?

b) Qual é o destaque da festa?

2. Muitos dos meninos convidados para a festa de aniversário retratada pelo narrador nunca tinham visto um pintinho de verdade.

a) Segundo o narrador, qual era o desejo desses meninos em relação aos pintinhos?

b) Considerando o tipo de vida das crianças que estavam na festa, o desejo delas era descabido?

3. A pessoa responsável pela festa teve como preocupação principal o sucesso do evento.

a) Ela planejou o destino que seria dado aos pintinhos?

b) Como ela resolveu esse problema?

4. A partir do 3º parágrafo, o narrador conta o que aconteceu com um dos pintinhos depois da festa.

a) Como foi a adaptação desse pintinho ao novo ambiente?

b) Levante hipóteses: Os outros pintinhos passaram por uma situação muito diferente da vivida por esse pintinho?

5. O garoto queria dar assistência ao pintinho, mas não teve o apoio da mãe.

a) Que explicações a mãe deu ao filho?

b) A frase "carinho de gente é perigoso para bicho pequeno", falada pela mãe, é contraditória com o comportamento dela? Por quê?

6. O narrador imagina que o pintinho, mesmo sem saber, procurava algo no apartamento em que estava.

a) O que o pintinho procurava?

b) Na verdade, a ave sentia falta de quê?

7. No início do texto, o narrador afirma que a moda de enfeitar com pintinhos vivos as mesas de aniversário infantil alcançou êxito absoluto.

a) Na sua opinião, o final da história mostra que a moda a que o narrador se refere teve, de fato, êxito absoluto?

b) O destino final do pintinho – a colocação na lixeira – simboliza a condição a que ele esteve submetido durante todo o episódio narrado. Como o pintinho foi visto e tratado por todos?

Ivan Coutinho

8. O texto lido é uma crônica. A crônica é um gênero textual que, com base em um fato do cotidiano, é capaz de fazer uma crítica ou provocar uma reflexão sobre o mundo em que vivemos. Na sua opinião, o texto de Drummond provoca reflexões? Justifique sua resposta com elementos do texto.

A LINGUAGEM DO TEXTO

1. O narrador inicia seu texto assim: "Foi talvez de um filme de Walt Disney que nasceu a moda de enfeitar com pintinhos vivos as mesas de aniversário infantil".

a) Há, na fala do narrador, certeza quanto à origem da moda a que ele se refere?

b) Que palavra empregada pelo narrador confirma sua resposta?

Ironia: exercício de inteligência

A ironia é um recurso empregado com frequência tanto na linguagem cotidiana quanto na literária. Consiste em dizer alguma coisa para, na verdade, expressar o contrário. Com isso se cria muitas vezes um efeito humorístico. Por exemplo, um homem muito magro diz, brincando: "Meu cafezinho é com adoçante, pois estou muito gordo".

2. A palavra **mesmo** é empregada duas vezes no texto, com significados diferentes:

- "Procurava algo que ele **mesmo** não sabia se era calor da galinha ou da criadeira."
- "Mas o pinto, **mesmo** sem saber, estava querendo era um palmo sujo de terra"

Qual sentido a palavra **mesmo** apresenta em cada trecho: **ainda que**, **de fato** ou **próprio**?

3. Para descrever a situação dos pintinhos, o narrador emprega adjetivos como: encurralados, atarantados, desgraçados, ameaçadora, horroroso.

a) Consulte, se necessário, o vocabulário que acompanha o texto e responda: Esses adjetivos exprimem situações e sentimentos positivos ou negativos?

b) O narrador emprega esses adjetivos com uma finalidade. Qual é ela?

4. Leia o boxe: "Ironia: exercício de inteligência". A seguir, troque ideias com os colegas: O texto "O pintinho" faz uso da ironia? Se sim, o que ele ironiza?

Thinkstock/Getty Images

LEITURA EXPRESSIVA DO TEXTO

Junte-se a um colega e leiam o texto um para o outro. Alterem o tom de acordo com a mudança de situação: informativo e entusiasmado, no início; preocupado, na sequência; irônico, na descrição do comportamento do pintinho; rápido e sem emoção, nos últimos quatro parágrafos. Depois, apresentem a leitura à classe.

Trocando ideias

1. Você considera certo utilizar pintinhos vivos para enfeitar uma festa?

2. No texto lido, a mãe afirma que carinho de gente é perigoso para bicho pequeno. Na sua opinião, de que modo o ser humano pode manifestar carinho pelos animais?

3. No final do 3º parágrafo, o narrador afirma que o menino percebeu, assombrado, que o mundo funciona como um sistema, ou seja, como um conjunto de elementos naturais que dependem uns dos outros. Você acha importante que as pessoas tenham essa visão sobre a natureza? Por quê?

ler é reflexão

Agência: ATB Comunicações

Produção de texto

A EXPOSIÇÃO ORAL E O CARTAZ

A exposição oral

Thinkstock/Getty Images

A exposição oral é um dos gêneros orais públicos mais utilizados na esfera escolar.

Na vida escolar e social, é comum sermos solicitados a falar em público, seja para expor e transmitir algum conhecimento, seja para debater um tema. Um dos gêneros orais públicos mais importantes e com maior presença na esfera escolar é a **exposição oral**.

A finalidade principal da exposição oral é transmitir saberes. Na exposição oral feita no ambiente escolar, um ou mais alunos, depois de pesquisar, assumem o papel de especialistas em um assunto e se empenham em transmitir ao público o que sabem sobre ele. Uma boa exposição oral envolve pesquisa e planejamento, apresentação do tema em etapas e a adoção de procedimentos quanto a postura e voz, utilização de recursos audiovisuais, linguagem e relacionamento com o público.

Pesquisa e planejamento

- Pesquise sobre o tema em diversas fontes: livros especializados, enciclopédias, jornais, revistas, *sites* da Internet. Selecione as principais informações e anote-as, bem como os exemplos, gráficos e imagens que podem ilustrar ou fundamentar a exposição. Se houver mais de um ponto de vista sobre o assunto, registre-os também.
  Aprofunde-se no tema até sentir que tem domínio sobre ele e está em condições de transmitir ao público o que sabe.
- Redija um pequeno roteiro para ter em mãos como apoio durante a exposição. Inclua nele as etapas da exposição (apresentadas no item a seguir) e os pontos principais do assunto que vai abordar. Esse roteiro não deve ser lido durante a apresentação, mas apenas consultado, quando necessário.
- Prepare sua apresentação levando em conta o tempo disponível. Faça um treino para saber se há necessidade de ajustes quanto ao tempo.

Realização da exposição oral

As etapas a serem observadas no desenvolvimento da exposição oral são estas:

1. **Abertura:** O expositor saúda o público e apresenta-se. Ou, então, o professor anuncia quem será o expositor, chama-o e lhe dá a palavra.
2. **Introdução ao tema:** O expositor apresenta o tema ao público, explica rapidamente por que o escolheu e como se aprofundou nele. Esse momento é fundamental para atrair a atenção dos ouvintes.
3. **Apresentação do plano da exposição:** O expositor explica rapidamente ao público o modo como pretende desenvolver o tema, anunciando os itens que vai abordar.
4. **Desenvolvimento:** O expositor dá início à exposição, desenvolvendo um a um os itens que anunciou no plano. Entre um e outro item, deve buscar um encadeamento lógico, empregando expressões como "Vamos ver agora os aspectos negativos de tal iniciativa" ou "Vamos ver agora alguns exemplos do que foi desenvolvido".
5. **Recapitulação:** O expositor recapitula de forma sintética os principais pontos da exposição. Depois pergunta ao público se há alguma dúvida ou se alguém quer fazer alguma pergunta.
6. **Conclusão:** O expositor transmite uma mensagem final, representada por uma frase ou um pensamento para reflexão. Ou pode lembrar um problema, relativo ao tema, que exigiria outra exposição.
7. **Encerramento:** O expositor agradece a atenção do público e se despede.

Postura e voz

- Evite falar apressadamente. Fale de modo pausado, para inspirar confiança, e procure transmitir convicção, energia e entusiasmo.
- Dê entonações diferentes à voz para que a apresentação não fique monótona. Busque uma linguagem simples, direta, clara, dinâmica e persuasiva e fale procurando olhar nos olhos de seus interlocutores.
- Evite "tiques" como alisar a roupa, esfregar os olhos, passar a mão nos cabelos, enfiar a mão no bolso, etc., pois procedimentos como esses distraem a atenção do espectador.

Recursos audiovisuais

Tim Pannell/Corbis/ Latinstock

O uso de recursos audiovisuais confere maior dinamismo a uma exposição. Eles consistem em cartazes, *power point* ou *datashow*, gráficos, *slides*, tabelas, figuras e fotografias. Ao utilizá-los, deve-se ficar atento para evitar ficar lendo tudo o que aparece escrito neles ou dar as costas para o público. Quando estiver explicando, fique de lado, olhando para os interlocutores, e volte-se para os *slides* somente quando quiser que eles sejam observados mais detidamente e que a atenção do público se desvie de você. Lembre-se de que o uso desses recursos deve complementar a fala do apresentador e não ser o centro da exposição.

Linguagem

- Pelo fato de a exposição oral consistir em uma situação pública de interação verbal, utilize uma linguagem de acordo com a norma-padrão. Porém, considerando que se trata de um público escolar, busque empregar um tom mais informal.
- Evite gírias e vícios de linguagem, como a repetição constante de palavras e expressões do tipo **então**, **né**, **vocês sabem**, **tá ligado**, **certo**, **tá**, etc.
- Evite frases-feitas e expressões batidas, assim como o gerundismo. Cuide da boa pronúncia das palavras.

Relacionamento com o público

- Ao fazer perguntas ou dar respostas, seja expressivo. Com o corpo, dê sinais de que está atento, como aprovar com a cabeça, concordando com seu ouvinte, e expressando com o olhar que está entendendo o que alguém diz.
- Ouça atentamente as observações e as dúvidas e procure esclarecê-las na hora ou peça educadamente à pessoa que as apresente no final. Ao responder a uma pergunta, procure não se dirigir apenas a quem a fez. Repita a pergunta em voz alta e responda para todos os presentes. Isso evita que o público se disperse.

Exposição oral: um gênero complexo

O sucesso de uma exposição oral não depende apenas da qualidade do conteúdo. Depende também de outros fatores, como organização lógica das ideias, altura e qualidade da voz, expressão facial e corporal, linguagem adequada à situação e ao perfil do interlocutor, uso de recursos audiovisuais como apoio, simpatia e interatividade com o público. Todos esses elementos reunidos é que fazem uma exposição ser clara, precisa e bem-sucedida.

AGORA É A sua vez ▶

Participe da realização de uma exposição oral. Com a orientação do professor, reúna-se em grupo e, com os colegas, escolha o tema a ser abordado na exposição. Pensem em um assunto que em sua escola, cidade ou região tem sido motivo de preocupação das pessoas, como, por exemplo:

- Desmatamento
- Poluição dos rios, lagos e represas
- Poluição do ar
- Poluição sonora
- Poluição visual
- O lixo
- Extinção de animais
- Aquecimento global

No dia combinado, façam para a classe a exposição oral do assunto pesquisado, empregando as orientações dadas neste capítulo.

Planejamento da exposição oral

- Pesquisem o assunto escolhido.
- Reúnam o material pesquisado e selecionem para a apresentação o que acharem mais interessante.
- Disponham as informações em uma sequência que possibilite sua segmentação em partes. Considerem que entre as partes deve haver coesão, isto é, conexão de ideias.
- Decidam a parte pela qual cada participante do grupo deve ficar responsável.
- Discutam sobre a necessidade e a possibilidade de utilização de recursos audiovisuais.

Revisão e avaliação da exposição oral

Se possível, filmem as exposições, assistam aos vídeos e discutam, com o professor e com a classe, os aspectos em que as exposições seguintes precisam ser aprimoradas.

Na avaliação, levem em conta:

- profundidade da pesquisa
- organização das ideias
- estruturação da exposição em etapas
- postura e voz
- interação com o público
- adequação da linguagem
- uso de recursos audiovisuais

O cartaz

Leia este cartaz:

WMO/ Jupiter Unlimited/Image Plus

Fontes: Instituto Akatu pelo Consumo Consciente e Instituto Ecofuturo

1. Um cartaz pode servir a diferentes objetivos: informar os leitores, estimulá-los a fazer algo ou orientá-los sobre como agir. Dos itens abaixo, qual traduz melhor a finalidade principal do cartaz?

- Levar as pessoas a reciclar o lixo.
- Estimular o consumo entre as pessoas de poder aquisitivo.
- Conscientizar as pessoas da importância de consumir de modo racional, como forma de preservar o meio ambiente.

2. O cartaz está organizado em quatro partes.

a) Quais são essas partes?

b) O que as pessoas são orientadas ou estimuladas a fazer em cada uma delas?

3. Observe estes trechos do cartaz:

- "Em vez de embrulhar o lanche das crianças em papel alumínio ou filme plástico, prefira mandá-lo em **potes plásticos**."
- "Evite desperdício na cozinha. Utilize **talos**, **folhas e cascas** no cardápio."
- "Troque os copos plásticos por uma **caneca**."

Explique a relação entre consumo e poluição que o texto estabelece.

O cartaz e outros gêneros

O cartaz pode veicular informações, mas sua finalidade principal geralmente é outra: estimular os leitores a fazer alguma coisa ou a agir de determinada forma. Por essa razão, é um gênero que se aproxima de outros gêneros argumentativos, como o anúncio publicitário e o texto de campanha publicitária, entre outros.

4. Levante hipóteses: Por que a parte "**Sempre...**" teve um tratamento diferente das outras partes?

5. Qual é a relação entre a imagem central e a parte verbal do anúncio?

6. Um cartaz deve sempre estar adequado ao perfil do público a que se destina.
   a) Onde você acha que esse cartaz foi exposto ou veiculado?
   b) Levando em conta a linguagem, o visual e as ideias do cartaz em estudo, quem você acha que é o público a que ele se destina?

7. Observe a linguagem empregada no texto.
   a) Que variedade linguística foi empregada?
   b) A linguagem está adequada ao perfil do público leitor?

WMO/Jupiter Unlimited/Image Plus

8. Embora não seja obrigatório, é normal serem empregadas no cartaz formas verbais no modo imperativo, como **separe**, **evite**, **use**, **compre**, etc. O que formas verbais como essas expressam? Com que finalidade são usadas?

9. Nos cartazes, geralmente há um logotipo (um símbolo ou um grupo de letras) que representa o anunciante. No cartaz em estudo, de que forma o anunciante é identificado?

10. Reúna-se com seus colegas de grupo e, com base nas respostas às questões anteriores, concluam: Quais são as principais características de um cartaz?

AGORA É A sua vez ▶

Há, a seguir, duas propostas de produção de cartazes. Se possível, desenvolva as duas.

1. Crie cartazes em defesa do meio ambiente. Eis algumas sugestões de tema, mas você pode optar por outro, se preferir.
   - Não desperdiçar água ao lavar as mãos e ao dar descarga.
   - Economizar energia, por exemplo, apagando as luzes ao deixar um ambiente.
   - Preservar a grama, as plantas e as árvores da escola.
   - Jogar o lixo no lixo e manter a escola limpa.
   - Separar o lixo para que ele possa se reciclado.

2. Você certamente já ouviu falar do Projeto Tamar. Esse trabalho, voltado à preservação das tartarugas marinhas, teve início em 1980 e já resultou no lançamento ao mar de milhões de filhotes de tartarugas.

Imagine que você faça parte de uma agência publicitária e tenha ficado responsável por criar um cartaz de divulgação do Projeto Tamar. Aproveitando a imagem do boxe ao lado, crie a mensagem verbal para compor o cartaz.

Tartarugas marinhas: você sabia que...

- de cada 100 filhotes, apenas 1 chega à fase adulta? Isso ocorre por causa da ação de pescadores e de alguns animais marinhos que se alimentam dos filhotes.
- uma tartaruga nascida no Brasil pode viajar até a África ou a Índia e depois voltar para a América do Sul?
- na fase adulta, a fêmea põe seus ovos na mesma praia em que nasceu?
- os filhotes, quando nascem, são atraídos pela luz do mar e, quando nascem próximo de uma avenida iluminada, com muitos carros com faróis acesos, podem se confundir e ir na direção do asfalto?
- a tartaruga-de-couro pode alcançar mais de 2 metros de comprimento e pesar mais de 700 quilos?
- vários pescadores que antes viviam da pesca de tartarugas, hoje trabalham no Projeto Tamar, ajudando a preservar o meio ambiente?

Alamy/Glow Images

Planejamento do texto

- Primeiramente, discuta com os colegas, com a orientação do professor, a forma de divulgação dos cartazes. Eles poderão, por exemplo, ser dispostos em paredes de toda a escola ou em um mural situado em um local de grande circulação de pessoas.
- Pense no perfil do público. Os leitores serão alunos, professores e funcionários da escola, além de familiares dos alunos.
- Utilize uma linguagem de acordo com a norma-padrão e, conforme o perfil do público, menos ou mais formal.
- No caso do cartaz em defesa do meio ambiente, crie enunciados verbais e escolha fotos, desenhos ou ilustrações para acompanhá-los. No caso do cartaz de divulgação do Projeto Tamar, crie um enunciado verbal compatível com a foto. Os enunciados devem ser curtos e estimulantes.
- Crie um título que seja chamativo e que destaque a finalidade do cartaz.

Revisão e reescrita

Antes de finalizar a confecção do cartaz, observe:

- se o enunciado principal atrai a atenção dos leitores;
- se há clareza quanto à finalidade (informar, estimular ou orientar), a quem a mensagem se dirige, ao que deve ser feito, etc.;
- se a linguagem é simples e direta, de acordo com a norma-padrão e adequada ao público em vista.

Feita a revisão e realizadas as alterações necessárias, monte o cartaz em uma folha de cartolina, dispondo textos e imagens (fotos, ilustrações, colagens) de uma forma convidativa à leitura. Lembre-se de que os enunciados verbais devem estar em letras grandes, para que possam ser lidos a certa distância. Usem letras de diferentes tipos, tamanhos e cores.

A língua em foco

O VERBO (II)

Os tempos verbais

Leia esta piada:

Numa sala de aula, o professor conta a história dos Três Porquinhos [...].

— Então, o primeiro porquinho encontrou um homem que transportava uma carroça de palha e pediu educadamente: "O senhor poderia me dar um pouco da sua palha, para que eu possa construir uma casa e me proteger do lobo mau?" E agora, quem sabe me dizer o que o homem respondeu?

Joãozinho [...] levanta a mão rapidamente.

— Eu! Eu!

— Pode falar, Joãozinho.

— O homem saiu correndo, gritando: "Socorro! Um porco falante!"

Rico

(*Piadas para rachar o bico.* São Paulo: Fundamento, 2010. p 13.)

1. Observe este trecho do texto:

"o primeiro porquinho **encontrou** um homem que **transportava** uma carroça de palha"

a) Qual das formas verbais destacadas no trecho transmite a ideia de uma ação completamente concluída?

b) Qual delas transmite a ideia de uma ação em desenvolvimento?

c) Qual delas indica ação passada?

2. O narrador afirma que o porquinho "pediu educadamente".

a) Que expressão verbal empregada dá ideia de modo educado de fazer um pedido?

b) Que forma verbal simples equivale à locução empregada pela personagem?

c) Qual é o tempo dessa forma verbal com apenas um verbo?

3. Observe as frases:

"Numa sala, o professor **conta** a história dos Três Porquinhos."
"Joãozinho [...] **levanta** a mão rapidamente."

a) As formas verbais destacadas nas frases estão no presente, mas se referem a ações ocorridas no passado. Que formas verbais do passado poderiam substituí-las?

b) Que efeito de sentido o emprego das formas verbais **conta** e **levanta**, no presente, produz no texto?

Você aprendeu que existem na língua portuguesa três tempos verbais: o presente, o pretérito (passado) e o futuro. Esses tempos ainda podem se subdividir em outros. Vejamos quais são os tempos existentes no modo indicativo.

Presente

Expressa uma ação que está ocorrendo no momento da fala ou uma ação que se repete ou perdura:

> Em alguns lugares da Amazônia, **chove** todos os dias.
> Nesse momento, a equipe **joga** para vencer.

Pretérito

Esse tempo, também conhecido como **passado**, se subdivide em:

pretérito perfeito

Transmite a ideia de ação completamente concluída:

> O capitão de uma das equipes não **concordou** com o juiz.

pretérito imperfeito

Transmite a ideia de uma ação passada habitual ou contínua:

> **Chovia** há três dias.

Formato, 2013

Títulos de livros e de filmes nem sempre têm verbos. Quando usados, os verbos podem aparecer tanto no presente quanto no pretérito (perfeito ou imperfeito).

Sônia Barros. Ilustrador Ivan Coutinho. Atual Editora, 2009

Também pode transmitir a ideia de uma ação que vinha acontecendo, mas foi interrompida por outra ação:

> Ela **queria** correr, mas o medo **paralisou** suas pernas.

É também o tempo em que normalmente são contadas as histórias:

> **Era** uma vez um pobre lenhador que **vivia** com sua mulher e sua filha.

O pretérito imperfeito é reconhecido pela presença de **-va**/**-ve** ou **-ia**/**-ie**.

pretérito mais-que-perfeito

Expressa a ideia de uma ação ocorrida no passado e anterior a outra ação também passada:

> Quando ela **chegou** ao cinema, o filme já **começara**.
>
> **chegou**: ação ocorrida no passado
> **começara**: ação ocorrida no passado, mas anterior à ação de **chegar**

O pretérito mais-que-perfeito é reconhecido pela presença de **-ra**/**-re**.

Atualmente, na língua coloquial, é muito comum o emprego do pretérito mais-que-perfeito na forma composta. Observe:

> Quando ela **chegou** ao cinema, o filme já **tinha começado**.
> (começara)
> pretérito mais-que-perfeito composto

Futuro

Há dois tipos de futuro:

futuro do presente

Expressa a ideia de uma ação que ocorrerá num tempo futuro em relação ao tempo atual:

> **Faremos** ou não uma festa no dia do seu aniversário?
> Ela **virá** no próximo sábado.

O futuro do presente é reconhecido pela presença de **-re**/**-ra**.

futuro do pretérito

Expressa a ideia de uma ação futura que ocorreria desde que uma condição tivesse sido atendida antes:

> Se você permitisse, **faríamos** uma festa no dia do seu aniversário.
> Ela **viria** no próximo sábado, se pudesse.

O futuro do pretérito é reconhecido pela presença de **-ria**/**-rie**.

Os tempos do futuro na língua coloquial

O emprego do futuro do presente ou do futuro do pretérito quase sempre dá a impressão de que a pessoa está falando de modo formal.

Em situações informais, os falantes geralmente preferem empregar **locuções verbais**, isto é, o verbo principal acompanhado de um verbo auxiliar, como ocorre na frase "Com tudo alagado não **vai dar**". Observe esse mesmo procedimento no quadrinho ao lado. A personagem emprega a locução **vou pedir**, com o auxiliar ir, quando poderia ter dito: "Nem **pedirei** um beijinho de obrigado".

(Fernando Gonsales. *Níquel Náusea — Nem tudo que balança cai!*, cit., p. 10.)

Futuro do presente × futuro do pretérito

O futuro do presente também pode ser empregado com uma ideia de condição, mas há diferenças entre ele e o futuro do pretérito. Observe:

> Ela **virá** nos visitar no próximo sábado, se conseguir uma carona.
> futuro do presente — condição para a realização da visita

> Ela **viria** nos visitar no próximo sábado, se conseguisse uma carona.
> futuro do pretérito — condição para a realização da visita

Repare que, na primeira situação, o locutor espera receber a visita, que depende de a pessoa a quem ele se refere conseguir uma carona. Na segunda, o locutor já não conta com a visita, uma vez que a possibilidade de a carona acontecer parece inexistente. O emprego do futuro do pretérito, portanto, dá a ideia de uma ação que poderia acontecer, mas, por depender de uma condição não atendida, não acontecerá.

EXERCÍCIOS

Leia o poema a seguir, de Roseana Murray, e responda às questões de 1 a 4.

Máquina do tempo

Como pequena aranha
faço a máquina do tempo
com alguns fios de teia.
Passo por dentro
de suas linhas
e saio lá no futuro,
do lado de lá do vento:
desinventaram a guerra,
ninguém sabe mais matar.
Todos dividem com todos
o pão e a vida.
A alegria corre como um rio.

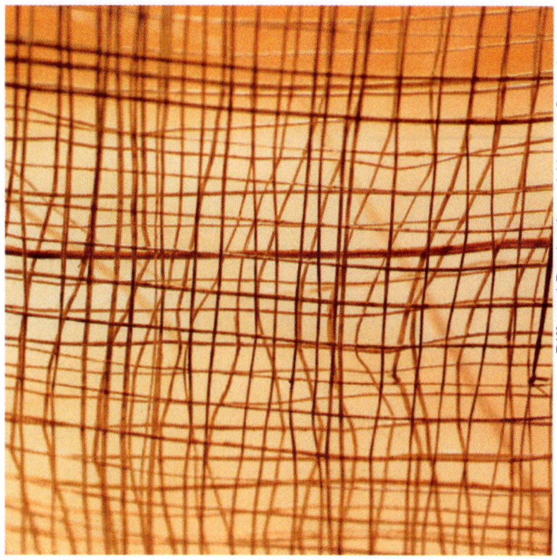
Diffused Productions / Alamy / Glow Images

(*Pera, uva ou maçã?*. São Paulo: Scipione, 2005. p. 48.)

1. O eu lírico, comparando o seu trabalho ao de uma aranha, tece a máquina do tempo e, por meio dela, vai ao futuro. Qual é o trabalho do eu lírico? Por que esse trabalho é comparado ao de uma aranha?

2. Observe os tempos verbais empregados no poema.

a) Que tempo verbal predomina?

b) Qual é a única exceção?

3. Apesar da predominância de um tempo verbal, pode-se identificar no poema dois momentos diferentes: o do tempo presente, em que as ações acontecem simultaneamente à fala do eu lírico, e o de um tempo futuro, imaginado.

a) Em quais versos as ações ocorrem no momento em que o eu lírico fala?

b) E em um tempo futuro, imaginado?

c) Como teriam ficado os versos do segundo momento se a autora tivesse optado por empregar no futuro os verbos que utilizou?

4. Costuma-se dizer que os poetas são cantores da utopia, isto é, falam de um mundo que ainda não existe, mas pode ser sonhado e construído pelos seres humanos. Você acha que o poema em estudo é ilustrativo da utopia dos poetas? Justifique com elementos do texto.

Modelos de conjugação verbal

Apresentamos a seguir três quadros com todos os tempos verbais do modo indicativo, cada um com um verbo de uma conjugação: **amar** (1ª conjugação), **beber** (2ª conjugação) e **partir** (3ª conjugação). Fique atento às terminações.

Verbos: como saber sem decorar?

Para falar e escrever adequadamente nossa língua, não é necessário decorar centenas de verbos, pois a maior parte deles segue certos modelos. Assim, conhecendo os modelos, saberemos conjugar quase todos os verbos do português. Se você precisar saber, por exemplo, como se conjugam os verbos **falar**, **cantar**, **chegar**, etc., basta olhar o quadro do verbo **amar**, pois eles apresentam as mesmas terminações. O mesmo vale para os verbos terminados em **-er** e **-ir**. Basta olhar o quadro dos verbos **beber** e **partir**.

AMAR

MODO INDICATIVO					
Presente	Pretérito			Futuro	
	perfeito	imperfeito	mais-que-perfeito	do presente	do pretérito
amo	amei	amava	amara	amarei	amaria
amas	amaste	amavas	amaras	amarás	amarias
ama	amou	amava	amara	amará	amaria
amamos	amamos	amávamos	amáramos	amaremos	amaríamos
amais	amastes	amáveis	amáreis	amareis	amaríeis
amam	amaram	amavam	amaram	amarão	amariam

BEBER

MODO INDICATIVO					
Presente	Pretérito			Futuro	
	perfeito	imperfeito	mais-que-perfeito	do presente	do pretérito
bebo	bebi	bebia	bebera	beberei	beberia
bebes	bebeste	bebias	beberas	beberás	beberias
bebe	bebeu	bebia	bebera	beberá	beberia
bebemos	bebemos	bebíamos	bebêramos	beberemos	beberíamos
bebeis	bebestes	bebíeis	bebêreis	bebereis	beberíeis
bebem	beberam	bebiam	beberam	beberão	beberiam

PARTIR

MODO INDICATIVO					
Presente	Pretérito			Futuro	
	perfeito	imperfeito	mais-que-perfeito	do presente	do pretérito
parto	parti	partia	partira	partirei	partiria
partes	partiste	partias	partiras	partirás	partirias
parte	partiu	partia	partira	partirá	partiria
partimos	partimos	partíamos	partíramos	partiremos	partiríamos
partis	partistes	partíeis	partíreis	partireis	partiríeis
partem	partiram	partiam	partiram	partirão	partiriam

EXERCÍCIOS

O texto a seguir é o início de uma crônica de Luis Fernando Verissimo. Leia-o e responda às questões 1 e 2.

Era uma época cheia de perigos. Sarampo, caxumba, catapora, bicho do pé. Engolir chiclete era perigoso porque colava nas tripas. Fazer careta era perigoso porque se batesse um vento você ficaria com o rosto deformado pelo resto da vida. Pé descalço em ladrilho: pneumonia. Melancia com leite: morte certa. Banho depois de comer: congestão.

("O melhor." *O Estado de S. Paulo*, 21/5/2013.)

Filipe Rocha

1. Identifique o tempo (do modo indicativo) das formas verbais **era** (três vezes) e **colava**.

2. No texto, o narrador fala de uma época passada. Por que, então, no trecho "você *ficaria* com o rosto deformado pelo resto da vida", o verbo **ficar** está no futuro do pretérito?

SEMÂNTICA E DISCURSO

Leia este anúncio:

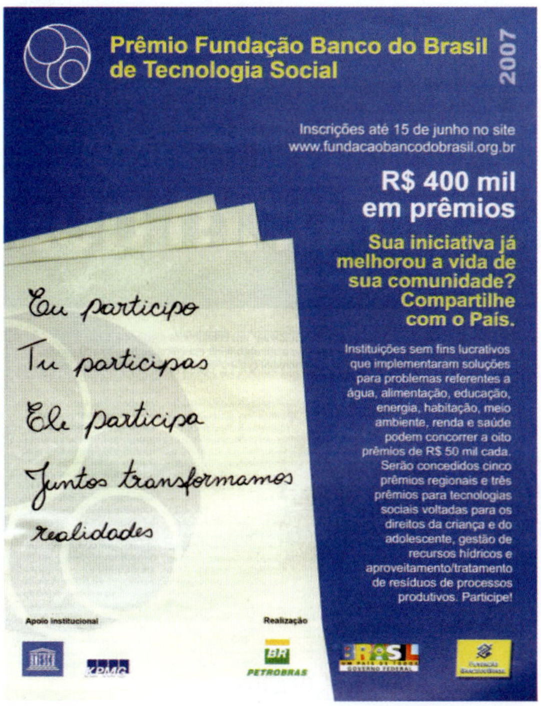

(*Nova Escola*, maio 2007.)

O anúncio que você leu foi produzido por uma instituição governamental cujo objetivo é premiar as empresas que melhoram a vida das comunidades.

1. Observe o enunciado, escrito a mão, situado do lado esquerdo do anúncio. Nele aparecem dois verbos.

a) Quais são esses verbos e em que tempo eles estão?

b) Em que pessoas eles estão conjugados?

c) Por que o verbo **transformar** quebra a expectativa da conjugação verbal?

2. A escolha dos verbos do enunciado escrito a mão e sua conjugação não se deu por acaso.

a) Por que as formas verbais desse enunciado estão no presente, ao passo que em "Sua iniciativa já melhorou a vida de sua comunidade?" o verbo está no passado?

b) Em que modo está a forma verbal **compartilhe**, no enunciado "Compartilhe com o País"?

3. No anúncio, existe uma relação entre a escolha dos verbos **participar**, **transformar**, **melhorar** e **compartilhar**, nas pessoas, nos tempos e nos modos em que eles estão, e os objetivos da premiação. Qual é essa relação?

de **OLHO** na escrita

ACENTUAÇÃO (II)

Leia a tira a seguir, de Bill Watterson, criador da personagem Calvin.

Calvin Hobbes. Bill Watterson/Watterson/ Dist. by Universal Uclick

(http://depositodocalvin.blogspot.com/search/label/Criaturas)

1. Identifique as palavras paroxítonas empregadas na tira.

2. Quais dessas palavras paroxítonas têm acento gráfico?

3. Na tira, a palavra paroxítona **para** foi empregada duas vezes, mas com sentidos diferentes.

a) Identifique em qual quadrinho essa palavra indica uma ação e é verbo.

b) Identifique em qual quadrinho essa palavra indica uma finalidade.

4. Calvin é uma criança cheia de imaginação.

a) De que modo a imaginação de Calvin se manifesta nos três primeiros quadrinhos?

b) O que faz Calvin voltar à realidade?

Ao responder às questões anteriores, você observou que algumas palavras paroxítonas são acentuadas e outras não. Veja por quê:

São acentuadas as paroxítonas terminadas em **-l**, **-n**, **-r**, **-x**, **-i**, **-is**, **-us**, **-ã**, **-ãs**, **-ão**, **-ãos**, **-um**, **-uns**, **-ps** e **ditongo**.

Eis alguns exemplos:

-l, **-n**, **-r**, **-x**: responsável, hífen, açúcar, ônix

-i, **-is**: júri, lápis

-us: bônus

-ã, **-ãs**: ímã, órfãs

-ão, **-ãos**: bênção, órgãos

-um, **-uns**: fórum, álbuns

-ps: bíceps

ditongo: remédio, mágoa, fáceis, infância

EXERCÍCIOS

1. Há, a seguir, pares de palavras. Reescreva, acentuando corretamente, apenas as paroxítonas que devem ser acentuadas.

a) saci — taxi
b) urubus — Venus
c) nuvem — hifen
d) orfãs — irmãs
e) carater — temer
f) futil — sutil

2. A tira a seguir, de Adão Iturrusgarai, apresenta duas palavras que estão propositalmente grafadas sem o devido acento gráfico. Leia-a, tentando identificar essas palavras.

a) Reescreva as palavras que devem ter acento gráfico, acentuando-as adequadamente.

b) Reescreva o enunciado do balão, passando para o plural o que for possível e acentuando adequadamente as palavras.

3. Os acentos de algumas palavras das adivinhas abaixo foram retirados propositalmente. Reescreva essas palavras, acentuando-as adequadamente, e, em seguida, tente responder às adivinhas.

a) O que é que nasce grande e morre pequeno?

b) Qual é a agua que nunca esta poluída?

c) Qual é o planeta que cura machucados?

d) Se as vacas voassem, para onde elas iriam?

Divirta-se

O que é? O que é?

1. Tenho capa, mas não sou super-herói. Tenho lombada, mas não sou rua. Tenho folhas, mas não sou planta. Quem sou eu?
2. Um homem tem 12 filhos. Cada um deles tem uma irmã. Quantos filhos tem o homem?
3. O que a natureza nos dá duas vezes, mas na terceira é preciso comprar?
4. O que o sabonete faz para emagrecer?
5. Eu subo e desço; no entanto, não saio do lugar. Quem sou eu?
6. O que separa o sorriso das lágrimas?
7. Não faço barulho quando me levanto, mas acordo todo mundo. Quem sou eu?

(*Piadas para rachar o bico*. São Paulo: Fundamento, 2010. p. 49-54.)

Passando a limpo •••

Leia o texto abaixo e responda às questões 1 e 2.

[...] Diz Fred Eliaschewitz, diretor do Centro de Pesquisas Clínicas (CPClin), de São Paulo: "Nenhuma máquina ou modelo de computador consegue simular a complexidade de um organismo vivo". Um remédio contra a asma pode até nascer de um programa de computador. Mas não há como testar, em máquinas, sua segurança no cérebro, nos intestinos, no fígado e nos rins. Isso só é garantido inicialmente com testes em animais e, depois, nos próprios seres humanos. Além disso, é filosofia dos pesquisadores mais sérios e cuidadosos sempre reduzir a amostra de cobaias e, na medida do possível, substituí-las por espécies inferiores. Os ratos hoje estão presentes em 75% das experiências. Os cachorros, em especial os beagles, em menos de 1% delas. Uma das espécies que mais têm sumido dos experimentos são os primatas. Ainda assim, seu uso é essencial para as pesquisas de doenças neurodegenerativas e imunológicas. Não fossem os macacos, o neurocientista Miguel Nicolelis [...] jamais teria avançado em seus hoje reputadíssimos estudos sobre neurofisiologia, em busca de próteses neurais para pacientes vítimas de paralisia.

[...]

("Nossa eterna gratidão". *Veja*, nº 2345, p. 106-7.)

1. De acordo com o texto:

a) as máquinas ou modelos de computador substituem os animais nos testes de laboratório.

b) ratos representam a menor parcela de animais utilizados como cobaias.

c) hoje os primatas não são mais usados em pesquisas.

d) os testes em animais são necessários para a pesquisa de doenças humanas.

2. No trecho "**Isso** só é garantido inicialmente com testes em animais", o termo em destaque se refere a qual expressão do texto?

a) remédio b) programa de computador c) segurança d) testar

Leia a tira a seguir e responda às questões 3 e 4.

(André Dahmer. *Folha de S. Paulo*, 24/9/2013.)

3. Na tira, a personagem emite uma opinião. Como essa opinião pode ser traduzida?

a) Os humanos são superiores aos animais.

b) Os humanos não são solidários.

c) Os pássaros são desumanos.

d) Os pássaros não são solidários.

4. No 1º quadrinho, a palavra **se**, em "se ajudam" e "se revezam", ressalta a ideia de que os pássaros:

a) colaboram uns com os outros.

b) excluem alguns membros do bando.

c) só colaboram com o grupo em certas condições.

d) são individualistas e apenas seguem a direção dos ventos.

5. Leia as estrofes de uma adivinha, de Armando Nogueira:

O que é, o que é?

O que é, o que é?
Bola de ouro
Correndo, sem choro
Na ponta do pé.

[...]

O que é, o que é?
Bola de fogo
Ardendo no jogo
De pé contrapé.

[...]

O que é, o que é?
Bola fagueira
Saindo certeira
Do arco do pé.

É gol de Pelé.

(Disponível em: http://revistaescola.abril.com.br/fundamental-1/000000-shtml-634.shtml. Acesso em: 10/2/2014.)

A repetição de sons é um dos principais elementos responsáveis pela musicalidade de um texto. No texto lido, há repetição de sons:

a) em todas as palavras dos versos 2 e 3, 6 e 7, 10 e 11.

b) apenas nas palavras do primeiro verso de cada estrofe.

c) somente no título do poema.

d) nas rimas entre palavras monossílabas e oxítonas.

Leia o texto abaixo e responda às questões 6 e 7.

Desmatamento no Brasil: o verde em perigo

O assunto não sai dos jornais: o Brasil está perdendo áreas verdes. O Instituto Nacional de Pesquisas Espaciais estima que 17% da Floresta Amazônica tenha desaparecido do mapa, aproximadamente 700 mil quilômetros quadrados, uma área em que caberiam os estados de Minas Gerais, do Rio de Janeiro e do Espírito Santo. Mas não é só ela: 93% da Mata Atlântica não existe mais, e o cerrado encolheu 40% nos últimos dez anos, segundo o Instituto Brasileiro de Geografia e Estatística. Os fatores que contribuem para esse quadro preocupante têm como origem a urbanização, o desmatamento para a abertura de estradas e a expansão da agropecuária.

Além de causar o empobrecimento da biodiversidade e contribuir para a concentração de gás carbônico na atmosfera, o fim das formações naturais destrói o hábitat de insetos e outros animais, que se tornam vetores de doenças, e ameaça os mananciais. [...]

(Disponível em: http://revistaescola.abril.com.br/geografia/fundamentos/verde-perigo/426583-shtml. Acesso em: 10/2/2014.)

6. De acordo com o texto, a urbanização, a abertura de estradas e a expansão da agropecuária são:

a) ocorrências que resultam no desmatamento.
b) consequências do desmatamento.
c) condições para o desmatamento.
d) finalidades do desmatamento.

7. A expressão "esse quadro preocupante", no final do primeiro parágrafo, faz referência:

a) à redução de uma área correspondente a três Estados brasileiros.
b) à extinção de grande parte da Mata Atlântica.
c) ao encolhimento da região do cerrado.
d) ao desmatamento de grandes áreas do território brasileiro.

8. Leia este cartum, de Laerte:

Laerte

(*Folha de S. Paulo*, 23/8/2013.)

A ausência de verbo no primeiro balão e a intencionalidade diferente de cada discurso são os elementos responsáveis pelo humor da tira. Do ponto de vista do tamanduá, o verbo ausente na fala do homem é:

a) pôr.
b) haver.
c) tirar.
d) existir.

Observe o anúncio ao lado e responda às questões 9 e 10.

Greenpeace

(*Superinteressante*, nº 322, p. 21.)

9. Quanto à linguagem visual do anúncio, é **inadequado** dizer:

a) A árvore que se transforma em areia representa o processo de desertificação resultante da destruição das florestas.
b) A ampulheta, instrumento que marca o tempo, significa que é urgente impedir o desmatamento.
c) O fundo e a base da imagem principal mostram a madeira que provém de árvores derrubadas.
d) A árvore na parte superior da ampulheta sugere o renascimento da natureza a partir do pó.

10. Sobre o anúncio como um todo, é **incorreto** afirmar:

a) Sua finalidade é conscientizar o destinatário da urgência de impedir o desmatamento.
b) A expressão "Não deixe" procura convencer o destinatário a agir contra a destruição das florestas.
c) A expressão "fiquem no passado" sugere a possibilidade de nossas florestas ficarem apenas em nossa lembrança.
d) Há contradição entre as linguagens verbal e visual do anúncio.

INTERVALO

Jupiter Unlimited/Keydisc

Participe com seus colegas da montagem de uma mostra sobre meio ambiente. Para isso, realizem as atividades propostas a seguir e procedam conforme as orientações dadas.

Projeto •• *Se é meio ambiente, estou no meio*

Pesquisando: cadê o bicho que estava aqui?

Junte-se aos colegas de grupo e, com a orientação do professor, realizem uma pesquisa sobre animais em extinção. Como exemplo desse tipo de pesquisa, vejam a lista a seguir. Nela estão relacionados alguns dos animais mais ameaçados de desaparecer do planeta.

Principais animais em extinção do Brasil

Rita Barreto

- Onça-pintada: antes encontrada em grande número no Pantanal Mato-Grossense, tem desaparecido da região por causa da caça indiscriminada. Sua pele é tão valiosa que, no mercado internacional, tem cotação em dólares.

Fabio Colombini

- Pica-pau-de-cara-amarela: vive nas matas gaúchas. É vítima do desmatamento, pois, sem as árvores, não encontra as sementes que são sua principal fonte de alimentação.

Fabio Colombini

- Ararinha-azul: é muito cobiçada por sua plumagem, principalmente no mercado internacional. Vive em cativeiro.
- Mico-leão-dourado: perdeu seu *habitat* natural devido à redução da Mata Atlântica. Restam ainda algumas centenas, vivendo no Estado do Rio de Janeiro, na reserva de Poço das Antas.
- Tartaruga-de-couro: é um animal cada vez mais raro no litoral do Brasil. Pescadores do país disputam sua carne e seu ovos.

(Adaptado de: http://animaisemextincao.com/animais-em-extincao-da-fauna-brasileira.html. Acesso em 13/11/2013.)

Com base em livros, revistas e *sites* da Internet, façam outras relações de animais em extinção, de preferência de animais brasileiros. Se quiserem, poderão escolher, por exemplo, variedades de peixes, de anfíbios ou de aves em extinção. Se necessário, peçam orientação e auxílio ao professor de Ciências.

Passem a lista a limpo em cartolina ou em papel *kraft* e reservem-na para expor na mostra.

Produzindo novos cartazes

Em grupo, produzam cartazes sobre um dos temas a seguir ou outro que imaginem, relacionado com o meio ambiente.

- A importância de preservar rios e mares, evitando jogar pneus velhos, lixo e esgoto doméstico e industrial nesses espaços.
- A importância de reciclar o lixo, evitando o desperdício e a poluição da natureza.
- A preservação de espécies em extinção, como o peixe-boi, as tartarugas marinhas, o mico-leão-dourado, entre outras.
- O perigo de incêndios nas matas, provocados por acidentes ou descuidos, como jogar pontas de cigarro na beira das estradas.

Ao montar os cartazes, disponham o título, o texto verbal e as imagens de modo a torná-los atraentes. Pronto o material, reservem-no para expor na mostra.

Fabio Colombini

Rogério Reis/Pulsar Imagens

J. L. Bulcão/ Pulsar Imagens

Coletando material de entidades ecológicas

Procurem saber se em sua cidade há organizações não governamentais (ONGs) que lutam pela preservação do meio ambiente. Caso haja, reúnam material de divulgação dessas entidades, como folhetos, cartazes, vídeos, etc., em especial os que explicitam o tipo de trabalho que desenvolvem, e reservem-no para exibir na mostra.

WWF-Brasil

Realizando a mostra

Jótah

Com a orientação do professor, escolham um local na escola (uma sala de aula, o auditório ou um corredor) ou, se possível, na biblioteca de sua cidade, para a montagem da mostra.

1. Expondo o material produzido

Listas e cartazes

Disponham em lugar visível as listas de animais em extinção, bem como os cartazes criados pelos grupos, inclusive os produzidos no capítulo 3 desta unidade. Distribuam o material em mesas, paredes, murais ou em varais, de forma a facilitar seu manuseio e leitura.

Jótah

Textos de opinião

Reúnam os textos de opinião produzidos nos capítulos 1 e 2 desta unidade e disponham-nos em um mural ou em uma parede. Se possível, utilizem papel *kraft* como fundo para o painel. Para orientar a leitura dos visitantes, deem título e subtítulos à exposição de textos.

Material de divulgação

Num dos cantos do local da exposição, exibam o material de divulgação das ONGs que há em sua cidade. Se houver vídeos, instalem aparelhos de DVD e TV e apresentem-nos aos visitantes.

2. Interagindo com o público e criando florestas

Você sabia que é possível colaborar para o reflorestamento de nossas matas sem sair do escritório, de sua casa ou da cidade? E sem gastar um centavo?

SOS Mata Atlântica

Essa colaboração podia se dar por meio do Clickarvore, projeto desenvolvido por iniciativa da Fundação SOS Mata Atlântica e algumas empresas. Em sua primeira fase, o Clickarvore consistia no seguinte: a cada *click* dado no *site* www.clickarvore.com.br, uma árvore era plantada. Assim, em dez anos, foram doados cerca de 24 milhões de árvores.

Em um dos cantos do local da mostra, instalem um computador com acesso à Internet, entrem no *site* da fundação (http://www.sosmatatlantica.org.br/) e convidem os visitantes a conhecer o projeto de preservação ambiental da fundação ou a jogar o jogo sobre o meio ambiente criado por ela, acessível para *iPhones* e androides e disponível no Facebook (http://www.sosma.org.br/15108/sos-mata-atlantica-lanca-jogo-sobre-temas-ambientais-para-facebook-ios-e-android/).

BIBLIOGRAFIA

BAGNO, Marcos. *O preconceito linguístico*. 2. ed. São Paulo: Loyola, 1999.

_______. *Nada na língua é por acaso*: por uma pedagogia na variação linguística. São Paulo: Parábola, 2007.

BAKHTIN, Mikhail. *Marxismo e filosofia da linguagem*. São Paulo: Hucitec, 1979.

_______. Os gêneros do discurso. In: _______. *Estética da criação verbal*. 2. ed. São Paulo: Martins Fontes, 1997.

BATISTA, Antônio Augusto G. *Aula de português*. São Paulo: Martins Fontes, 2001.

BECHARA, Evanildo. *Moderna gramática portuguesa*. 37. ed. Rio de Janeiro: Lucerna, 2004.

BRAIT, Beth (org.). *Bakhtin:* conceitos-chave. São Paulo: Contexto, 2005.

BRANDÃO, Helena Nagamine (org.). *Gêneros do discurso na escola*. São Paulo: Cortez, 2000. v. 5.

BRASIL. Secretaria de Educação Fundamental. *Parâmetros curriculares nacionais:* língua portuguesa. Brasília: MEC/SEF, 1997.

BRONCKART, Jean-Paul. *Atividade de linguagem, textos e discursos*. São Paulo: Educ, 1999.

BUNZEN, Clecio, MENDONÇA, Márcia (orgs.). *Português no ensino médio e formação do professor*. São Paulo: Parábola, 2006.

COSTA VAL, Maria da Graça. *Redação e textualidade*. São Paulo: Martins Fontes, 1994.

DIONISIO, Angela P., MACHADO, Anna R., BEZERRA, Maria A. *Gêneros textuais & Ensino*. Rio de Janeiro: Lucerna, 2002.

FÁVERO, Leonor, KOCH, Ingedore. *Linguística textual*. 2. ed. São Paulo: Cortez, 1988.

ILARI, Rodolfo. *Introdução ao estudo do léxico*: brincando com as palavras. São Paulo: Contexto, 2002.

_______. *Introdução à semântica*: brincando com a gramática. São Paulo: Contexto, 2001.

_______, GERALDI, J. W. *Semântica*. 3. ed. São Paulo: Ática, 1987.

_______, BASSO, Renato. *O português da gente*: a língua que estudamos, a língua que falamos. São Paulo: Contexto, 2006.

KLEIMAN, Angela B. *Oficina de leitura*: teoria e prática. 4. ed. Campinas: Pontes, 1996.

_______, MORAES, Silvia E. *Leitura e interdisciplinaridade*. Campinas: Mercado de Letras, 1999.

KOCH, Ingedore Villaça. *O texto e a construção dos sentidos*. 9. ed. São Paulo: Contexto, 2008.

_______, TRAVAGLIA, Luiz C. *A coerência textual*. São Paulo: Contexto, 1991.

_______. *Texto e coerência*. 4. ed. São Paulo: Cortez, 1995.

MAINGUENAU. *Análise de textos de comunicação*. São Paulo: Cortez, 2001.

MARCUSCHI, Luiz Antônio, XAVIER, Antônio Carlos. *Hipertexto e gêneros digitais*: novas formas de construção do sentido. Rio de Janeiro: Lucerna, 2004.

MORAIS, Artur Gomes de. *Ortografia:* ensinar e aprender. 4. ed. São Paulo: Ática, 2003.

NEVES, Maria Helena Moura. *Guia de uso do português*: confrontando regras e usos. São Paulo: Unesp, 2003.

_______. *Gramática de usos do português*. São Paulo: Unesp, 2000.

PERINI, Mário. *A gramática descritiva do português*. 2. ed. São Paulo: Ática, 1996.

PERRENOUD, Philippe. *Construir as competências desde a escola*. Porto Alegre: Artmed, 1999.

ROJO, Roxane (org.). *A prática de linguagem em sala de aula. Praticando os PCNs*. São Paulo/Campinas: Educ/Mercado de Letras, 2000.

SCHNEUWLY, Bernard, DOLZ, Joaquim. *Gêneros orais e escritos na escola*. Tradução de Roxane Rojo e Glaís Sales Cordeiro. Campinas: Mercado de Letras, 2004.

SOLÉ, Isabel. *Estratégias de leitura*. 6. ed. Porto Alegre: Artmed, 1998.

TRAVAGLIA, Luiz Carlos. *Gramática e interação*: uma proposta para o ensino de gramática no 1º e 2º graus. São Paulo: Cortez, 1996.

_______. *Gramática:* ensino plural. São Paulo: Cortez, 2003.

VIGOTSKY, L. S. *Pensamento e linguagem*. São Paulo: Martins Fontes, 1993.